Corse préhistorique

Peuplement d'une île et modes de vie des sociétés insulaires (IXe-IIe millénaires av. J.-C.)

COLLECTION DES HESPERIDES

Corse préhistorique

Peuplement d'une île et modes de vie des sociétés insulaires (IXe-IIe millénaires av. J.-C.)

Laurent Jacques Costa

Préface de Catherine Perlès

editions errance

Illustrations de couverture : Côte rocheuse de Solenzara et, au dos, dolmen de Fontanaccia (clichés L.J. Costa et C. Costa).

Remerciements

Cet ouvrage se fonde sur les études menées dans le cadre de ma thèse de Doctorat, soutenue en 2001 à l'Université Paris X, enrichie des travaux issus de programmes collectifs de recherche que je coordonne depuis l'année 2002. Il n'aurait pu aboutir sans le soutien et l'aide de nombreuses personnes que je tiens à remercier chaleureusement.

Ma thèse de Doctorat a été dirigée par Catherine Perlès, Professeur à Paris X. C'est à elle que tout naturellement s'adressent mes premiers remerciements, tant pour sa disponibilité que ses nombreux conseils avisés.

Je tiens à exprimer à Joseph Cesari, Conservateur de l'archéologie de Corse, ma profonde reconnaissance pour m'avoir donné accès aux collections archéologiques de Corse, qui fondent ce travail. Je le remercie infiniment pour la confiance qu'il n'a cessée de m'accorder, pour son vif intérêt à l'égard de ma recherche et pour nos nombreux échanges scientifiques, toujours enrichissants.

Jean-Denis Vigne a largement contribué à l'élaboration de cette étude en mettant à ma disposition tout un ensemble de moyens et de contacts. Il a toujours montré intérêt et bienveillance à l'égard de mon travail et m'a offert son soutien et ses encouragements dans les moments plus difficiles. Je le remercie chaleureusement pour toute l'aide qu'il m'a apportée.

Je remercie Jacques Pelegrin pour m'avoir formé à la "lecture" des vestiges lithiques. Il a non seulement suivi mon travail, mais m'a aussi transmis une passion. C'est au fil de nos discussions passionnées que beaucoup d'idées contenues dans cette étude ont vu le jour.

Ce travail doit également beaucoup à la disponibilité et à la bienveillance des Conservateurs des musées de Corse. Je remercie tout particulièrement Janine de Lanfranchi, Paul Nebbia et Jean-Claude Ottaviani pour leur accueil chaleureux et leur gentillesse.

J'exprime aussi ma gratitude envers les nombreux archéologues qui m'ont donné accès à des collections non publiées, des documents inédits et des notes personnelles. Je remercie tout particulièrement François de Lanfranchi, Franck Leandri, Jacques Magdeleine et Pierre Neuville de l'intérêt qu'ils ont porté à mon étude et de leur précieuse aide.

Merci à Carlo Tozzi pour m'avoir accueilli très cordialement chez lui à Pise et m'avoir donné accès à plusieurs collections inédites.

Merci également à Michel-Claude Weiss pour m'avoir ouvert les portes de son séminaire à l'Université de Corse.

Je ne pourrais terminer cette liste sans adresser mes meilleures pensées à tous mes compagnons de route (Sonia Debouche, Olivier Bignon, Frédéric Janny, Fabrice Nicolle, Vincent Marcon et Anne Tresset) et une pensée toute particulière à Cécile, qui me donne au quotidien la joie et l'envie nécessaires à toutes entreprises.

7, rue Jean-du-Bellay 75004 Paris
Tél. : 01 43 26 85 82
Fax : 01 43 29 34 88
ISBN : 2 87772 273 2

Sommaire

Préface

Il n'y a guère plus de quinze ans que fut publié, par ce même éditeur, le premier ouvrage de synthèse sur la préhistoire de la Corse. *Préhistoire d'une île*, de Gabriel Camps, fit immédiatement référence et c'est à partir de ces écrits que la Corse fut, dans les années qui suivirent, régulièrement intégrée dans les études sur la préhistoire récente de Méditerranée occidentale. Fallait-il alors une nouvelle synthèse? Oui, et l'on s'en convaincra aisément en consultant le dernier chapitre du livre de Laurent Jacques Costa, brève et claire description des sites préhistoriques de Corse du Mésolithique à l'Âge du Fer. Près d'un tiers des gisements figurant dans cette liste a été fouillé ou publié après la rédaction de l'ouvrage de G. Camps, apportant non seulement des données nouvelles, mais plus encore les fruits d'approches pluridisciplinaires et d'un renouvellement des questionnements. Loin d'une simple mise à jour des connaissances, c'est donc à une relecture des données et à de nouvelles interprétations que nous invite Laurent Jacques Costa, assumant ainsi pleinement le risque nécessaire des désaccords et des critiques.

Ainsi, l'ensemble de l'histoire (ou de la préhistoire!) de la Corse, telle que nous l'expose l'auteur, est marqué de ruptures et de contrastes plutôt que de la continuité souvent postulée dans ce milieu insulaire. Certes, ces contrastes sont sans doute artificiellement renforcés par des connaissances encore trop partielles et par des difficultés de datation, mais ils correspondent bien, néanmoins, à des changements profonds dans les modes de vie, au long des huit millénaires que couvre l'ouvrage.

D'emblée, Laurent Jacques Costa nous propose, s'appuyant sur plusieurs fouilles récentes, de reconsidérer le Mésolithique. La prépondérance des petits établissements côtiers et l'absence de microlithes n'auraient rien de "traits culturels", liés au particularisme insulaire et à l'isolement induit par une colonisation de longue durée. Le faible investissement technique dans les productions lithiques traduirait en fait un choix lié à la grande mobilité de groupes qui, pour la plupart, n'auraient fait que des incursions sporadiques à partir de la côte tyrrhénienne de l'Italie. Trop pauvre en ressources pour faire l'objet d'une véritable colonisation avant le

Néolithique, la Corse aurait été, essentiellement, une étape occasionnelle pour des pêcheurs que l'intérieur des terres intéressait peu.

Outre un hiatus d'un millénaire entre les dernières occupations mésolithiques connues et les premières implantations néolithiques (VIe millénaire), tout, dans le Néolithique ancien, témoigne selon L.J. Costa de ruptures avec la période qui précède : introduction d'espèces végétales et animales domestiques, introduction du renard, d'une céramique relevant du "Cardial géométrique", d'un débitage laminaire fondé sur l'exploitation de silex et d'obsidienne d'origine sarde, de nombreuses armatures tranchantes, de nouvelles formes d'inhumation. Quant à la « continuité des modes de vie » que marquerait la persistance de la pêche et de la collecte dans des petits sites côtiers, elle refléterait simplement l'importance accordée par les préhistoriens à des sites spécialisés au détriment des établissements villageois, le plus souvent masqués par les dépôts alluviaux.

Si le Néolithique ancien à céramique poinçonnée reste dans la tradition du Cardial, les sites du Ve millénaire, au demeurant mal connus en Corse, marquent des différences sensibles : quasi-disparition des importations de silex, production de lamelles en quartz filonien, céramique noire lustrée à formes carénées proches du Chasséen ancien, introduction des bovins. Au contraire, les sites du IVe millénaire, rapportés traditionnellement au "Basien" (qui présente des affinités tant avec le Chasséen provençal que le groupe d'Ozieri en Sardaigne), témoignent d'une nouvelle rupture, particulièrement sensible dans la circulation des matières premières. Alors que les matériaux proches ou locaux dominaient auparavant, l'obsidienne, d'origine sarde, atteint parfois près de 90 % de l'ensemble du matériel. Les réseaux d'approvisionnement sont manifestement complexes, avec des centres de redistribution et des transformations dans les techniques de production (pression ou percussion) selon la place des sites receveurs dans ces réseaux. Parallèlement l'agriculture apparaît en recul, au profit d'un essor de l'élevage bovin.

À la fin du IVe millénaire et au début du IIIe millénaire, se développe le "Terrinien" marqué par les premières productions métallurgiques (cuivre arsénié). Selon L.J. Costa, rien n'atteste d'une continuité entre le "Basien" et le "Terrinien". La céramique, bien caractérisée, se distingue de celle des périodes précédentes par la variété des formes mais aussi par un investissement technique bien moindre. Le même phénomène se marque dans l'industrie lithique, le plus souvent expédiente, sauf pour les pointes de flèche, exceptionnellement abondantes et qui circulent sur toute l'île. L 'obsidienne n'est pratiquement plus exploitée, bien que des silex sardes continuent à circuler entre les deux îles. Les bovins continuent à fournir l'essentiel de l'alimentation carnée, tandis que les ovicaprins sont exploités pour le lait. Les fouilles récentes d'I Calanchi (J. Cesari) permettent de dater de cette période l'apparition des premiers habitats fortifiés, qui deviendront caractéristiques de l'Âge du Bronze en Corse (*Castelli* et *Torre*), comme ils le sont aussi en Sardaigne et dans les îles Baléares. Ces constructions fortifiées dominent des villages de petites dimensions, et, selon L.J. Costa, ne sauraient être associés à des formes politiques complexes, à pouvoir centralisé et unités dépendantes.

Restent les sites sans doute les plus spectaculaires mais aussi les plus mal datés de Corse : les coffres funéraires, les sépultures mégalithiques, les menhirs et les statues-menhirs. L.J. Costa nous livre ici les résultats de son étude inédite du matériel associé aux dolmens. S'il montre avec pertinence que rien ne garantit une datation haute pour les dolmens (IVe millénaire) et que l'on peut attester de leur emploi (ou réemploi) à l'Âge du Bronze, voire à l'Âge du Fer, il montre également fort bien qu'ils ne nous parviennent que dans un état ultime d'utilisation (et de pillage) qui n'exclut pas une date de construction néolithique.

L'un de ses arguments, à cet égard, est la comparaison avec les constructions funéraires de Méditerranée occidentale et les parentés, depuis la Catalogne jusqu'en Provence, récemment soulignées par J. Guilaine. Car L.J. Costa, ici comme ailleurs, n'envisage pas la Corse dans un vide géographique et humain. Si son "Avant-propos" met en exergue les phénomènes d'insularité, le reste de l'ouvrage contredit fort heureusement ce point de vue trop unilatéral, pour rétablir un équilibre entre particularismes locaux et tendances générales. L'évocation qui précède de la préhistoire de la Corse aura immédiatement évoqué au lecteur familier du monde méditerranéen une dynamique que l'on retrouve dans les contrées proches. Et ce qui peut fasciner un lecteur non-spécialiste de la Corse (et j'en suis), c'est précisément cet équilibre toujours renégocié entre les grands mouvements qui traversent la Méditerranée occidentale (voire la Méditerranée tout court), et les contraintes bien particulières qu'entraînent la topographie, les données géologiques, et l'éloignement relatif de la Corse.

À cet égard, beaucoup reste à faire dans la voie qu'ont tracée R. Grosjean, puis J. Cesari, A. d'Anna, F. de Lanfranchi, J. Magdeleine, P. Nebbia, J.-C. Ottaviani, J.-D. Vigne, M.-C. Weiss, suivis par les "jeunes" tels que F. Leandri, H. Paolini-Saez, et bien sûr L.J. Costa lui-même. Puisse cet ouvrage permettre, d'abord et avant tout, que tous puissent développer et intensifier les travaux prometteurs qu'ils ont entamés.

Catherine Perlès

Le chaos rocheux du site de Basi en Corse-du-Sud (cliché J. Cesari).

Avant-propos

Les îles sont des espaces naturellement délimités, des terres finies, fermées par l'eau. Lorsque l'éloignement des autres terres leur confère un certain isolement, les îles deviennent des espaces clos où les contacts et les interactions sociales avec l'extérieur peuvent être réduits. Chaque île est ainsi un microcosme soumis à une trajectoire évolutive particulière, un laboratoire singulier et unique de l'évolution. Et pourtant, des phénomènes biologiques très particuliers se répètent avec une telle régularité d'une île à l'autre que certaines lois fondamentales paraissent transcender la singularité de chacune. Ce sont les "syndromes d'insularité", d'inéluctables modifications de la structure génétique des espèces et du fonctionnement global des écosystèmes, dont les principales manifestations sont l'uniformisation de la taille des animaux, la disparition des structures de défense, l'appauvrissement de la diversité des espèces et la mise en place de nouvelles relations de prédation. Cette régularité découle de l'existence de contraintes propres aux îles, en particulier l'isolement, la réduction des espaces et la diminution des ressources disponibles.

Si, en dépit de la spécificité de chaque île, l'insularité modèle sans conteste le biologique avec une certaine régularité, qu'en est-il de l'influence du milieu insulaire sur le mode de vie des sociétés humaines? Quel est l'impact de l'isolement, de la réduction des espaces, de la diminution des ressources, sur l'organisation sociale des sociétés et leur évolution? Peut-on croire à l'existence d'une spécificité des communautés insulaires?

En choisissant de débuter mon étude par ces considérations générales sur la spécificité des milieux insulaires, je tiens à mettre d'emblée l'accent sur les caractéristiques structurelles indissociables de toute étude sur les populations des îles: les particularismes insulaires. Ils sont fondamentaux tant ils influencent, voire conditionnent, l'univers des sociétés – aussi bien modernes que préhistoriques – mais aussi l'univers de ceux qui étudient ces sociétés. L'éloignement des autres terres, la délimitation et la réduction des espaces génèrent des attitudes mentales, des représentations, un ensemble de traits subjectifs qui sert de cadre d'expression à des identités insulaires (Moles 1982; Bonnemaison 1991). S'il est généralement admis que l'isolement des îles favorise l'émergence d'originalités culturelles, se traduisant par l'apparition de nouvelles pratiques, de nouvelles représentations mentales, de nouveaux objets, nous constaterons tout au long de ce travail que les conditions de l'insularité influencent également – et peut-être avant tout – notre perception des sociétés insulaires et de leurs rapports avec l'extérieur.

Introduction

L'étude de sociétés préhistoriques, à défaut de textes écrits, se fonde sur l'analyse des vestiges matériels de leur existence, le plus souvent des objets, des techniques et des savoir-faire. Leur histoire est avant tout une histoire de biens de production et de consommation, une histoire de faits techniques et d'innovations, où la part du culturel est réduite, l'idéologie et la pensée symbolique quasi inexistantes. Dès lors, l'identification des productions préhistoriques, leur description et leur ordination dans le temps, représentent le premier travail de l'archéologue qui tente de cerner l'évolution de ces sociétés du passé. Il s'agit là toutefois d'une étape préliminaire indispensable, d'un moyen et non d'un but, car la finalité des études préhistoriques – à l'instar des autres disciplines des sciences humaines – ne peut se borner à une typologie diachronique des objets, des techniques et des pratiques. L'archéologue se doit de restituer la dynamique nécessaire à la compréhension des modes de vie, des relations sociales et économiques, qui rendent aux groupes qu'il étudie leur dimension humaine: l'archéologie est une science du vivant, où les faits observés ne sont que le témoignage d'options et de choix, dictés par des besoins, des contraintes et une certaine conception de la place de l'Homme dans son environnement. Il existe un réel paradoxe à l'hyperspécialisation des études actuelles en préhistoire: la connaissance de plus en plus précise de certains faits techniques observés n'est que rarement utilisée dans une perspective de compréhension globale du fonctionnement des sociétés étudiées.

J'ai pris le parti, dans cet ouvrage, de tenter de restituer l'évolution des modes de vie préhistoriques des sociétés de Corse, en focalisant mon attention sur les modes de subsistance, les modalités d'exploitation des ressources et de gestion des espaces, en développant une approche clairement située au point d'interaction entre les sociétés, leur cadre naturel et les ressources qu'elles y ont puisées; en un mot, une approche résolument économique.

La représentativité des collections

Pour mener cette étude, j'ai dû analyser l'ensemble des données disponibles, au cas par cas, en cherchant à évaluer la représentativité des collections archéologiques, afin de ne conserver que celles qui sont chronologiquement fiables, quantativement et qualitativement comparables. Les écueils d'une telle analyse sont multiples et sa validité dépend en premier lieu de l'intégration des données relatives aux modalités de formation des dépôts étudiés et à la nature même des occupations qui les ont produits. Des activités dissemblables étant susceptibles de produire des vestiges différents, il m'a fallu m'intéresser aux modalités d'occupation des sites pour ne comparer que des gisements du même type, c'est-à-dire regroupant des activités similaires. La diversité des sites en Corse (sites sous abris, habitats de plein air, sites littoraux, sites de vallées ou de montagnes) témoigne souvent d'une large exploitation des différents biotopes de l'île, à la condition de replacer les données dans leur contexte environnemental. La plus grande difficulté de cette étude préliminaire a toutefois concerné la fiabilité des collections archéologiques étudiées. Outre les problèmes inhérents à l'ancienneté de certaines fouilles, nombre d'assemblages récemment exhumés ne sont pas exempts de remaniements. Ceux-ci ont de multiples causes, liées à des phénomènes d'érosion ou à des déplacements d'objets sous l'action de végétaux, d'insectes, d'animaux ou d'activités anthropiques. En Corse, les buttes littorales connaissent une très forte érosion naturelle. La plupart des sites ont montré des remplissages sédimentaires peu épais, dépassant rarement 50 ou 60 cm. Cette érosion empêche toute sédimentation rapide, perturbe les couches et conduit à la formation de véritables palimpsestes (ou cumuls). La proximité de la surface favorise alors les remaniements de toutes sortes. Ainsi, tous les sites de buttes littorales ont livré des couches fortement perturbées, représentant dans le meilleur des cas quelques siècles d'occupation. Les sites de plaine ou de plateau sont souvent mieux protégés car l'érosion est moins forte quand le terrain est assez plat. Par contrecoup, ils sont souvent peu accessibles car dissimulés sous d'épais dépôts. Les sites les mieux protégés ne sont généralement découverts qu'à la suite de travaux très profonds. En Corse, les sites de plaine ont été mis au jour par des activités anthropiques, le plus souvent agricoles. De ce fait, il s'agit toujours de sites assez perturbés. Les abris sous roche et les grottes connaissent souvent une sédimentation rapide, surtout dans les zones calcaires où l'altération des parois est importante. La végétation étant plutôt rare dans les aires couvertes, les remaniements naturels sont souvent moindres que dans les secteurs découverts. Toutefois, les abris ont souvent été réutilisés à différentes périodes préhistoriques et historiques et les perturbations anthropiques sont parfois plus importantes qu'ailleurs. Toutes ces sources de perturbations rendent l'attribution chronologique d'un ensemble de vestiges particulièrement difficile. Il s'agit le plus souvent d'une tendance se dégageant de la majorité des vestiges et non d'une attribution valable pour chacun des éléments de l'assemblage. Certes, nous disposons de références typologiques et technologiques nous permettant de rendre compte de l'existence de mélanges dans certaines couches et même parfois de trier les vestiges, mais ces observations sont limitées par nos connaissances sur les productions des époques concernées.

La représentativité des collections est également une donnée fondamentale qu'il est nécessaire d'évaluer lorsque l'on essaye de restituer le mode de vie de sociétés passées. Non seulement la description des sites doit permettre de considérer la nature des occupations et les modalités de formation et de conservation des dépôts archéologiques, mais elle doit aussi permettre de juger de la représentativité des sites étudiés par rapport à l'ensemble de ceux qui ne sont pas connus. En Corse, la conservation des dépôts archéologiques dépend notamment du contexte environnemental des sites (butte, plaine, abris, etc.). Or, celui-ci conditionne également la nature des occupations humaines. La conservation différentielle des dépôts peut donc affecter la perception du système logistique des sociétés et limiter l'interprétation socio-économique des collections. Ces restrictions sont d'autant plus fortes que la période étudiée est lointaine. Le débat sur la néolithisation de l'île (chapitre II) illustre parfaitement toute la difficulté que représente l'étude du mode de vie des sociétés, lorsque celles-ci ne sont connues qu'à travers leurs occupations spécialisées.

Les séquences chronologiques de la préhistoire de la Corse

Le découpage actuel de la préhistoire de la Corse est fondé sur la reconnaissance de différences archéologiques essentielles, opposant de larges périodes représentant chacune un ou deux millénaires. Cependant, la délimitation de ces périodes n'est pas clairement définie. Il s'agit en fait d'une succession de "tranches de temps" déterminée *a priori* et validée *a posteriori* par la mise en exergue de critères généraux, dégagés d'un ensemble de collections assez variées et ne représentant souvent qu'un moment particulier de la séquence. Nombre de collections sont ainsi "rangées" par défaut dans une période, alors que leurs caractéristiques ne correspondent pas à celles définissant ladite période. Conscients de ce problème, les archéologues ont souvent cherché à subdiviser les périodes en fonction de critères archéologiques plus subtils, rendant compte de la variabilité des assemblages. Il existe ainsi toute une littérature consacrée à la révision du découpage chronologique de la préhistoire corse, en fonction de telle découverte ou de l'analyse de tel document; mais aucune tentative n'a pour l'instant abouti à une solution unanime. La cause de ces échecs est directement imputable à la nature des séries étudiées. La majorité d'entre elles n'est qu'une compilation d'éléments, provenant d'occupations plus ou moins longues et discontinues. Les datations obtenues, lorsqu'elles sont fiables, ne rendent pas compte de la réelle durée de formation des couches et correspondent à un événement, voire même à une moyenne entre plusieurs événements. Les subdivisions proposées ne sont en réalité valables que dans un cadre relativement restreint (par exemple la stratigraphie d'un site) et par rapport à des observations particulières (l'évolution de tel objet ou de telle technique).

J'ai pris le parti, dans cette étude, de ne pas participer aux nombreux débats relatifs au positionnement des assemblages archéologiques dans les grandes divisions de la préhistoire corse, considérant que le regroupement des phases chronologiques identifiées dans des grandes périodes définies *a priori* n'était pas en soi une priorité. J'ai donc choisi d'ordonner les collections archéologiques selon l'échelle classique du temps: la succession des millénaires. Cette ordination a représenté une masse de travail conséquente, tant la situation de nombreux sites était confuse. Il a fallu évaluer la validité chronologique de chaque ensemble étudié; ce qui a conduit à éliminer près du quart des collections, après analyse détaillée de leurs vestiges.

En se fondant sur l'évaluation critique de la plupart des collections disponibles (soit 49 séries), ma présentation de la chronologie se veut une synthèse détaillée et critique des faits archéologiques.

Chapitre I
Les premiers peuplements du bloc corso-sarde (IXe-VIIe millénaires)

S'étirant sur plus de 400 km selon un axe N.-S., le bloc corso-sarde sépare en deux le bassin occidental de la Méditerranée et s'impose comme une escale privilégiée entre les continents africain et européen, entre les péninsules italique et ibérique. La position actuelle de ces îles remonterait au milieu de l'ère tertiaire, entre la fin de l'Oligocène et le début du Miocène, et résulterait de la dérive d'un morceau de côte anciennement situé entre les Alpes et les Pyrénées. Depuis leur formation, ces deux îles n'ont jamais été rattachées au Continent, en dépit d'importantes variations du niveau marin. Leur peuplement s'est effectué par voie maritime et témoigne de l'arrivée de groupes maîtrisant une navigation suffisante pour parcourir les 80 km qui séparent la Corse des côtes italiennes les plus proches (60 km minimum depuis l'île d'Elbe).

Les plus anciennes preuves de la présence humaine dans ces îles remontent à la fin du IXe ou au début du XIIIe millénaire av. J.-C. Certains auteurs (Arca *et al.* 1982; Bonifay *et al.* 1998; Sondaar 2000) ont supposé l'existence d'occupations antérieures,

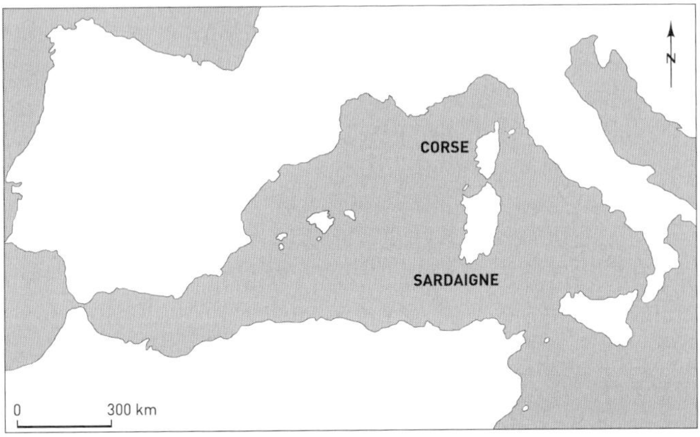

Représentation du bloc corso-sarde.

mais les données avancées sont pour le moins ténues et discutables. Dans le Cap Corse tout d'abord, à la grotte Coscia (Rogliano), une importante accumulation de restes fauniques datés de 60 000 ans, en particulier de cervidés (*Megaloceros cazioti*), a laissé croire un temps à une possible occupation anthropique du lieu, mais aucun indice d'une activité humaine (outillage, élément débité, aménagement quelconque de la grotte) n'a jamais été découvert dans ces niveaux fossilifères pourtant fouillés sur près de 30 m². Au nord de la Sardaigne ensuite, dans le bassin de Perfugas, d'importantes quantités de silex débité par percussion directe dure

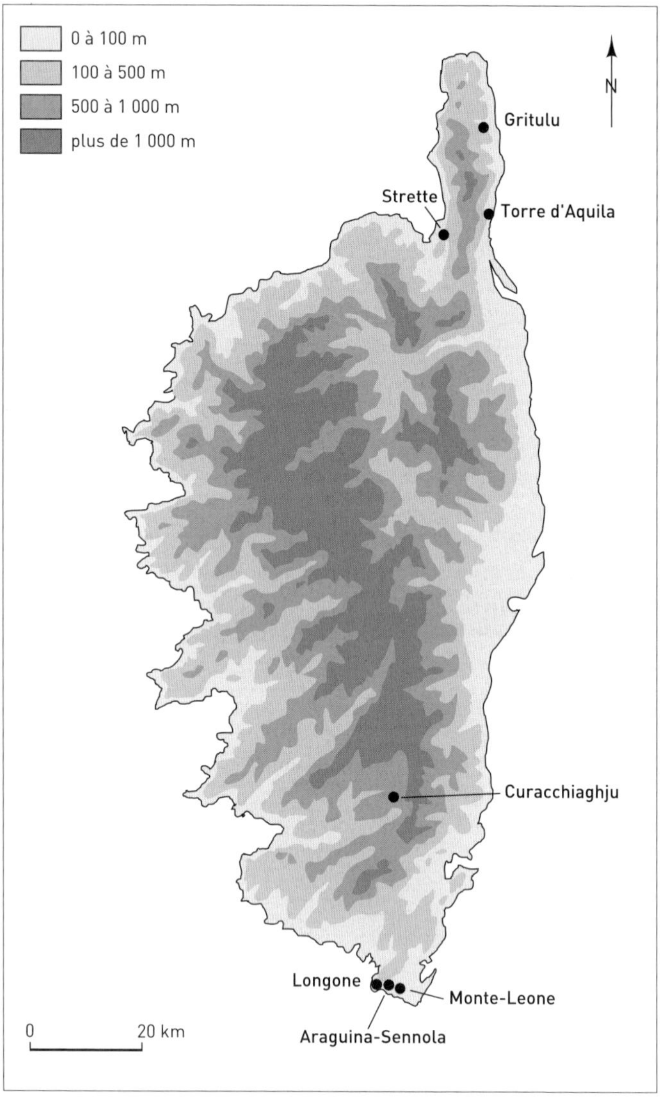

Localisation des sites mésolithiques de Corse.

(débitage clactonien) ont été attribuées à des productions paléolithiques en raison de la simplicité de tels débitages, mais le site n'a livré aucun élément de datation et les éclats de silex trouvés – de larges éclats souvent corticaux – peuvent tout aussi bien résulter d'une acquisition de matières premières, d'autant que les accumulations se situent directement sur les affleurements de silex. Ce silex ayant fait l'objet d'exploitations durant tout le Néolithique, il est difficile, en l'état des découvertes, de supposer une origine paléolithique pour ces accumulations. Notons enfin, la découverte de quelques restes humains erratiques dans les niveaux les plus profonds de la grotte sarde de Corbeddu (région de Nuoro), niveaux datés entre 20 000 et 10 000 ans av. J.-C. (Sondaar *et al.* 1995) mais qui ont vraisemblablement été remaniés par des occupations postérieures, au cours du Néolithique.

À la lumière de ces maigres données, il paraît difficile – sinon impossible – de supposer une colonisation des îles tyrrhéniennes antérieure à l'Holocène, d'autant qu'aucun élément typique du Paléolithique n'a jamais été découvert en Corse ou en Sardaigne. Et même si, dans l'avenir, la preuve d'une fréquentation paléolithique de ces espaces était apportée, le peuplement continu de ces îles durant la transition Tardiglaciaire-Holocène ne serait pas pour autant démontré, d'autant que les données actuellement disponibles témoignent de l'absence humaine durant cette transition (Vigne 1999 ; collectif PRéFACTH sous presse).

La présence de l'Homme moderne en Corse et en Sardaigne, comme à Chypre, est indiscutablement liée à l'arrivée de nouvelles populations au cours du Mésolithique. 9 sites sont actuellement recensés, 7 en Corse et 2 en Sardaigne, et leurs datations situent cette arrivée entre le IXe et le VIIIe millénaire av. J.-C. Si l'origine de ces groupes humains n'est pas connue, il est toutefois plausible de supposer un peuplement depuis la côte occidentale de l'Italie, en raison de sa proximité et de la possibilité pour des populations vivant sur ces rivages de voir, par temps clair, les sommets des montagnes corses, qui culminent à plus de 2 500 m. Il est par ailleurs attesté que les premières communautés agropastorales, qui atteindront la Corse au cours du VIe millénaire, étaient originaires des côtes italiennes, probablement de régions situées entre le Latium et la Toscane.

Identification et définition du Mésolithique des îles tyrrhéniennes

La présence d'une occupation humaine dans les îles tyrrhéniennes antérieure au Néolithique, évoquée déjà dès la fin des années 1960 par Roger Grosjean, fut pour la première fois mise en

site	couche	identification	nature	datation B.P.	datation calibrée (BC)
Araguina-Sennola	XVIII	Gif 2705	charbons	8520 ± 150	7959 - 7184
Curacchiaghju	7	Gif 795	charbons	8560 ± 170	7967 - 7106
	7	Gif 1963	charbons	8300 ± 130	7546 - 7313
Gritulu	us*. 47	Ly 823	charbons	8130 ± 70	7313 - 6805
Monte Leone	us. 44	AA 18111	os	9750 ± 175	9739 - 8633
	us. 22-3	AA 18109	os	8965 ± 70	8227 - 7923
	us. 55	AA 18112	os	8415 ± 65	7583 - 7212
	us. 22-7	AA 18110	os	8335 ± 70	7569 - 7143
	us. 9/12	AA 35790	charbons	8275 ± 60	7520 - 7082
	us. 6	ETH 8305	os	8225 ± 80	7519 - 7059
	us. 22-3	AA 35789	charbons	8135 ± 65	7446 - 6870
	us. 49	AA 35792	charbons	8315 ± 75	7450 - 7083
	us. 35	AA 35791	charbons	8115 ± 60	7329 - 6830
	us. 22	AA 18108	os	8050 ± 60	7283 - 6713
	us. 20	AA 35788	charbons	7930 ± 85	7061 - 6601
Strette	XXIV	Ly 2837	charbons	9140 ± 300	9142 - 7604
Torre d'Aquila	8	LGQ 507	charbons	7840 ± 310	7539 - 6032

* us = unité stratigraphique
(Calibration à 2 sigma, Stuiver et Reimer : 1993)

Principales datations absolues des sites du Mésolithique.
La seconde datation obtenue à Torre d'Aquila (LGQ 508 : 6920 ± 300, soit 6392 - 5315 av. J.-C.) a été exclue de ce tableau, car les charbons avaient été prélevés dans une zone remaniée par l'occupation néolithique de l'abri (Magdeleine, communication personnelle).

évidence dans le sud de la Corse, à Curacchiaghju et à Araguina-Sennola, au début des années 1970 (Lanfranchi et Weiss 1973). Cette présence de l'homme, que les découvreurs baptisaient "prénéolithique", restait cantonnée dans le sud de l'île jusqu'à la découverte en 1982, par J. Magdeleine et J.-C. Ottaviani, d'un niveau d'occupation antérieure au Néolithique dans l'abri de Strette au nord de l'île. Depuis, 6 nouveaux sites ont été découverts, 2 dans le Cap Corse, 2 sur le plateau bonifacien et 2 dans le nord de la Sardaigne, portant à 9 le nombre de sites connus pour la période mésolithique.

Cette période fut toutefois nommée "Prénéolithique" jusqu'à la fin des années 1990, en raison de l'absence des critères techniques définissant habituellement le Mésolithique, notamment les microlithes géométriques. Le terme initial de "Prénéolithique" a été récemment abandonné au profit d'une qualification plus précise mais tout aussi ambiguë : "Mésolithique insulaire" (Lanfranchi 1998). Ces hésitations sur la définition de ces communautés révèlent toute la difficulté rencontrée par les préhistoriens pour appréhender ces premières sociétés insulaires et leurs productions. Si, pour certains auteurs, l'absence de microlithe reflétait « *une dégénérescence technique et génétique* » des populations liée à un isolement supposé (Bonifay *et al.* 1990) et pour d'autres la marque d'une spécificité culturelle (Camps 1988 ; Tozzi 1996), tous s'accordaient à voir dans ces productions mésolithiques l'émergence d'un particularisme prononcé. Ce dernier justifiait alors que l'on ne définisse pas les groupes insulaires de la même manière que les groupes continentaux et qu'on leur attribue une dénomination singulière. Toutefois, comme nous le verrons tout au long de ce chapitre, les caractéristiques des communautés de Corse et de Sardaigne relèvent davantage de facteurs circonstanciels (données environnementales, modalités particulières d'occupation des sites et d'exploitation des espaces), que d'une originalité culturelle spécifique à ces seules îles.

Localisation des sites mésolithiques en Corse et en Sardaigne

À la différence d'autres régions méditerranéennes ou atlantiques, la remonté des eaux maritimes, évaluée à une vingtaine de mètres depuis le IXe millénaire (van Andel 1989 et 1990), n'a pas radicalement transformé les contours des îles de Corse et de Sardaigne. Cette relative stabilité des lignes du rivage corse est d'une importance capitale car elle nous permet d'appréhender l'occupation du littoral, dont on sait qu'elle fut primordiale pour ces groupes arrivés dans l'île par voie maritime. Cette situation privilégiée résulte de deux facteurs principaux : l'étroitesse du plateau continental et un important phénomène d'alluvionnement et d'ensablement des rivages corses. En effet, l'isobathe 20 m longe

L'abri de Strette en Haute-Corse (cliché L.J. Costa).

les côtes de l'île sur près de 950 km (soit environ les 9/10e des côtes), s'en écartant principalement au niveau de quelques golfes (Saint-Florent, Calvi, Porto-Vecchio) et surtout de la plaine orientale où il passe à près de 2 km au large du rivage actuel. Or, les côtes le long de la plaine orientale connaissent un phénomène d'ensablement considérable, résultant d'accumulations maritimes et fluviales. Dans la région d'Aléria, les études de R. Paskoff et P. Sanlaville (1985 et 1988) ont mis au jour une falaise morte à 200 m à l'intérieur des terres, représentant vraisemblablement la ligne de rivage à la fin du Néolithique ancien. On observe donc dans cette région un phénomène inverse à celui qu'aurait dû entraîner la remontée du niveau marin depuis le Néolithique ancien (environ 10 m), puisqu'au lieu de se déplacer vers l'intérieur des terres, les lignes du rivage ont progressivement gagné sur la mer.

Cette situation privilégiée est d'autant plus importante que 8 des 9 sites actuellement recensés sont précisément localisés en bordure du domaine maritime. Seul le site de Curacchiaghju se trouve dans une haute vallée du sud de la Corse, à près de 20 km du bord de mer. Ce site est caractérisé par la présence de 140 pièces lithiques provenant du débitage de quelques galets locaux, trouvées dans une modique couche d'un petit abri sous roche. Elles correspondent sans nul doute aux vestiges d'une ou de plusieurs

L'abri du Monte Leone en Corse-du-Sud (cliché J.-D. Vigne).

courtes haltes. Tous les autres sites ont en revanche livré les vestiges d'occupations liées à l'exploitation des ressources littorales et marines. Il s'agit dans tous les cas d'occupations sous abris ou en grotte, dont les dimensions souvent exiguës suggèrent l'installation de groupes de taille restreinte.

Si certains sites (Monte Leone, Strette) contenaient des niveaux riches en mobilier archéologique, aucun ne semble avoir été occupé de manière continue. En effet, la localisation de plusieurs abris est peu compatible avec des installations hivernales, en raison de la proximité de la mer (Porto Leccio, Torre d'Aquila), d'importants risques de crues (Strette) ou de la rudesse probable du climat montagnard (Curacchiaghju). Si l'étalement des datations obtenues sur la séquence du Monte Leone suggère une occupation de l'abri de très longue durée, les quantités importantes de faune introduites par les rapaces montrent que cette présence a été lacunaire (Vigne *et al.* 1998). La même constatation a été faite pour le site d'Araguina-Sennola (Vigne 1988). Enfin, à Strette, un dépôt stérile intercalé entre les deux couches mésolithiques témoigne également de la discontinuité de l'occupation (Magdeleine 1984).

La localisation du site de Curacchiaghju (850 m d'altitude) évoque la question du peuplement de l'intérieur des îles et, par voie de conséquence, des relations qui s'établissaient entre les zones littorales et montagneuses. Remarquant que l'abri d'Araguina-Sennola contenait des vestiges en roches exogènes à la région de Bonifacio, F. de Lanfranchi et M.-C. Weiss (1977) supposèrent l'existence de relations entre les écosystèmes littoraux et montagnards. Récemment, ces auteurs proposaient un modèle d'exploitation saisonnière des ressources fondé sur la complémentarité mer-montagne (Lanfranchi *et al.* 1999).

Une telle hypothèse implique que les sites actuellement connus ne sont pas représentatifs de la multiplicité des occupations qu'engendreraient les déplacements saisonniers des groupes et que le hasard aurait favorisé la découverte des campements littoraux au détriment de ceux des vallées, des plaines et des plateaux, qui demeureraient jusqu'à présent ignorés. S'il est impossible d'infirmer une telle hypothèse, notamment parce qu'elle se fonde sur des données inconnues et par conséquent "infalsifiables" (au sens de K. Popper 1934), il est possible d'émettre toute une série de remarques suggérant à l'inverse que les sites connus sont représentatifs du mode de vie de ces populations mésolithiques.

Tout d'abord, l'examen des vestiges lithiques du site d'Araguina-Sennola montre que les roches de formation géologique exogène au plateau de Bonifacio ont été prélevées en position secondaire, sous forme de galets. Elles n'ont donc pas fait l'objet de circulations entre l'intérieur de l'île et le rivage, mais ont été ramassées à proximité du site, dans les terrasses fluviatiles ou les cours d'eau.

Ensuite, étant originaires du Continent, les groupes mésolithiques de Corse devaient posséder de réelles aptitudes à naviguer et il est même probable que le transport maritime constituait un mode de déplacement assez fréquent. Or, de nombreux travaux ethnographiques portant sur des populations utilisant fréquemment le transport maritime ont montré qu'elles passaient l'essentiel de leur temps sur les littoraux, d'où elles tiraient la plupart de leurs ressources (Yesner 1980, 1981).

Enfin et surtout, la composition floristique et faunique de la Corse n'offrait à cette époque que peu de ressources alimentaires en dehors des zones littorales. Or, les différents modèles relatifs aux comportements animaliers et humains en matière de stratégies d'exploitation alimentaire tendent à montrer que les solutions adoptées par les groupes visent à optimiser le coût de la recherche de nourriture (Pianka 1978; Winterhalder et Alden Smith (eds.) 1981). La concentration de ressources favorisant grandement la diminution du coût de leur exploitation, les populations animales ou humaines ont tendance à privilégier l'exploitation des seules zones où les ressources abondent (Gamble 1978; Heffley 1981). Dans ces conditions, il n'est pas surprenant que les groupes humains se soient principalement implantés dans les zones susceptibles de leur offrir les meilleures conditions alimentaires possibles, à savoir les zones littorales.

Faune et flore mésolithiques

Lors de leur arrivée en Corse, les populations mésolithiques ont découvert un paysage peu boisé et très pauvre en ressource animalière. Cette pauvreté, directement imputable aux brutales perturbations environnementales qui marquèrent la transition Tardiglaciaire-Holocène, a été un facteur déterminant dans les modalités d'occupation et d'exploitation de l'île, favorisant la concentration des sites près des rivages, des zones bénéficiant notamment de ressources maritimes.

Les données réunies par M. Reille et ses collaborateurs (Reille 1990, 1992; Reille *et al.* 1999) nous permettent de retracer les grandes lignes du peuplement végétal de la Corse, depuis le début de l'Holocène. Ces travaux, menés sur des séquences palynologiques issues de milieux tant montagnards (lac Creno, lac de Bastani) que littoraux (plaine du Taravo, plage de Saleccia) ont montré que la plupart des espèces d'arbres composant actuellement les forêts de Corse n'existaient pas au Mésolithique. Ainsi, les forêts d'yeuses, les châtaigneraies et les chênaies de chênes verts étaient absentes de l'île et le noisetier (*Corylus avelenarius*) était assez rare, alors même qu'il connaissait un développement significatif dans le bassin occidental de la Méditerranée. Les forêts mésolithiques se composaient principalement de bruyères arborescentes (*Erica arborea*), accompagnées d'arbousiers (*Arbutus unedo*), sur les sols compacts acides des versants granitiques; et de chênes à feuillage caduc (*Quercus pubescens* et *Quercus petraea*), de tilleuls (*Tillia*) et d'ifs (*Taxus baccata*) dans les plaines côtières. En zone d'altitude, vers 1 300 m, aulnes (*Alnus glutinosa* et *Alnus cordata*) et ifs dominaient, alors que le dernier étage forestier était essentiellement composé de pins lariccio (*Pinus nigra ssp. Lariccio*). Enfin, les bords de mer étaient occupés par des milieux ouverts et des maquis à cistes (*Cistus* sp.), lentisques (*Pistacia lentiscus*), genévriers (*Juniperus* sp.) et phyllaires (*Phyllyrea* sp.). Il s'agissait donc dans l'ensemble d'un couvert végétal à dominante arbustive, qui n'offrait que peu de ressources alimentaires.

Au Mésolithique, la faune de Corse se caractérisait par l'absence de grand gibier terrestre. Aucune des grandes espèces pléistocènes, en particulier le cerf endémique (*Megaloceros cazioti*), n'avait survécu à la transition Tardiglaciaire-Holocène et la faune terrestre se composait exclusivement de rongeurs, tels que le mulot (*Rhagamys orthodon*), le campagnol (*Tyrrhenicola henseli*), la musaraigne (*Episoriculus corsicanus*), et une sorte de lapin de la taille d'un rat (*Prolagus sardus*). Bien entendu, la Corse comptait également des lézards, des amphibiens, la couleuvre à collier (*Natrix natrix*) et de nombreux oiseaux. Ces derniers sont principalement représentés par des espèces de petite taille à l'exception de quelques taxons marins, tels les cormorans (*Phalacrocorax aristotelis* et *Phalacrocorax* cf. *carbo*), des espèces affectionnant les zones marécageuses et les étendues d'eau douce ou saumâtre, tels les cygnes (*Cygnus* sp.), les oies (*Anser anser* et *Anser albifron*) et les canards (*Anas acuta* et *Anas plathyrynchos*), de la grande outarde (*Ortis tarda*) et des rapaces, particulièrement abondants dans les milieux ouverts. Parmi les rapaces, on peut noter la présence de l'aigle botté (*Heraaetus pennatus*),

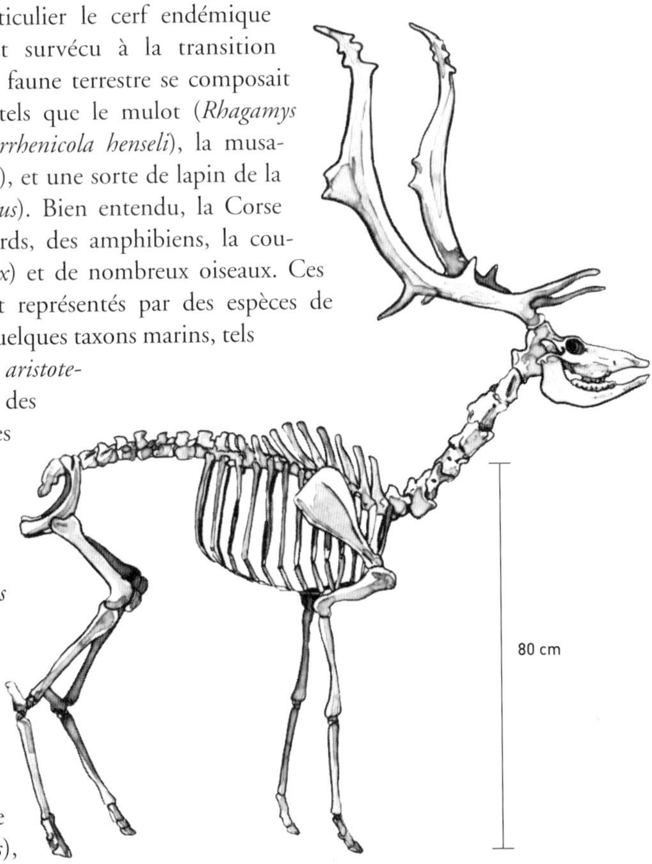

Représentation d'un *Megaceros cazioti*.

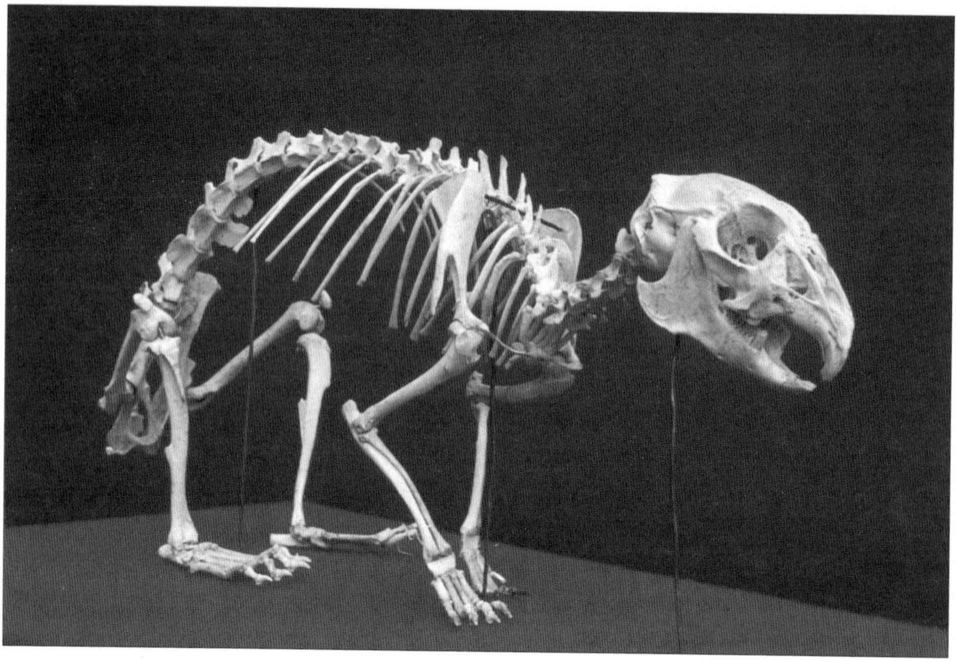

Squelette d'un *Prolagus sardus* adulte. Longueur : 25 cm (cliché J.-D. Vigne).

l'aigle impérial (*Aquila* cf. *heliaca*), l'aigle royal (*Aquila chrysaetos*), le circaète (*Circaetus gallicus*), le balbuzard (*Pandion haliaetus*), le vautour moine (*Aegypius manachus*), le gypaète barbu (*Gypaetus barbatus*), le grand duc nain (*Bubo insularis*), l'effraie insulaire (*Tyto* cf. *balearica*), la chevêche (*Athene noctua*) et une buse féroce (*Buteo* cf. *rufinus*).

Cet aperçu détaillé des possibles gibiers de Corse, au Mésolithique, rend parfaitement compte de la difficulté pour les groupes humains de se procurer une alimentation carnée conséquente. Seules les zones littorales devaient offrir les conditions alimentaires nécessaires à la survie des communautés, en particulier grâce aux apports de la mer en poissons et coquillages.

Exploitation des ressources et mode de subsistance des groupes mésolithiques

Les vestiges fauniques mésolithiques confirment totalement l'absence de grand gibier terrestre et sont essentiellement constitués de coquillages et de restes de petits vertébrés ou de poissons.

La reconstitution des régimes alimentaires passe nécessairement par une collecte minutieuse d'informations, c'est-à-dire un tamisage très soigné des sédiments. Or, seul le site de Monte Leone a bénéficié de prélèvements exhaustifs. L'analyse des modes de subsistance des groupes mésolithiques se fonde donc principalement sur les données recueillies lors des fouilles de l'abri de Monte Leone, les autres éléments disponibles ne venant confirmer qu'*a posteriori* les résultats acquis.

Au Monte Leone, les premières analyses (Vigne et Desse-Berset 1995) ont montré que le régime carné était principalement fondé sur l'exploitation du lapin-rat (*Prolagus sardus*), complété par des coquillages marins et des poissons de petite taille. Si quelques restes de mérous (*Epniephelus* sp.), de bars (*Dicentrarchus labrax*) et de daurades (*Sparus aurata*) ont été découverts, la grande majorité des poissons était constituée d'anguilles (*Anguilla anguilla*), de sardines (*Sardinia* sp.) et de sars (*Diplodus* sp.). Les ossements de mammifères marins sont extrêmement rares : seuls six fragments osseux de dauphins (*Delphinus delphis*) et deux de phoques (*Monachus monachus*) ont été recensés dans cet ensemble qui compte plusieurs centaines de milliers d'ossements. De plus, aucune preuve de la consommation de telles espèces n'a pour l'instant été apportée. Enfin, quelques ossements d'oiseaux ont également été trouvés, notamment de grandes outardes (*Otis tarda*), mais dans des proportions extrêmement faibles (Cuisin et Vigne 1998). La part réelle des denrées marines est difficile à évaluer dans la mesure où certaines données, telles que l'absence des pièces crâniennes des petits poissons, suggèrent que « *certaines ressources ont été mises en réserve (séchage, fumage...) sur le lieu d'acquisition* » (Vigne *et al.* 1998, p. 258). Cependant, les analyses isotopiques ($\Delta^{13}C$ et $\Delta^{15}N$) réalisées par H. Bocherens sur le squelette de la sépulture d'Araguina-Sennola et les quelques ossements humains trouvés au Monte Leone indiquent que la part des ressources marines devait représenter 25 % de l'alimentation (Costa *et al.* 2003). Outre ce complément d'origine marine, le mode de subsistance était donc principalement fondé sur la capture du lapin-rat (*Prolagus*), dont l'abondance des restes suggère qu'ils pullulaient dans les zones littorales. À titre d'exemple, les milliers d'ossements découverts lors des fouilles du site de Monte Leone ont mis en lumière une exploitation intensive de ce lapin-rat, évaluée à près de 100 000 individus consommés dans ce seul site (Vigne *et al.* 1998). Dans tous les cas, les ressources alimentaires provenaient des abords immédiats des sites (plaines littorales et rivages) et leur acquisition était assez aisée puisque la capture des poissons et des *Prolagus* ne nécessitait *a priori* que la pose de pièges ou de filets.

Les analyses anthracologiques, carpologiques et palynologiques menées sur le site de Monte Leone ont montré que les espèces végétales avaient été collectées en milieu thermo-méditerranéen, juxta-littoraux ou dunaire (*Juniperus, Phillyrea, Pistacia lenticus, Erica* sp.), voire méso-méditerranéen (charbons *d'Arbutus unedo*

Ossements de *Prolagus* issus d'un refus de tamis lors des fouilles du site de Monte Leone (cliché J.-D. Vigne).

et graines de *Sambucus nigra*), c'est-à-dire à proximité même de l'abri.

De même, les roches utilisées pour la fabrication de l'outillage lithique ont toutes une origine strictement locale. Il s'agit principalement de roches grenues (rhyolites, quartz, granitoïdes, etc.) ramassées aux abords du site, sous forme de galets, dans les cours d'eau, les terrasses fluviatiles et sur le rivage.

Au Monte Leone, l'approvisionnement des groupes en denrées alimentaires, en bois et en matériaux lithiques s'effectuait donc à proximité immédiate du site. Des constatations similaires ont été faites sur les autres sites mésolithiques, en ce qui concerne l'acquisition des aliments carnés et des matières premières (Costa *et al.* 2003). Aucun fragment lithique ne témoigne d'un quelconque transport de matériaux sur une distance supérieure à quelques kilomètres et ce, quelle que soit la collection étudiée. Il s'agit dans tous les cas de matières premières locales (quartz, rhyolites, serpentinites, diorites, granitoïdes, etc.), le plus souvent collectées sous forme de galets et ne possédant que de faibles aptitudes à la taille. Seules les séries sardes de Porto Leccio et Su Coloru ont livré un peu de silex, provenant de petits galets ramassés aux alentours des sites (Tozzi 1996; Fenu *et al.* 2000).

Le territoire d'approvisionnement des groupes est donc assez réduit et s'apparente à une mobilité de type "résidentiel". Ceci fait plutôt référence à des occupations de type "*foragers*" – selon le modèle développé par L.R. Binford (1980) – et suggère en réalité des populations se déplaçant fréquemment et ne disposant pas des moyens nécessaires pour développer un large système d'acquisition des ressources, mais se contentant de celles directement disponibles aux abords des lieux fréquentés.

Les productions lithiques du Mésolithique de Corse et de Sardaigne

Les roches exploitées ont donc une origine locale, que nous pourrions même qualifier de "stationnelle", tant les zones de collecte sont proches des sites. L'approvisionnement en matières premières était donc relativement aisé. En revanche, les propriétés mécaniques des matériaux débités devaient présenter de réelles contraintes de production. En effet, si la Corse présente une diversité minière importante, notamment une grande richesse en roches ornementales, elle est en revanche très pauvre en roches siliceuses aptes à être taillées, les principales matières classiquement utilisées par les tailleurs préhistoriques (silex et obsidienne) étant absentes de l'île. Ainsi, les roches exploitées dans les sites mésolithiques de Corse ne possèdent que de faibles aptitudes à la taille. Il s'agit de matériaux grenus, principalement des quartz, des granitoïdes, des rhyolites et des serpentinites. Les éclats débités sont généralement peu tranchants, leurs bords étant souvent peu résistants. C'est notamment le cas pour la serpentinite, plutôt friable et se délitant par fines plaquettes, mais aussi pour d'autres matières, en particulier pour les granitoïdes composant près du tiers des roches grenues exploitées sur le site de Monte Leone. De même, les quartz débités ont une origine filonienne et sont souvent fortement diaclasés. Enfin, il nous faut préciser que nombre de ces matériaux ont été récoltés sous forme de galets; ce qui rajoute des contraintes à leur utilisation pour le débitage. Ces contraintes peuvent en partie justifier – sans toutefois l'expliquer – le faible investissement technique dans les productions mésolithiques de Corse.

En Sardaigne, où la situation géologique est très différente, les sites ont livré des vestiges en silex, mais il s'agit également d'une production sur petits galets, c'est-à-dire de blocs dont la morphologie ne facilite guère le débitage.

L'ensemble des sites de Corse et de Sardaigne a livré des nucléus débités pour l'obtention d'éclats, selon des techniques et des méthodes de production assez simples. Les galets ont souvent été fractionnés en deux, probablement par percussion sur enclume, puis débités par percussion directe dure, la face de fracture du galet pouvant faire office de plan de frappe ou de plan de débitage, selon la morphologie du nucléus.

La dimension des vestiges suggère que les blocs exploités dépassaient très rarement 10 cm de long. Ce fait ne résulte pas d'une sélection particulière opérée par les populations mésolithiques, mais tout simplement de la nature des matériaux directement accessibles aux abords des sites. Ainsi, plus de 80 % des vestiges lithiques ont une longueur inférieure à 3 cm et les nucléus portent des enlèvements de petites dimensions, souvent inférieurs à 2 cm de long.

Les supports retouchés sont relativement peu nombreux. Leur nombre est souvent inférieur à celui des nucléus, les collections étudiées regroupant principalement des débris et des éclats non retouchés.

Les supports retouchés rassemblent essentiellement des pièces à coche(s), des denticulés et des pièces à retouche latérale, qu'il est difficile de nommer "racloirs" tant la retouche est courte. La majorité de ces pièces possède une morphologie assez peu standardisée. Elles sont principalement caractérisées par leur partie active et cer-

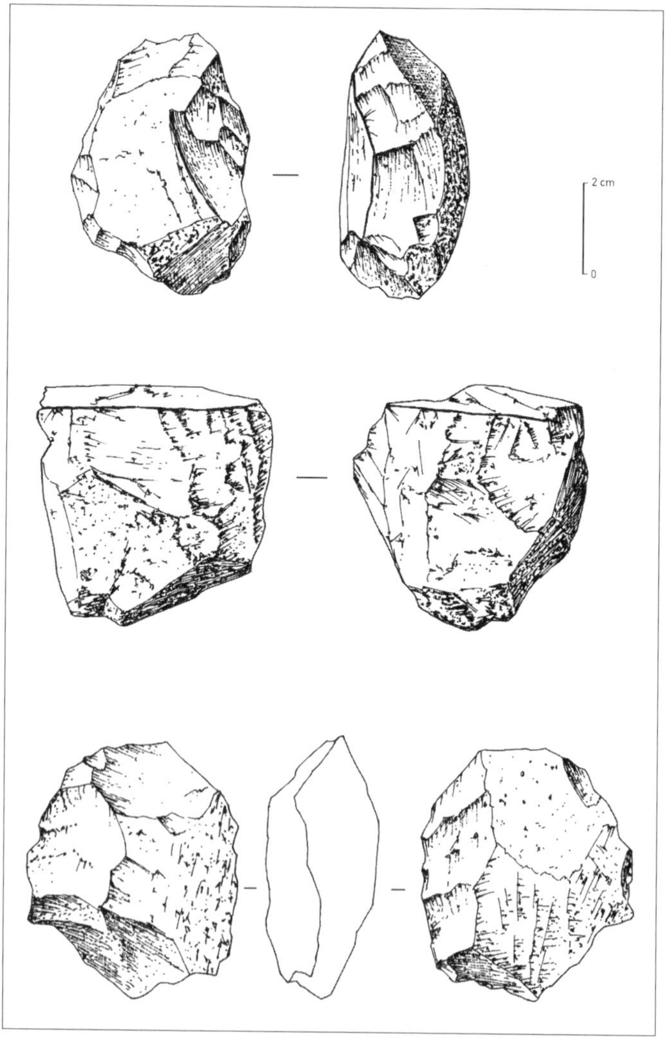

Nucléus en rhyolite grenue : Monte Leone (dessin F. Negrino).

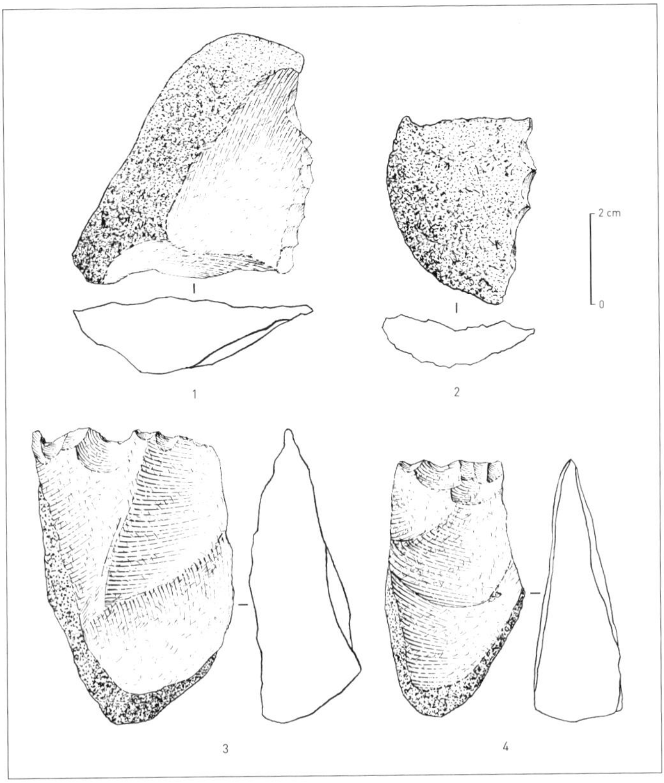

Outillage sur galets en roche grenue : n° 1 Strette (rhyolite), n° 2 à 4 Torre d'Aquila (gabbros métamorphisés) (dessin L.J. Costa, encrage G. Devidère).

tains paramètres dimensionnels. Ce sont d'ailleurs ces paramètres dimensionnels qui semblent avoir guidé les tailleurs dans leur choix de débiter telle roche plutôt que telle autre. En effet, aucune adéquation nette entre les groupes d'outils typologiques et les matières exploitées n'a été recensée et ce, en dépit d'évidentes variations dans les propriétés mécaniques de ces matériaux. La seule relation univoque entre matière et outil concerne la dimension des supports, le macro-outillage (pièces à extrémité biseautée, certaines pièces à retouches latérales et certains denticulés) ne pouvant être manufacturé sur de petits supports, tels ceux issus du débitage des petits galets.

Ce macro-outillage a souvent été directement façonné sur des blocs ou des galets bruts de débitage, parfois sur de gros débris ou certains grands éclats produits lors des premières phases du débitage. En revanche, les petits éclats n'ont été retouchés que de manière exceptionnelle, pour la fabrication de quelques pièces à bords abrupts.

L'extrême rareté des petits outils est équivalente pour toutes les collections étudiées, quelle que soit la superficie des fouilles ou leur ancienneté. Comme ce déficit ne peut être imputé à un défaut de tamisage, en particulier pour les sites récemment fouillés, nous devons conclure à la production d'éclats bruts. L'examen détaillé de ces petits éclats m'a permis de sélectionner de petits supports tranchants, de forme presque rectangulaire, présentant un ou plusieurs bords abrupts. Or, le débitage d'éclats par percussion directe dure, selon des méthodes simples, ne produit des pièces aux bords abrupts "naturels" que dans deux seuls cas : lorsque les éclats débités emportent une partie du bord anguleux du nucléus, ou lorsqu'ils se fracturent en deux, le bord abrupt étant alors formé par la cassure. Dans les collections étudiées, les blocs exploités sont principalement des galets (voire exclusivement des galets dans certains sites), c'est-à-dire des nucléus dépourvus de bords anguleux. Les éclats ne devraient être dotés de bords abrupts que dans des conditions assez exceptionnelles. En revanche, le débitage de matériaux grenus produit souvent un nombre important d'accidents de taille de type Siret (Jaubert 1990 ; Mourre 1996). Il est donc fort probable que de nombreuses pièces munies d'un bord abrupt correspondent à des parties d'éclats fracturés. Cependant, ce type d'accident ne peut produire qu'un seul bord abrupt par éclat (ou plutôt par partie d'éclat) et ne peut en aucun cas expliquer la présence de nombreuses pièces tranchantes munies de deux ou trois bords abrupts. Aussi, il est possible que dans un certain nombre de cas, les bords abrupts observés soient le résultat d'une fracturation intentionnelle des pièces (peut-être par flexion), en vue de l'obtention de produits aux caractéristiques spécifiques.

Outillage sur éclats en rhyolite grenue :
n° 1 Curacchiaghju,
n° 2 et 3 Monte Leone
(dessin L.J. Costa, encrage G. Devidère).

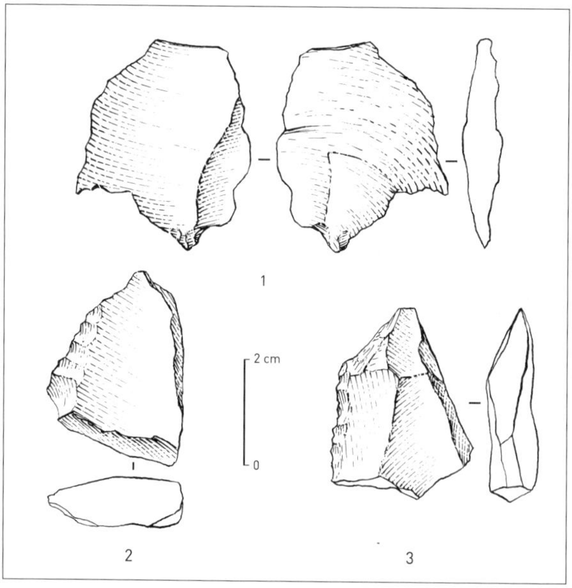

Ce type de production pourrait être lié aux propriétés particulières des matériaux exploités. En effet, l'action de retoucher un bord tranchant sur une matière grenue a pour effet de casser ce bord en lui ôtant une partie de son pouvoir tranchant. La retouche d'un tel bord est donc appropriée si le tailleur désire modifier la délinéation ou l'angle de coupe du bord, afin d'obtenir par exemple des coches, des denticulés ou des racloirs, ou encore pour réaliser un dos (bord retouché abrupt). Elle est en revanche totalement inopérante si l'on veut obtenir un tranchant efficace.

Les industries lithiques du Mésolithique des îles tyrrhéniennes sem-

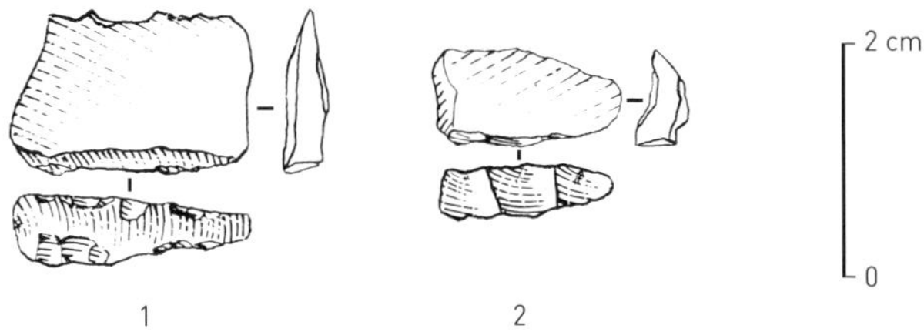

Petits éclats à bord abrupt en rhyolite grenue : Monte Leone (dessin L.J. Costa, encrage G. Devidère).

blent donc pouvoir être divisées en trois grands ensembles : les produits directement façonnés sur blocs ou sur galets, telles les pièces à extrémité biseautée et certaines pièces à coche(s) ; les produits issus des premières phases du débitage, telles les pièces à retouche latérale, les pièces appointées et certaines pièces à coche(s) ; et les produits issus des dernières étapes du débitage : de petits éclats pouvant présenter un ou plusieurs bords abrupts. Le débitage s'organisait ainsi autour de deux axes principaux, à savoir une production d'éclats d'assez grande taille destinés à être retouchés et une production de petits éclats assez fins et de forme allongée, destinés à être utilisés quasiment bruts de débitage, soit pour la propriété tranchante de leurs bords, soit comme pièce à bord(s) abrupt(s) pour un usage qui nous échappe encore. Cette gestion particulière du débitage est directement induite par la morphologie des blocs exploités dont les modestes dimensions ne permettent l'obtention d'éclats d'assez grande taille que lors des premières phases du débitage.

Des industries originales, spécifiques à ces îles ?

L'absence de microlithe et de lamelle dans les collections mésolithiques de Corse et de Sardaigne a souvent été considérée comme un trait original, suffisamment discriminant pour représenter un trait culturel propre à ces îles. Toutefois, avant de conclure à une telle spécificité, il convient d'analyser ces productions en termes de besoins, de contraintes et de choix, afin d'évaluer les éléments qui pourraient traduire une identité culturelle spécifique et ceux qui résulteraient plutôt de mécanismes d'adaptation à des conditions de vie particulières.

Comme je l'ai déjà précisé, le peuplement faunique insulaire était particulièrement pauvre au début de l'Holocène. La végétation présentait peut-être un potentiel alimentaire non négligeable (tubercules d'asphodèle, champignons, baies, etc.), mais les données collectées sur le Monte Leone ne permettent pas d'évaluer la part végétale de l'alimentation des groupes, ni de supposer qu'elle fut importante, les pollens et les graines identifiés dans l'assemblage ne comptant pratiquement pas de taxons comestibles. En revanche, les ressources d'origine animale ne devaient pas nécessiter un outillage spécialisé, ni pour leur acquisition, ni pour leur consommation. À l'instar des produits de la mer, les *Prolagus* devaient plutôt être capturés à l'aide de pièges ou de filets, leur prédation devant plus s'apparenter à une collecte qu'à une véritable chasse. Les modiques quantités de vestiges lithiques trouvées dans chaque site et la rareté des pièces retouchées renforcent également l'idée d'une exploitation de ressources n'exigeant pas un outillage lithique important. Il est donc possible de suggérer que les outils lithiques ne tenaient pas une place prépondérante dans les industries de ces communautés. En l'absence de grande faune terrestre, il est également plausible de supposer une réduction de l'armement de chasse et, dans la mesure où l'on considère les microlithes et les lamelles comme des éléments de cet armement, à une réduction du nombre de ces outils, voire à l'arrêt de leur production.

En effet, si nous admettons que la disponibilité du gibier conditionne la manière dont les sociétés exploitent leur territoire (voir les modèles d'*optimal foraging strategies* notamment développés par B.P. Winterhalder et E.A. Smith (eds.) 1981), nous pouvons alors supposer qu'elle est susceptible d'influer sur les moyens utilisés pour cette exploitation. Partant de ce postulat, nombre d'auteurs ont alors montré l'existence d'adéquations entre le "coût" de la chasse (type de gibier, temps de chasse, distance à parcourir, transport, etc.) et l'équipement utilisé pour cette chasse (Kelly 1988 ; Torrence 1983, 1989 ; Bleed 1986 ; etc.). Selon ces différents modèles, toute restriction des ressources exploitées est capable d'entraîner une modification de l'outillage utilisé. Dans le cas d'activités essentiellement halieutiques, ceci pourrait se traduire par un appauvrissement des armes de jet au profit d'outils servant à la confection de pièges ou de filets.

L'hypothèse d'un lien entre productions peu investies, dépourvues de microlithe, et exploitation de ressources marines, en particulier de coquillages, n'est d'ailleurs pas une idée nouvelle (voir par exemple Barker 1975). Toutefois, comme l'a souligné C. Perlès (1990a), la découverte de très nombreux microlithes dans certains sites côtiers, où l'exploitation de ressources marines avait été abondante, montre qu'aucune relation univoque entre type de site ou type d'activité et type d'outillage ne peut être établie. Il s'agit notamment du site de Muge au Portugal, de certains niveaux de Franchthi en Grèce ou encore, de la totalité des sites côtiers du *Early Mesolithic* irlandais. Il convient également de préciser que les séries lithiques mésolithiques ayant manifestement fait l'objet d'un faible investissement technique ne sont pas toutes localisées en milieu littoral. Plusieurs ensembles pyrénéens sont caractérisés par des matières premières peu aptes à la taille, notamment des galets de quartz, et un outillage pauvre en microlithes et lamelles. Aucun d'eux ne montre toutefois une totale absence de microlithe et de lamelle, mais ils présentent des ensembles atypiques où dominent les éclats et les fragments de galets à retouche latérale, les denticulés, les coches, les choppers ou les *chopping-tools* et ont, à ce titre, d'indiscutables points communs avec les industries de Corse et de Sardaigne. Ces sites pyrénéens témoignent une nouvelle fois de l'impossibilité d'établir une relation univoque entre assemblages pauvres en microlithes et lamelles et activités halieutiques.

M. Barbaza et ses collaborateurs présentent ces faciès pyrénéens comme « *une adaptation aux conditions locales,* [...] *des faciès de circonstance en quelque sorte* » (Barbaza *et al.* 1984, p. 363), c'est-à-dire des productions induites par la mauvaise qualité des matières premières localement disponibles et probablement liées à des activités ne nécessitant pas un outillage très spécialisé. Ainsi formulée, cette explication pourrait tout à fait s'appliquer à la plupart des sites corso-sardes, qui se trouvent dans des zones totalement dépourvues de silex ou d'obsidienne. Il est en effet plausible que, dans un contexte où les besoins en outils de pierre sont assez limités, les communautés n'investissent pas outre mesure dans la recherche de matériaux très siliceux, mais se contentent de ce qu'elles trouvent aux abords des sites.

Cette explication n'est toutefois pas entièrement satisfaisante dans la mesure où elle place les industries des groupes en grande partie sous la tutelle d'un déterminisme géologique, capable presque à lui seul de conditionner les comportements techniques des populations, non seulement en termes d'outillage mais aussi de modalités de production (techniques et méthodes) et de gestion des matières premières. Si la fabrication d'un outillage répond aux besoins en outils d'un groupe et dépend dans une certaine mesure des conditions inhérentes à cette production, ses modalités d'exécution résultent d'options choisies parmi les solutions possibles. Or dans de nombreux cas, l'utilisation de galets locaux ne représente *a priori* pas la seule solution envisageable. Il est en effet surprenant que des groupes, se déplaçant le long du littoral, n'aient pas emporté une petite réserve de matière première, alors même qu'ils se rendaient dans des zones pauvres en ressources lithiques. Il est également surprenant que dans le nord de la Sardaigne, les communautés établies à Porto Leccio ou à Su Coloru, à quelques centaines de mètres de bancs de silex *a priori* accessibles, se soit contentées de quelques petits galets en silex et aient débité en grande majorité du quartz et des matériaux grenus.

Dans ce cas précis, la non-sélection des matières premières paraît incompréhensible puisque l'investissement requis pour l'acquisition du silex était équivalent à celui des autres roches. Tout semble montrer que les groupes de Corse et de Sardaigne éprouvaient un réel dédain pour les matières classiquement utilisées pour le débitage.

Ces remarques m'ont conduit à formuler l'idée que le faible investissement technique de ces productions ne résultait pas simplement d'un choix motivé par de faibles besoins en outillage et un déficit en matières premières de bonne qualité, mais correspondait en fait à une adaptation à un mode de vie particulier, ou plutôt à un mode d'occupation de ces sites de Corse et de Sardaigne (Costa 2004).

En effet, la première caractéristique de ces industries insulaires réside dans l'utilisation de matières premières peu aptes à être taillées, celles-ci conditionnant totalement la production. La question qui s'impose alors est pourquoi ces sociétés n'ont-elles pas essayé de mettre en place un système d'approvisionnement en matière première de meilleure qualité, notamment lorsqu'elles connaissaient l'existence de ces matériaux et que leur acquisition semblait peu coûteuse ?

La réponse que je formule est la suivante : au-delà des besoins qui ne justifiaient peut-être pas un investissement particulier dans l'acquisition de matériaux spécifiques, la mise en place d'un réseau d'approvisionnements, sous quelle que forme que ce soit, représentait pour l'ensemble de ces communautés une démarche plus contraignante que le débitage de galets en roche grenue. En d'autres termes, je considère l'absence d'investissement dans la recherche de matières premières comme une réponse particulière, choisie parmi d'autres possibles pour pallier un ensemble de problèmes et de contraintes donné.

En effet, l'approvisionnement en roches siliceuses peut se concevoir de différentes manières, que les modèles théoriques d'acquisition de matériaux regroupent en quatre systèmes principaux : l'acquisition directe aléatoire, directe orientée, indirecte avec déplacement, et indirecte sans déplacement (Bintliff 1977 ; Renfrew 1977 ; Binford 1979 ; Torrence 1986 ; etc.).

L'acquisition directe aléatoire correspond à un prélèvement de roches découvertes de manière fortuite au cours de déplacements motivés par d'autres activités.

L'acquisition directe orientée est un prélèvement prédéterminé qui s'opère au cours d'expéditions vers des lieux connus pour receler certaines matières premières. À cet égard, il faut noter que la fréquentation des lieux n'est pas forcément animée par le seul but d'acquérir de la matière, cette acquisition pouvant être intégrée dans des itinéraires liés à d'autres activités (*"embedded procure-*

ment", proposé par Bintliff 1977 et Binford 1979). Le caractère prévisible de l'approvisionnement constitue en réalité la seule différence avec le mode d'acquisition précédent (direct aléatoire).

L'acquisition indirecte avec déplacement est réalisée auprès d'autres communautés rencontrées, soit de façon aléatoire, au gré des excursions, soit de manière prédéterminée, lors de rencontres organisées à l'avance.

L'acquisition indirecte sans déplacement s'effectue auprès de groupes qui livrent les matériaux.

Ces différents modes d'obtention des matières premières n'entraînent pas les mêmes impératifs pour des groupes mobiles se déplaçant essentiellement le long des côtes de la Corse et de la Sardaigne.

L'acquisition directe aléatoire de roches aptes à être taillées n'est en effet possible que dans certains lieux, très rares en regard de l'étendue des côtes (au nord de la Sardaigne pour le silex ; au nord-ouest de la Corse ou à l'intérieur, dans des régions montagneuses, pour les rhyolites fines). En dehors de ces secteurs, quartz et roches grenues diverses constituent les seules matières disponibles pour la taille.

L'acquisition directe orientée de matières de bonne qualité n'est donc possible que dans des zones très restreintes. Elle nécessite des déplacements sur de longues distances, vers l'intérieur des terres, le nord-ouest de la Corse ou le nord de la Sardaigne. Ces contraintes de déplacement sont très faibles quand les lieux d'acquisition correspondent également aux endroits habituellement fréquentés par les communautés. Dans le cas contraire, un tel approvisionnement est très pénible, car il implique que des individus se rendent dans certaines zones, dans le seul but d'acquérir des matériaux (contraintes de déplacement liées à l'obligation de se rendre à un endroit donné, existence d'un circuit en partie préétabli, contraintes de transport liées à la fréquence des acquisitions).

L'acquisition indirecte avec déplacement nécessiterait également une restriction de la mobilité des populations (circuits prédéterminés, transport de blocs, etc.), mais surtout imposerait des contraintes sociales, puisque ce type d'approvisionnement requiert des contacts avec d'autres communautés (mise en place et utilisation de réseaux sociaux). De plus, les modèles d'acquisition indirecte supposent que certains groupes se chargent pour les autres du prélèvement direct des matériaux. En d'autres termes, ce type d'approvisionnement impose des contraintes de déplacement et de transport tant pour les individus qui prélèvent la matière première de manière directe que pour ceux qui se la procurent auprès des premiers.

L'acquisition indirecte sans déplacement implique les mêmes obstacles que le mode d'approvisionnement précédent (restriction de la mobilité des groupes qui prélèvent et distribuent, contraintes sociales, etc.).

Nous observons donc que la mise en place d'un quelconque système d'approvisionnement fiable (et donc non aléatoire) en matières premières de bonne qualité agirait de façon importante sur la mobilité des groupes, en les obligeant d'une part à fréquenter de manière assez régulière certains lieux, c'est-à-dire à élaborer des circuits de déplacement passant nécessairement par le nord de la Sardaigne ou les zones montagneuses de l'intérieur de la Corse, et d'autre part à transporter ces matières sur de longues distances. Pour des groupes vivant principalement sur les littoraux et connaissant une forte mobilité résidentielle, selon un modèle de type "*forager*" (Binford 1980) avec une collecte uniquement réalisée autour des sites, l'acquisition de matières premières de bonne qualité aurait été pratiquement impossible en approvisionnement direct. Par ailleurs, l'acquisition indirecte aurait nécessité l'installation permanente de communautés dans l'île, en dehors des zones littorales, et la mise en place de structures sociales permettant la création de réseaux d'échanges. C'est-à-dire tout un ensemble de conditions qui n'étaient sans doute pas réunies au Mésolithique, période durant laquelle les îles tyrrhéniennes devaient être très faiblement peuplées, voire seulement fréquentées par des groupes mobiles. Aussi, connaissant la disponibilité et l'accessibilité des matériaux lithiques sur les littoraux qu'elles fréquentaient, les populations mésolithiques ont choisi pour leur débitage la solution leur paraissant la plus appropriée à leur mode de vie : celle qui restreignait le moins leur mobilité.

En effet, pour faire face à la carence en roches aptes à la taille, les individus peuvent agir à deux niveaux : soit en modifiant la matière disponible, soit en transformant les productions désirées. S'ils choisissent d'agir sur la matière, alors ils mettent en place un système d'acquisition de roches plus appropriées. Dans le second cas, ils doivent se contenter de la matière localement disponible et adapter leur production. En fait, toutes les solutions envisageables sont soumises à l'existence de deux pôles de contraintes agissant en interaction. D'un côté se trouve un pôle de fortes contraintes de production : tailler du quartz ou des galets en roche grenue. En opposition, existe un pôle de fortes entraves agissant sur la mobilité des groupes, lié à la mise en place d'un système d'acquisition de matières premières particulières. Chaque solution implique une part de contraintes : plus on agit sur la matière première (développer l'acquisition), plus la mobilité du groupe s'en trouve réduite et/ou plus les contraintes sociales entre les groupes sont fortes ;

moins on agit sur la matière (plus on exploite les roches locales), plus on augmente les contraintes de production (tailler des roches grenues).

Les groupes du Mésolithique ont donc choisi une solution extrême, qui ne sera jamais plus imitée en Corse ou en Sardaigne, par aucune autre population à aucune autre période : accepter un maximum d'entraves au niveau des productions pour une totale liberté de déplacement. Dès lors, ils ont adapté leur outillage à l'exploitation de matériaux peu aptes à être taillés, mais présents en grande quantité sur tous les littoraux. Ces populations n'avaient ainsi plus à se soucier de la disponibilité des matières lithiques, dont ils savaient pertinemment que les meilleures étaient très rares et peu accessibles. Cette orientation particulière de la production était vraisemblablement motivée par de faibles besoins en outillage spécialisé et par la pauvreté des zones littorales en roches siliceuses. Il n'en demeure pas moins qu'elle relève d'un choix, opéré parmi un ensemble de solutions possibles. Si ce choix exprime sans doute une conception particulière de la place des industries lithiques dans les activités de ces sociétés, il n'est pas pour autant spécifique à ces seuls groupes : dans d'autres aires géographiques, d'autres communautés mésolithiques semblent avoir opté pour des choix similaires, notamment lorsque confrontées à des situations plus ou moins analogues elles ont privilégié une certaine aisance de déplacement.

Mode de vie des populations mésolithiques de Corse et de Sardaigne

La première caractéristique du mode de vie de ces populations de Corse et de Sardaigne réside donc dans leur manière d'occuper les sites et d'exploiter le territoire, qui suggère en premier lieu la grande mobilité des groupes. Si elles étaient très mobiles, ces communautés ne semblaient pas pour autant se déplacer vers l'intérieur des îles. Aucune donnée ne permet en effet de supposer que le site de Curacchiaghju ne représente davantage qu'une simple excursion, voire une exploration d'une des hautes vallées de Corse. Au contraire, l'absence de grande faune terrestre suggère que la bande côtière était la zone la plus propice aux implantations humaines. L'exploitation préférentielle des ressources côtières était certainement liée à la concentration de denrées le long des littoraux et au mode de vie de ces groupes, qui maîtrisaient la navigation et pratiquaient la pêche côtière.

Leurs déplacements suivaient peut-être un circuit préétabli, mais l'irrégularité des occupations suggère des fréquentations assez espacées dans le temps. Une autre donnée renforce la perception de ces longues phases d'abandon: l'absence de surexploitation des espèces de mollusques consommées. Or en Méditerranée, les écosystèmes littoraux sont fragiles et enregistrent rapidement tout accroissement de la prédation. Le prélèvement répété des mêmes espèces de mollusques peut conduire à une diminution de la taille des individus récoltés et de leur nombre. À cet égard, la grande patelle de Méditerranée (*Patella ferruginea*) constitue un véritable marqueur de la fréquence de la prédation humaine. Cette espèce a souvent fait l'objet de collectes importantes, en raison notamment de sa taille qui peut atteindre 10 cm de diamètre. Or, le fait que les individus changent de sexe avec l'âge et ne deviennent femelles qu'au-dessus de 4 cm de diamètre, entraîne une prédation sélective et conditionne à terme la survie de l'espèce (Laborel-Deguen et Laborel 1990b). En cas de fortes prédations, d'autres facteurs biologiques intrinsèques à l'espèce aggravent sa raréfaction, conduisant à son inéluctable disparition: sa faible fertilité, l'extrême étroitesse de son biotope, pratiquement linéaire, et une très forte prédation naturelle au niveau des jeunes individus (Laborel-Deguen et Laborel 1990a, 1990b). Si l'étude des restes alimentaires du site de Torre d'Aquila souligne l'importance de la consommation en coquillages, notamment en grandes patelles, elle ne montre aucune forme de surexploitation (Vigne 1995a), ce qui tend à prouver que les groupes consommateurs n'ont pas récolté ces espèces en continu, sur de longues périodes. Or le même site témoigne de la surexploitation des patelles, à des périodes plus récentes (Vigne 1995a).

La forte mobilité des groupes, l'irrégularité des occupations, l'absence de surexploitation des mollusques consommés et la relative rareté des sites connus conduisent à s'interroger sur la fréquence des occupations du littoral des îles tyrrhéniennes. En effet, ces occupations littorales, supposées s'étaler sur plus d'un millénaire et demi, n'ont en définitive laissé que bien peu de traces. Force est de constater que la rareté des couches mésolithiques dans les sites littoraux recensés, y compris dans les nombreux abris utilisés au Néolithique (dans la région de Murtuli, de Porto-Veccio, etc.), s'accorde mal avec l'idée d'une importante mobilité le long des côtes corses ou sardes. Aussi, il convient de se demander si ces occupations n'ont pas été très passagères, s'apparentant plus à des fréquentations ponctuelles qu'à un véritable peuplement des rivages corso-sardes. À cet égard, la découverte de sites similaires le long de la façade occidentale de l'Italie pourrait laisser penser à des haltes épisodiques de groupes originaires du Continent. En effet, plusieurs sites des côtes tyrrhéniennes de l'Italie, tels que Grotta della Madonna en Calabre, Grotta della Serratura en Campagnie et Riparo Blanc au Mont Circé, présentent des industries lithiques sur galets, dépourvues de lamelles et de microlithes (Martini 1993; Tozzi 1996; Fenu *et al.* 2000).

Cette hypothèse d'une fréquentation ponctuelle des îles doit être toutefois nuancée, au regard des résultats de l'analyse ostéologique, menée par H. Duday (1975), sur le sujet inhumé dans le site d'Araguina-Sennola. En effet, l'examen a montré que ce sujet, une femme d'une trentaine d'années, souffrait de nombreux traumatismes: une fracture du cubitus gauche et du troisième métacarpien gauche avait vraisemblablement entraîné la paralysie partielle de la main; d'importantes inflammations articulaires au gros orteil droit et au talon gauche devaient rendre tout déplacement difficile; et une lésion infectieuse avait entamé la mandibule. Cette femme était donc handicapée, avec une main gauche à demi paralysée, une mobilité assez réduite et une mastication pénible. Il est fort peu probable qu'elle ait participé à des déplacements maritimes fréquents dans un tel état. Force est d'admettre qu'elle devait séjourner dans la région de Bonifacio, depuis un bon moment avant d'y trouver la mort. Ceci suggère que certains groupes ont cherché à s'implanter durablement dans ces îles tyrrhéniennes. Si le modèle de "fréquentations ponctuelles" semble s'appliquer pour la plupart des sites, certaines de ces fréquentations ont dû prendre la forme de véritables tentatives de colonisation de ces espaces insulaires, au cours du VIIIe millénaire. Toutefois, ces séjours prolongés n'ont semble-t-il pas abouti à une colonisation pérenne de ces îles. Les groupes n'ont vraisemblablement jamais été importants ni nombreux. Les données restent rares et, surtout, aucune occupation datant du VIIe millénaire n'est pour l'instant connue en Corse ou en Sardaigne. Les tentatives d'implantation dans ces îles sont restées limitées en nombre, en temps et en espace, les groupes n'ayant probablement pas trouvé les conditions requises pour une installation sur le long terme.

Les raisons de cet échec des premières colonisations de ces îles sont imputables à leur déficit en ressources alimentaires, notamment carnées. Celui-ci ne pouvait en toute logique favoriser une implantation de groupes suffisamment denses pour permettre le développement d'une véritable société et les tentatives de colonisation ne pouvaient, de ce fait, qu'être vouées à l'échec. Ce n'est qu'un millénaire plus tard, lorsque des communautés néolithiques débarqueront avec céréales et animaux domestiques que les conditions minimales d'une réelle colonisation pérenne de ces îles seront réunies.

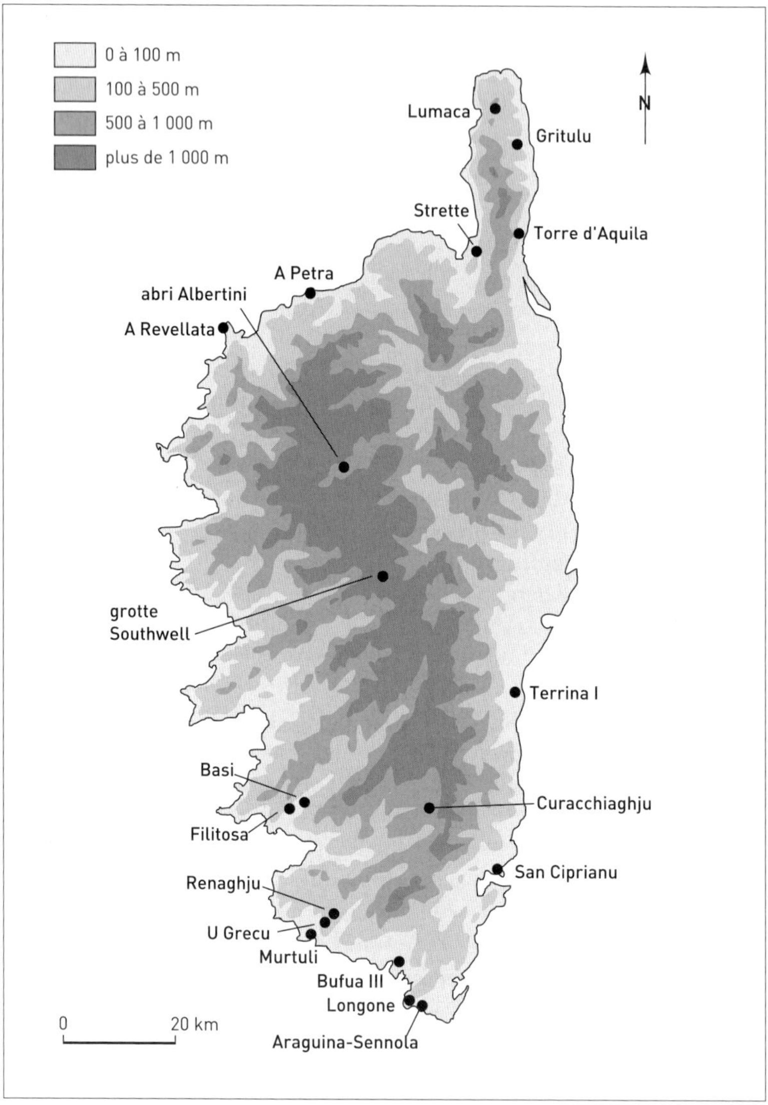

Localisation des principaux sites du Néolithique ancien (VIe millénaire).

Chapitre II
Premières communautés agropastorales (VIe millénaire)

Entre le VIIe et le VIe millénaire, d'importants changements interviennent dans le mode de vie des populations de la Méditerranée occidentale, avec l'avènement des premières communautés agropastorales. Cette néolithisation du bassin méditerranéen semble s'être opérée sous l'impulsion de groupes qui, pratiquant agriculture et élevage, ont colonisé de nouveaux espaces jusqu'alors fréquentés par des populations de chasseurs-cueilleurs. Si les modalités de cet avènement (conquête ou diffusion) font toujours l'objet d'âpres débats, la progression géographique du phénomène ne fait plus de doute, d'autant qu'elle s'accompagne de la diffusion d'une céramique particulière, décorée d'impressions de coquilles. Cette céramique va progressivement se répandre en Méditerranée occidentale, selon un axe E.-O., soulignant ainsi l'existence d'un phénomène global et commun dans ses grandes lignes à l'ensemble des régions de l'Ouest méditerranéen.

En Corse, ces transformations socio-économiques se produisent au cours du VIe millénaire et sont perceptibles dans les couches archéologiques à travers l'introduction simultanée de céramiques dites "cardiales", de roches d'importation et de restes d'espèces végétales et animales jusque-là inconnues dans l'île. Il s'agit principalement du blé, des ovins, des caprins, des porcins, mais aussi des renards. Tous ces taxons ne possédaient pas d'ancêtre sauvage sur l'île et ont été introduits par l'homme dès le début du Néolithique ancien, vers 5600 av. J.-C. Si l'importation de ces nouvelles espèces était de toute évidence motivée par des besoins alimentaires, celle des renards peut paraître surprenante, même si une consommation de cet animal est envisageable. Il est toutefois plus prudent de considérer qu'il s'agissait avant tout d'un animal de compagnie, dont on sait par ailleurs que la domestication est tout aussi aisée que celle des chiens.

site	couche	identification	nature	datation B.P.	datation calibrée (BC)
A Petra	II.c	Gif 7368	charbons	6430 ± 130	5563 - 5072
	II.d	Ly 6087	charbons	5945 ± 160	5202 - 4475
Araguina-Sennola	XVII.c	Gif 2324	charbons	6430 ± 140	5588 - 5063
	XVII.e	Gif 2325	charbons	6650 ± 140	5742 - 5283
A Revellata	III	Ly 6085	charbons	6280 ± 75	5430 - 5040
Basi	7	Gif 1851	charbons	7700 ± 150	6999 - 6208
Curacchiaghju	6	Gif 796	charbons	7300 ± 160	6423 - 5814
	6.a	Gif 1961	charbons	7310 ± 170	6453 - 5811
	6.c	Gif 1962	charbons	7600 ± 150	6995 - 6020
Gritulu	us.46*	Ly 824 (OxA)	charbons	6840 ± 60	5787 - 5597
Longone	4.a.2	LGQ 617	charbons	6320 ±140	5550 - 4900
Renaghju	us.61*	Ly 9519	charbons	6769 ± 41	5728 - 5620
	us.104*	Ly 8327	charbons	6525 ± 60	5615 - 5365
	us. 66*	Ly 8328	charbons	6095 ± 45	5207 - 5111
Strette	XX.b	Ly 2835	charbons	6420 ± 300	5995 - 4612
	XX.b	Ly 2836	charbons	6480 ± 480	6397 - 4305
Terrina I	foyer	MC 2243	charbons	6670 ± 130	5850 - 5250

* us = unité stratigraphique
(Calibration à 2 sigma, Stuiver et Reimer : 1993)

Principales datations absolues des sites du Néolithique ancien.

On dénombre aujourd'hui 26 sites ayant livré des vestiges attribuables aux premières implantations néolithiques, principalement des tessons de céramiques cardiales. 10 sites ont livré des datations absolues, cependant trop imprécises pour permettre d'établir une chronologie fine de ce premier Néolithique insulaire. De plus, celles de Basi et de Curacchiaghju sont vraisemblablement trop anciennes, au regard de ce qui est connu et attesté par ailleurs dans le bassin occidental de la Méditerranée (Guilaine 1987; Binder 1995; Manen 2000). L'ensemble de ces datations permet seulement de situer la majorité des sites du Néolithique ancien de Corse dans la seconde moitié du VIe millénaire av. J.-C.

Parmi ces 26 sites, 5 correspondent à des ramassages de surface comprenant quelques vestiges susceptibles d'appartenir au Néolithique ancien, mais dont l'attribution demeure très incertaine et n'a jamais fait l'objet d'aucune vérification (Capu Bracaghju, Carcu, Cileca, Foce, Tozze bianche); 2, anciennement signalés, ont été entièrement détruits et leur mobilier archéologique a totalement disparu (Grotta Scritta, abri du Goulet); les autres sont caractérisés, en grande majorité, par des assemblages assez pauvres ou issus de contextes fortement remaniés (abri Albertini, Bufua III, Filitosa, Gritulu, Longone, Lumaca, Murtoli, San Ciprianu, Southwell, Terrina I, U Grecu). Si tous ces sites ont une certaine portée informative, utile notamment pour aborder des questions relatives à la répartition spatiale des implantations néolithiques et à la gestion des espaces, seuls 8 permettent une analyse détaillée des productions et du mode de vie des premières communautés agropastorales de Corse (A Petra, Araguina-Sennola, A Revelatta, Basi, Curacchiaghju, Renaghju, Strette, Torre d'Aquila).

Les productions céramiques du VIe millénaire : le fondement de la chronologie du Néolithique ancien

G. Camps (1979) et G. Calvi-Rezzia (1980) furent les premiers à souligner l'existence de similitudes dans les décors des céramiques cardiales de Basi (Corse), Filiestru (Sardaigne) et Pienza (Toscane). Ces auteurs définirent alors le "style B-F-P" (Basi-Filiestru-Pienza) caractérisé par des décors d'impressions réalisés à l'aide d'une coquille de *Cardium*, couvrant pratiquement tout le vase et organisés selon certains thèmes géométriques (triangles,

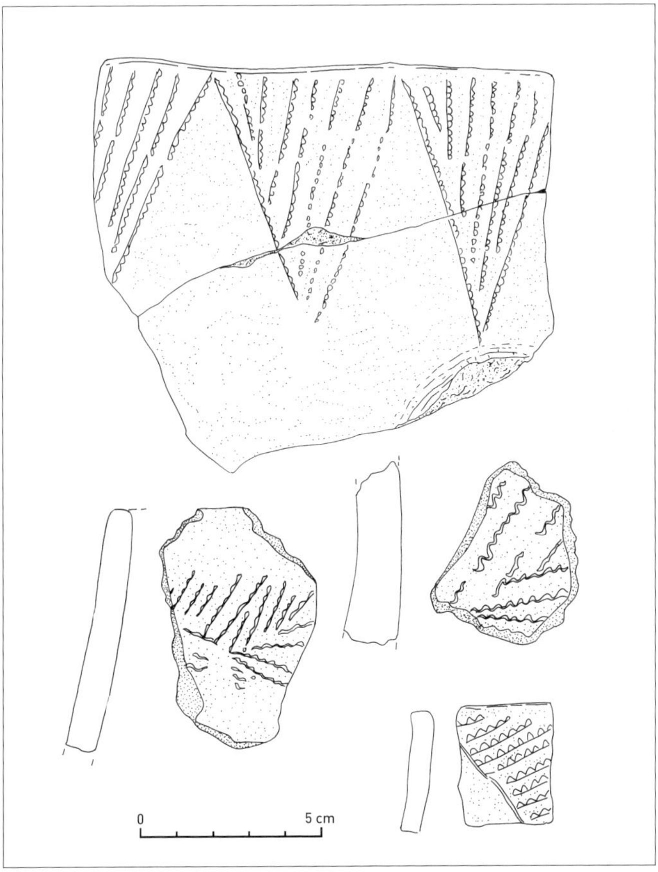

Céramiques cardiales de type BFP : Basi (dessin P. Goudet, d'après les relevés de G. Bailloud).

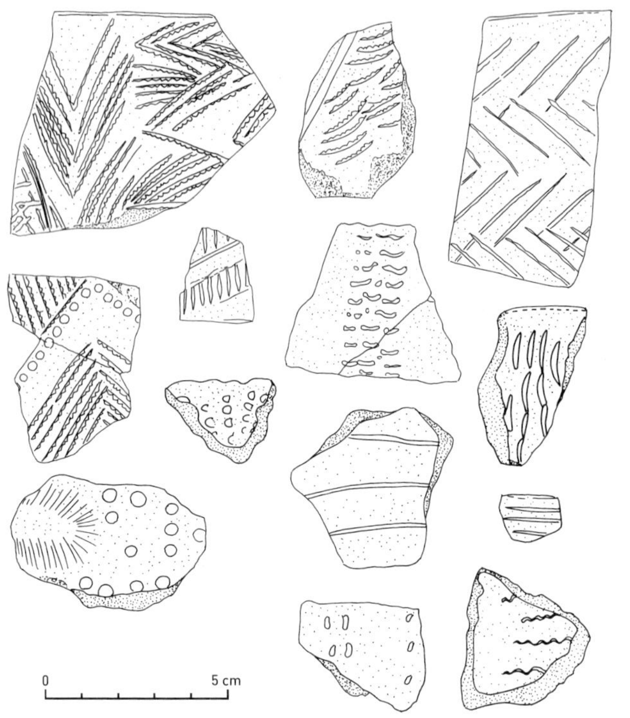

Céramiques cardiales de différents types (Cardial géométrique, Cardial à zonation horizontale, Cardial final, etc.) : Basi (dessin P. Goudet, d'après les relevés de G. Bailloud).

chevrons, angles) remplis de hachures obliques ou d'impressions diverses. Depuis les années 1980, de nombreuses découvertes ont permis de reconnaître ce style dans d'autres régions méditerranéennes, en Provence (site de Pendimoun), dans l'ensemble des îles tyrrhéniennes (île de Giglio ; îlot de la Scola ; île de Pianosa) et dans le Latium (site de La Marmotta ; de Settecanelle ; de Poggio Olivastro). Ce style céramique possède également des similitudes avec "l'horizon Guadone" du sud de l'Italie et peut-être même avec certaines productions du site des Arene Candide en Ligurie (Manen 2000).

La stratigraphie du site de Pendimoun, en Provence, a permis à D. Binder (1995) de proposer une chronologie relative des différents faciès du Néolithique ancien, dans laquelle le style "B-F-P" – qu'il nomme "Cardial géométrique" – succède au style "Impressa" notamment caractérisé par des décors d'impressions variées (coquilles, coups d'ongle, etc.) et précède le Cardial provençal et le Cardial final. Toutefois, les datations actuellement disponibles en Méditerranée ne permettent pas de confirmer la succession chronologique perçue à Pendimoun, l'ensemble des dates se situant dans une fourchette centrée sur la seconde moitié du VIe millénaire.

Le style "B-F-P" a été reconnu dans de nombreux sites corses (Basi, Filitosa, l'abri du Goulet, Bufua III, Terrina I, Strette, A Petra, l'abri Albertini) et était supposé jusqu'à ces dernières années représenter les premières céramiques de l'île (Lanfranchi et Weiss 1973; Guilaine 1976; Lewthwaite 1984; Camps 1988; etc.). Toutefois, les stratigraphies ne permettent pas de percevoir la succession chronologique des styles céramiques au cours du VIe millénaire. Plusieurs sites ont livré des céramiques dont la grande diversité des thèmes décoratifs suggère des mélanges chronologiques. Elles n'ont pas pu être chronologiquement situées les unes par rapport aux autres, faute d'ensemble stratigraphique bien identifié. Ainsi, la céramique cardiale de Strette (Strette 1, couche XIV et Strette 2, couche XX) présente une grande variété de décors d'impressions, parmi lesquels H. Paolini-Saez (2002) a identifié des motifs rappelant l'Impressa de Pendimoun, le style "B-F-P" et le Cardial provençal. Malheureusement, ces vestiges ont été retrouvés associés dans la même couche archéologique.

Décors solaires, céramique cardiale de Basi (dessin P. Goudet, d'après les relevés de G. Bailloud).

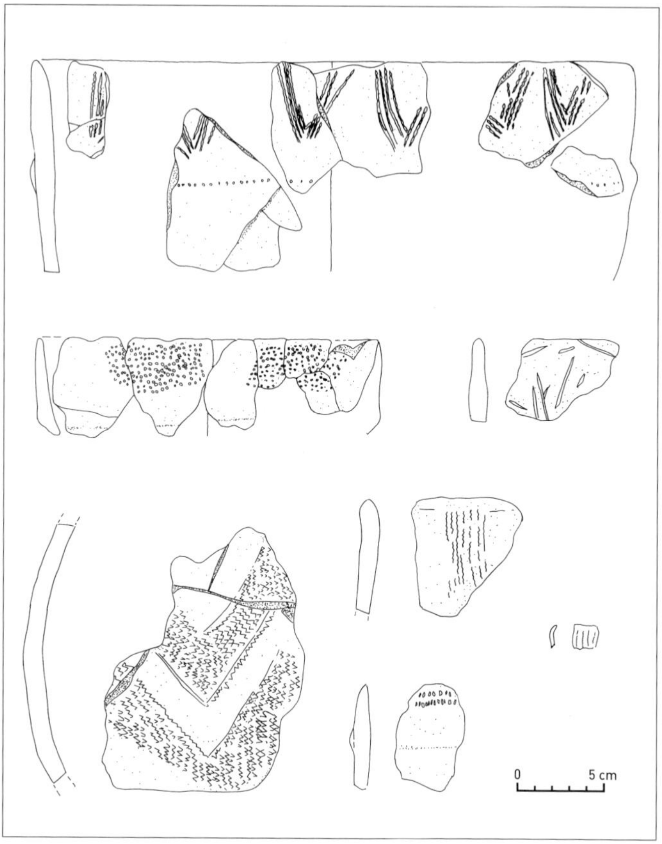

Céramiques cardiales de différents types : Strette (dessin P. Goudet d'après les relevés d'H. Paolini-Saez).

Il est aujourd'hui établi que la céramique dite "poinçonnée" (autrefois nommée "Curasienne") succède à la céramique cardiale (Lewthwaite 1984 ; Guilaine 1987 ; Lanfranchi 1987 ; Camps 1988 ; Tanda 1999 ; Paolini-Saez 2000). Ce style céramique est notamment caractérisé par des formes globuleuses ou à col, à fond rond, décorées presque exclusivement de points circulaires disposés en lignes horizontales dans la moitié supérieure des vases. La céramique poinçonnée a été identifiée principalement sur les sites corses de Curacchiaghju, Araguina-Sennola, San Ciprianu, A Petra, Southwell, Torre d'Aquila, Longone et sur les sites sardes de Grotta Maiore, Grotta Verde et Filiestru. Dans plusieurs sites (Araguina-Sennola, Curacchiaghju, grotte Southwell et Torre d'Aquila), les assemblages contenaient également quelques rares tessons décorés d'impressions de *Cardium*.

La position stratigraphique de ce style céramique dans les sites sardes (Tanda 1999) et dans le site de Longone (Lanfranchi 1995a) montre qu'il est légèrement postérieur aux styles "B-F-P" et Cardial provençal. Les datations obtenues à Araguina-Sennola le placent néanmoins dans la seconde moitié du VIe millénaire. Cela conduit F. de Lanfranchi (1987) et C. Manen (2000) à supposer qu'il s'agit d'un style contemporain de l'Épicardial languedocien. Cette hypothèse est plausible, mais uniquement si l'on considère le début de l'Épicardial. En effet, la couche XIV de Strette – qui contenait la céramique cardiale – a également livré quelques tessons poinçonnés. Or cette couche est surmontée d'un niveau (couche XIII) contenant une céramique très similaire à celle de certains sites du Cardial final provençal ou de l'Épicardial languedocien, à savoir une céramique décorée de boulettes d'argile écrasées sur la paroi externe des pots. La fourchette de datations habituellement retenue pour ces deux faciès chronologiques étant de 5200-4800 av. J.-C., la céramique poinçonnée de Corse pourrait alors dater de la fin du VIe millénaire. La fourchette 5300-5000 av. J.-C. récemment proposée par H. Paolini-Saez (2000) semble parfaitement plausible.

Dans son étude, H. Paolini-Saez (2000) a tenté de subdiviser le Cardial et le Poinçonné de Corse en sous-ensembles supposés représenter des tranches de temps de deux ou trois siècles. Ce travail possède le mérite de prendre en considération un grand nombre de données disponibles et de tenter de les ordonner dans le temps. Cependant, en l'état actuel de la recherche en Corse, les documents archéologiques ne me semblent pas permettre pas de valider un tel classement. Premièrement, si l'étude de H. Paolini-Saez se fonde sur l'analyse de 17 assemblages céramiques, seuls deux comptent plusieurs centaines de pièces (Basi et Strette), les autres ne regroupant que quelques dizaines de tessons maximum. Deuxièmement, de nombreuses séries proviennent de couches fortement remaniées (abri Albertini, Bufua III, Filitosa, Lumaca, Murtuli, Basi, Strette). Aussi, il est peut-être possible de dégager une certaine "tendance évolutive" des styles céramiques de Corse au cours du VIe millénaire, notamment en se référant aux observations effectuées dans d'autres régions méditerranéennes, mais il ne me semble pas prudent d'ordonner les différentes collections sur une échelle diachronique. Soit celles-ci se réduisent à quelques tessons (San Ciprianu, Strappazzola, Longone,

Céramiques poinçonnées : n° 1 à 4 Araguina-Sennola, n° 5 Curacchiaghju (dessin P. Goudet, d'après les relevés de F. de Lanfranchi).

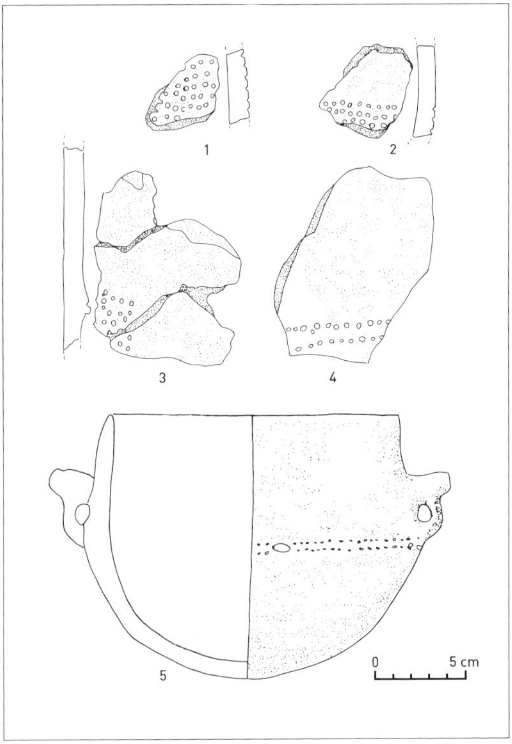

Murtuli, Lumaca, abri Albertini, Bufua III, Renaghju et Terrina I), soit elles se retrouvent distribuées dans plusieurs ensembles chronologiques (Basi, Filitosa et Strette).

En l'état actuel de la recherche, la répartition des sites en deux ensembles distincts, cardial et poinçonné, me paraît la solution la plus appropriée à la nature des assemblages étudiés. Chacun correspond vraisemblablement à une période chronologique assez courte (quelques siècles ?), regroupant des séries de vestiges relativement homogènes et surtout nettement différentes de celles de l'autre ensemble. Cette différence est encore plus marquée lorsque l'on considère les productions lithiques ; celles de l'ensemble "cardial" se distinguant de celles de l'ensemble "poinçonné" par les matières premières exploitées et les modalités des débitages laminaires.

Les productions lithiques du Néolithique cardial

Dans les industries lithiques du Néolithique ancien de Corse, deux types de productions coexistent : un débitage d'éclats et un débitage laminaire. Le premier concerne toutes sortes de matériaux, le second des matières très siliceuses, en l'occurrence du silex, des rhyolites vitreuses et de l'obsidienne.

Les débitages d'éclats sont simples, peu caractéristiques, et visent la fabrication d'un outillage commun à toutes les périodes du Néolithique (racloirs, coches, denticulés, etc.). Ces productions, caractérisées par un faible investissement technique, sont fréquentes dans les sites d'occupation secondaire, tels les abris littoraux et montagnards.

Les débitages laminaires témoignent en revanche d'un investissement technique conséquent, probablement lié à la spécialisation de certains individus au sein de chaque communauté. Cet investissement est perceptible dans les modalités même de la production, exclusivement réalisée par percussion indirecte, une technique qui nécessite des connaissances et une habilité indéniables. Il est également déductible de la qualité des matériaux employés, dont l'acquisition impliquait forcément un coût élevé en raison de l'éloignement des gîtes de provenance, à savoir les montagnes corses pour les rhyolites vitreuses, la Sardaigne pour les silex et l'obsidienne. En effet, la Corse étant totalement dépourvue de silex et d'obsidienne, leur présence dans les collections néolithiques signifie que les communautés de l'île avaient mis en place des systèmes d'acquisition sur de longues distances, systèmes qui impliquent obligatoirement des contraintes socio-économiques considérables, en termes de déplacements, de transport, de relations sociales entre les différents participants.

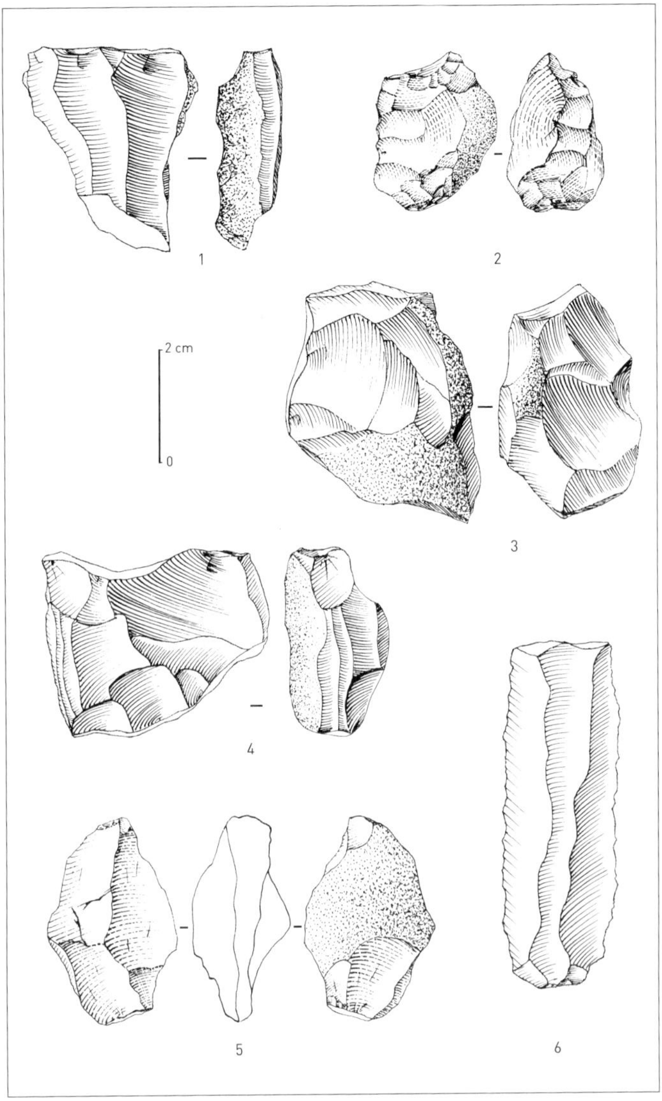

Nucléus et lame du Néolithique ancien cardial et poinçonné : n° 1 Strette (rhyolite), n° 2 et 5 A Revellata (quartz), n° 3 Strette (silex), n° 4 Araguina-Sennola (silex), n° 6 Strette (lame en rhyolite). (dessin L.J. Costa, encrage G. Devidère).

Les débitages laminaires visaient la fabrication de deux types d'outils principaux, typiques des industries de la période : les armatures tranchantes et les lames à dos et à troncature(s).

Les armatures tranchantes

Les armatures tranchantes (également nommées "géométriques") peuvent être regroupées en trois grands types selon leur morphologie : les armatures rectangulaires ; les armatures trapézoïdales (ou trapèzes) ; et les armatures à base convexe, dont les bords abrupts forment un "U".

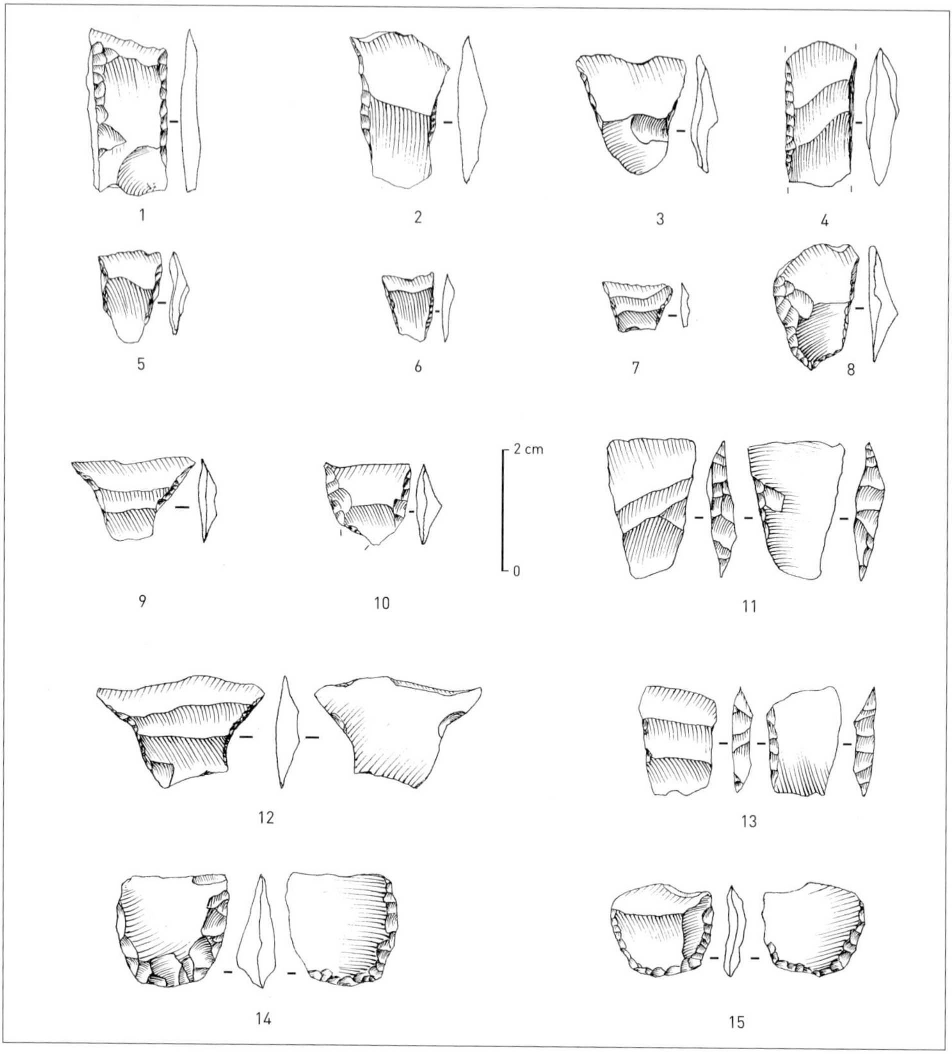

Armatures tranchantes du Néolithique ancien cardial et poinçonné :
n° 1 à 3 Torre d'Aquila (rhyolite), n° 4 Southwell (rhyolite), n° 5 A Revellata (quartz), n° 6 et 7 Araguina-Sennola (silex), n° 8 et 10 Torre d'Aquila (obsidienne), n° 9 Torre d'Aquila (silex), n° 11 Strette (rhyolite), n° 12 Basi (silex), n° 13 Strette (silex), n° 14 et 15 Strette (obsidienne) (dessin L.J. Costa, encrage G. Devidère).

Les armatures rectangulaires semblent absentes des séries provençales (voir Binder 1987) ou languedociennes (voir Vaquer 1990). Elles ne sont toutefois pas spécifiques à la Corse et se retrouvent dans d'autres ensembles, par exemple dans la grotte Filiestru en Sardaigne (voir Depalmas 1995) ou l'abri des Corréardes dans la Drôme (voir Chaffenet et Cordier 1999).

Les armatures trapézoïdales, plus nombreuses et plus classiques, existent dans presque toutes les séries du Néolithique ancien de Méditerranée.

Les armatures à base convexe sont assez rares dans les collections du Néolithique ancien corse, sarde ou continental et se retrouvent plutôt dans des séries un peu plus récentes. Elles sont souvent nommées "segments de cercle" dans la littérature, bien qu'étant au moins aussi longues que larges (le plus souvent plus longues que larges), elles s'apparentent plutôt à des segments d'ovale.

Les matières premières exploitées variant d'un site à l'autre, notamment du sud au nord de l'île, les armatures sont plutôt manufacturées sur silex dans le sud et sur rhyolite dans le nord. Toutefois, celles à base convexe sont préférentiellement réalisées sur obsidienne, alors que les autres types ne le sont jamais. Ces armatures à base convexe s'opposent aux autres à la fois par la forme, la matière utilisée et la manière dont elles sont manufacturées (retouche bifaciale). Elles ne sont présentes qu'à Strette et à la grotte Southwell, deux sites où des tessons céramiques du Néolithique ancien poinçonné ont été trouvés. Or, ce type d'armature est mieux représenté dans les séries du Néolithique ancien poinçonné – à Curacchiaghju, Torre d'Aquila et A Revellata – et surtout dans les collections du Ve millénaire où il représente près de 30 % des armatures tranchantes. Les armatures à base convexe de Strette et Southwell appartiennent donc vraisemblablement à des productions tardives, datant du Néolithique ancien poinçonné.

Les collections étudiées ont souvent livré de grandes quantités d'armatures tranchantes : 27 à Basi, 11 à Strette, 138 à A Petra, ainsi que de nombreuses autres issues de contextes remaniés, notamment 88 à la grotte Southwell. Elles ont pratiquement toutes été découvertes ébréchées ou cassées. Si certaines cassures peuvent être liées à des facteurs post-dépositionnels, la grande majorité résulte vraisemblablement de l'utilisation de ces pièces.

Les possibilités fonctionnelles des "géométriques" ont depuis longtemps intéressé nombre de chercheurs et plusieurs hypothèses ont été avancées, proposant une utilisation comme armatures de trait (Courtin 1974 ; Fisher *et al.* 1984), comme barbelures (Vaughan 1987), ou comme armatures de faucille (Lechevallier 1978). Lors de son étude des armatures tranchantes de la grotte Lombard, D. Binder (1991) a expérimenté différentes positions d'emmanchement, afin de tester l'hypothèse d'une utilisation de ces outils en tant qu'armatures de trait. Ces observations, confrontées aux données expérimentales issues d'études antérieures, ont permis de mettre en évidence le fonctionnement des "géométriques" de la grotte Lombard comme armatures de flèche. Notre étude (Costa et Sicurani 2000) a montré que la majorité des armatures tranchantes de Corse présente les mêmes types de fracture que celles de la grotte Lombard (enlèvements, produits par flexion, issus du tranchant et perpendiculaires à celui-ci), c'est-à-dire les stigmates attendus d'une utilisation comme armatures de trait. Seules les armatures à base convexe présentent des ébréchures très différentes, orientées selon un axe transversal ; ce qui suggère une utilisation autre que celle de têtes de flèche.

L'étude fonctionnelle des armatures met également en lumière l'existence d'une ou de deux nervures parallèles au tranchant, sur la face dorsale des pièces rectangulaires ou trapézoïdales. Si ces nervures résultent souvent d'enlèvements antérieurs au débitage de la pièce, elles ont parfois été créées par de petits enlèvements lorsque le support débité n'en comptait pas. Ainsi, toutes les armatures rectangulaires ou trapézoïdales possèdent au moins une nervure parallèle au tranchant sur leur face dorsale ; et ce quel que soit le support d'origine. La raison de leur présence est, selon toute vraisemblance, de servir de “cran d'arrêt”, empêchant l'armature de reculer dans la hampe lors de l'impact. La nervure remplit alors un double rôle : celui d'augmenter l'efficacité de la flèche et celui de protéger la hampe. Il est alors intéressant de remarquer que les armatures à base convexe ne possèdent pas de nervure sur leurs faces ; ce qui renforce l'hypothèse d'outils destinés à être utilisés différemment.

Les lames à dos et à troncature(s)

Une dizaine de lames à dos et à troncature(s) ont été trouvées, dont 5 à Basi. Aucune n'étant complète, il ne m'est pas possible d'affirmer qu'elles étaient tronquées à leurs deux extrémités, mais cela est probable. 8 d'entre elles, dont 4 à Basi, présentent un lustre très net le long du tranchant. D'une longueur supérieure à 3,5 cm, elles pourraient correspondre à des “lames faucilles” ou plus probablement à des “éléments de faucille” (voir M.-C. Cauvin 1983). Toutefois, en l'absence d'analyses tracéologiques, il ne serait pas prudent de rapporter ce lustre aux seuls travaux agricoles, puisque l'on sait que de nombreux usages peuvent produire de tels stigmates, notamment la coupe de roseaux (J. Cauvin 1968), le travail des peaux, du bois ou de l'os (Gysels et Cahen 1982) ou encore celui de l'argile (Anderson-Gerfaud *et al.* 1989). Toutes ces pièces sont rectangulaires, munies d'un dos toujours rectiligne. Leur tranchant est brut de retouche, à l'exception de quelques ébréchures liées à leur utilisation. J'ai recensé une grande variété de procédés techniques pour la confection du dos de ces objets – retouche continue ou partielle, courte ou longue –, dont la forme générale reste néanmoins assez standardisée. En dépit de

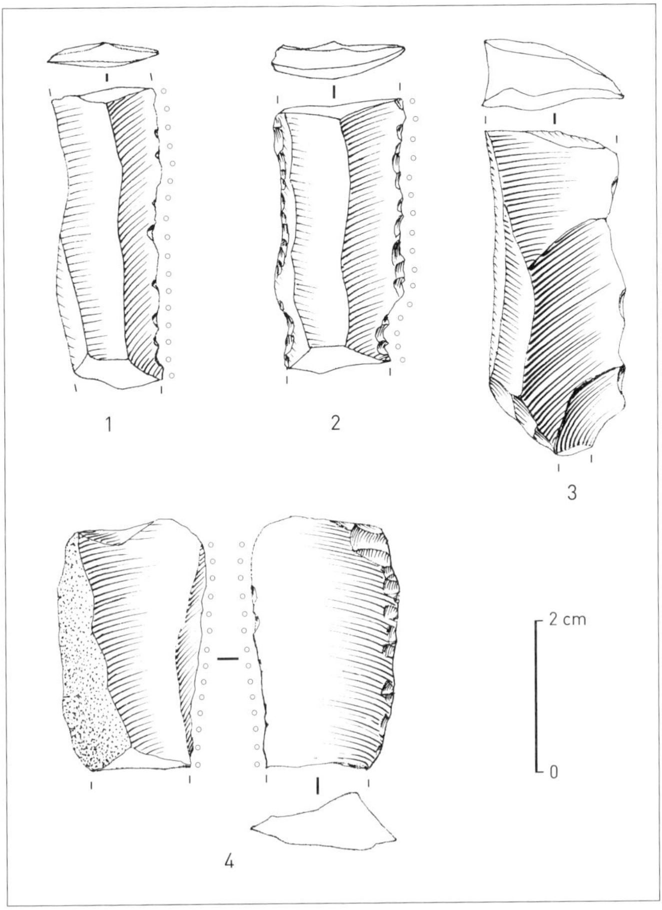

Lames à dos et troncature(s) en silex : Basi.
Les n° 1, 2 et 4 présentent un lustre le long du tranchant (dessin L.J. Costa, encrage G. Devidère).

ces différences, il s'agit d'un type d'outil qui ne se rencontre que dans les collections du Néolithique ancien cardial et poinçonné et qui doit, en conséquence, être considéré comme un marqueur chronologique de la période.

Les productions lithiques du Néolithique ancien poinçonné

Les productions de cette période ne sont guère différentes de celles du Néolithique cardial, à l'exception du débitage laminaire sur obsidienne dont les produits présentent une grande régularité (nervures très parallèles, bords alignés, grande rectitude des lames) et témoignent de l'utilisation de la pression pour leur détachement. Ces lames sont toutefois assez rares, probablement en raison de la nature même des sites actuellement connus : six abris sous roche d'occupations temporaires, n'ayant livré que les vestiges de

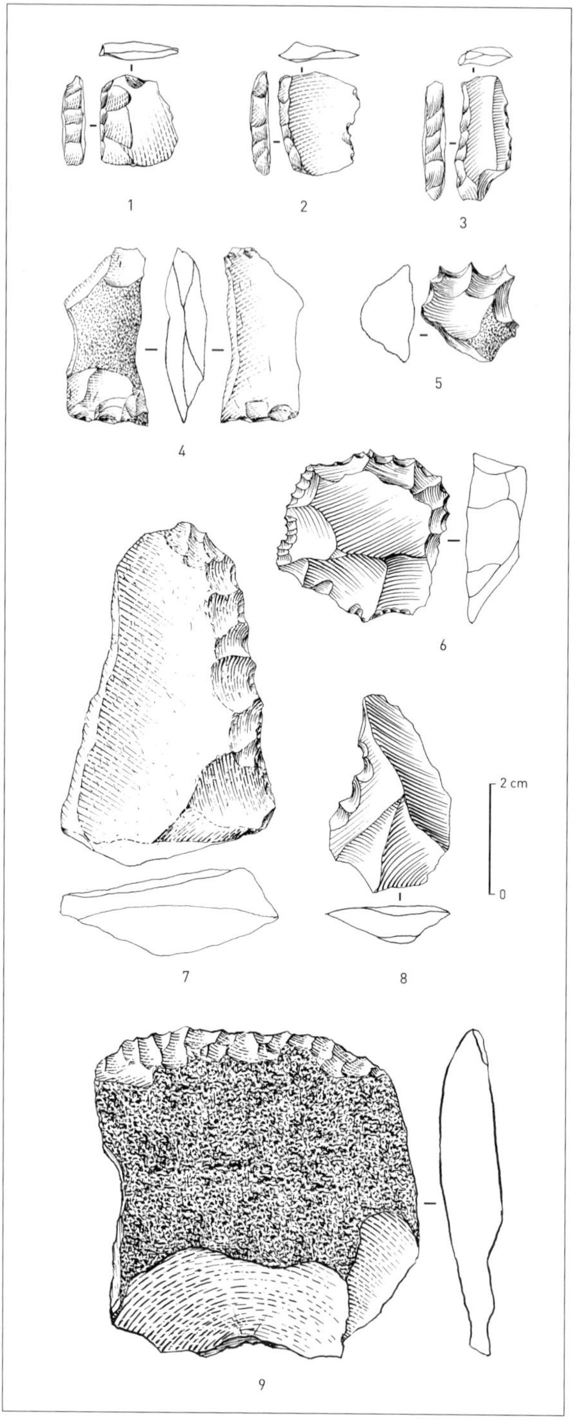

débitages expédients et quelques fragments de lames introduits sous forme de produits finis. On peut également noter l'existence d'une production lamellaire en quartz opalescent ou hyalin, dans les sites de Torre d'Aquila et d'A Revellata. Il s'agit de petites lamelles très arquées, de 2 ou 3 cm de long, présentant des nervures et des bords assez parallèles. La technique de détachement de ces produits peut être la percussion indirecte ou la pression.

La réelle différence concerne les matières premières exploitées, l'obsidienne étant nettement plus représentée dans les assemblages du Néolithique poinçonné (jusqu'à 40 % des effectifs dans le sud de la Corse) que dans ceux du Néolithique cardial, où elle n'excède pas 10 %. De même, les silex sont plus rares et surtout beaucoup plus variés. Ceci témoigne de modifications dans l'approvisionnement des groupes, en particulier une diversification des sources de matières premières et un certain remplacement des silex par l'obsidienne.

Éclats retouchés : n° 1 et 2 A Revellata (quartz, pièces à dos),
n° 3 Araguina-Sennola (obsidienne, pièce à dos),
n° 4 Torre d'Aquila (quartz, pièce esquillée),
n° 5 et 6 Strette (rhyolite, denticulés),
n° 7 A Revellata (roche grenue, denticulé),
n° 8 Curacchiaghju (roche grenue, denticulé),
n° 9 A Revellata (roche grenue, racloir)
(dessin L.J. Costa, encrage G. Devidère).

Le mode de vie des premières sociétés agropastorales de Corse

Les processus de néolithisation du bassin occidental de la Méditerranée font l'objet de nombreux débats entre ceux qui défendent l'hypothèse d'une colonisation de la zone par des groupes déjà néolithisés en provenance de l'Est (Bailloud et Mieg de Boofzheim 1955; Guilaine 1976; Roussot-Laroque 1985; Binder 1987, 1989, etc.), les tenants d'une néolithisation réalisée en partie par des communautés autochtones (Bagolini 1971; Rozoy 1978; Bisi *et al.* 1987) et ceux qui supposent une acculturation progressive des groupes autochtones, par contacts avec ceux de l'Est (Escalon de Fonton 1967; Bintz 1989). Cherchant à valider des modèles mettant en jeu des phénomènes de "rupture" ou de "continuité", chacun recherche alors dans les vestiges archéologiques du Mésolithique et du Néolithique ancien des récurrences ou des changements pouvant témoigner de ruptures ou de continuités culturelles entre ces deux périodes.

En Corse, tous les documents montrent une transformation totale des productions matérielles entre le Mésolithique et le Néolithique. On note l'apparition des productions céramiques, l'introduction de plantes et d'animaux domestiques et un complet renouvellement de l'industrie lithique. L'origine externe du Néolithique ne fait donc pas de doute, d'autant que ces changements sont simultanés et concernent tous les sites du VIe millénaire. Toutefois, certains auteurs (Camps 1988; Bonifay *et al.* 1990; Lanfranchi et Weiss 1997) considèrent que la rupture effective entre le Mésolithique et le Néolithique est en réalité moins marquée que les vestiges des productions ne le laissent supposer. Si tout le monde admet l'origine externe de certains biens et techniques néolithiques, ces différents auteurs estiment que le Néolithique ancien de Corse fait preuve d'une "grande originalité", se traduisant par un mode de vie très proche de celui du Mésolithique. D'après eux, cette originalité des sociétés corses résiderait dans la taille réduite des groupes, leur forte mobilité, la faible densité de population, l'absence d'agriculture et une alimentation principalement fondée sur la prédation et la collecte. La Corse aurait alors été exclusivement peuplée de petits groupes dispersés et très mobiles, vivant principalement le long des côtes d'où ils tiraient l'essentiel de leur subsistance, un peu à la manière des populations mésolithiques précédentes. Pour G. Camps, « *le seul changement notable dans le genre de vie au Néolithique ancien par rapport au Prénéolithique est l'apparition d'animaux domestiques […] À défaut d'une agriculture bien affirmée, la chasse au Prolagus et aux oiseaux, la collecte des mollusques, la pêche de poissons côtiers et la cueillette des produits de la forêt assuraient le complément nécessaire.* » (Camps 1988, p. 72).

Cette interprétation du mode de vie des premières sociétés néolithiques de Corse n'est en réalité fondée que sur une étude très partielle des documents disponibles. En effet, toutes les données montrent une transformation radicale de l'équipement lithique des groupes entre le Mésolithique et le Néolithique (le seul mobilier pourtant susceptible de faire le lien entre ces deux périodes), de l'organisation sociale de ces différentes sociétés et même de certaines pratiques symboliques fortes, comme les rites funéraires. Tout d'abord, l'équipement lithique est totalement différent, les industries du Néolithique ancien étant en grande partie fondées sur un approvisionnement en roches importées, utilisant de nouvelles techniques de débitage et visant la production de lames et d'outils inconnus dans les niveaux mésolithiques. Non seulement ces différences prouvent l'élaboration de nouvelles techniques, mais elles témoignent surtout de la nouvelle complexité des tâches impliquées dans la production et de la multiplication des compétences et des domaines techniques mis en jeu (depuis l'acquisition de matières premières lointaines jusqu'au débitage de produits normalisés), induisant des spécialisations techniques variées et suggérant une répartition différentielle des activités. À l'inverse des productions mésolithiques, celles du Néolithique ancien montrent une distribution différentielle des savoir-faire et des compétences techniques, témoignant d'une nouvelle organisation sociale à l'intérieur des groupes et entre des groupes différents. Il ne s'agit donc pas d'une simple évolution de l'outillage lithique et de ses modalités d'obtention, mais d'une totale reconsidération de la place des productions lithiques dans le système socio-économique des communautés, à l'instar de ce qui a déjà été observé dans de nombreuses régions à cette période (voir à ce sujet: Binder et Perlès 1990). Ensuite, les rites funéraires sont également transformés, comme le précisent d'ailleurs F. de Lanfranchi et M.-C. Weiss à la suite de l'analyse des sépultures du Mésolithique (c. XVIII) et du Néolithique ancien (c. XVII.c) de l'abri d'Araguina-Sennola: « *on s'aperçoit aisément des différences entre les deux sépultures [...] : corps allongé dans un cas, replié dans l'autre, présence ou non de cendres blanches, etc. Devant ce manque évident d'analogies, il serait inexact de parler d'évolution du rituel funéraire ; il s'agit au contraire de pratiques que rien ne semble relier, si ce n'est la position du crâne sous un surplomb rocheux* » (1994, p. 20). Enfin, toutes les occupations mésolithiques connues sont centrées sur le VIIIe millénaire. Nous constatons donc un hiatus chronologique de plus d'un millénaire entre les sites mésolithiques et néolithiques et aucune donnée n'indique une quelconque interaction entre sociétés mésolithique et néolithique.

L'originalité du mode de vie des populations néolithiques de Corse résulte en réalité d'une interprétation fondée sur la prise en compte d'une partie seulement des données disponibles, à savoir les seuls éléments issus de la fouille des sites spécialisés. Comme nous allons maintenant l'examiner, les sites du Néolithique ancien montrent une gestion complexe et complète des espaces disponibles, qu'il n'est pas possible de réduire aux seuls abris et occupations littorales, même si nous connaissons actuellement plus de sites de ce type que d'habitats de vallées ou de plateaux.

Ainsi, les sites connus occupent les principaux biotopes de Corse, à savoir la basse et moyenne montagne, le littoral, les vallées et les plateaux de faible altitude. Ces espaces n'offrant pas le même potentiel, ils n'ont pas été occupés de la même manière.

Les montagnes

Les zones montagneuses connaissent un climat assez rude en hiver. Les sites recensés – tels l'abri Albertini et la grotte Southwell – se trouvent dans des régions actuellement habitées toute l'année. Cependant, les intempéries, le froid et parfois la neige représentent des contraintes non négligeables et nécessitent une organisation très particulière, comme la constitution de stocks suffisants pour passer l'hiver. Rien dans les données archéologiques du Néolithique ancien ne suggère une telle organisation. Au contraire, l'exiguïté des abris occupés témoigne plutôt de la brièveté des séjours. Ces fréquentations devaient sûrement avoir lieu à la "belle saison", entre le printemps et l'automne.

Étaient-elles motivées par la recherche de matières premières, comme le suppose M.-C. Weiss (1976) ? La rareté des matériaux originaires des montagnes dans les collections archéologiques de la période, en particulier les rhyolites vitreuses, ne confirme pas une telle hypothèse. S'agit-il alors de haltes sur des parcours de transhumance, comme le pensent F. de Lanfranchi et M.-C. Weiss (1977, 1997) ? L'absence de données ostéologiques ne permet pas, à ce jour, d'étayer cette hypothèse. S'agit-il de haltes de chasse, comme c'est souvent le cas dans les Alpes? Si tel est le cas, il faudrait admettre que dès le début du Néolithique la population d'animaux marrons étaient suffisante pour constituer un gibier intéressant; ce qui est peu probable (Vigne 1995b). D'autres explications sont possibles, comme l'exploration de nouveaux territoires et la volonté de franchir les barrières naturelles. La conquête des milieux montagnards par les premières populations agropastorales n'est d'ailleurs pas spécifique à la Corse, mais concerne l'ensemble des zones alpines (Gallay 1989; Beeching 1995, 1999).

Le littoral

La situation de l'abri de Strette n'est pas favorable aux occupations hivernales, en raison des risques d'inondations liés aux crues de la rivière qui le borde. L'ensemble des données relatives aux modalités d'occupation de ce site, à savoir le régime alimentaire fondé sur la prédation et la collecte, l'hétérogénéité chronologique de l'assemblage, la nature du site et son exposition aux risques d'inondation, suggère une fréquentation occasionnelle par de petits groupes venant exploiter des ressources littorales et marines. Cependant, les vestiges montrent également des activités variées comprenant la production lithique, la meunerie et le stockage. Ils témoignent donc d'occupations répétées et suffisamment longues pour nécessiter de telles pratiques. Le fait que les productions soient à la fois nombreuses, variées et au moins en partie réalisées sur place (productions lithiques) suggère un habitat temporaire, relié à un habitat principal dont la localisation ne nous serait pas connue (Costa *et al.* 2002a).

De même, les occupations de A Petra et de A Revellata sont particulièrement sensibles aux tempêtes hivernales. Étant localisés sur le rivage, à quelques mètres de la mer, ces sites ne sont propices ni au développement d'activités agropastorales, ni à l'établissement durable d'une communauté. Les vestiges retrouvés suggèrent plutôt des fréquentations assez brèves et répétées.

Les autres sites ne sont que très partiellement connus et n'ont livré que très peu de vestiges, peut-être non représentatifs de l'ensemble des activités pratiquées. Toutefois, aucun de ces sites ne semble témoigner d'habitations permanentes. À l'instar des petites occupations en bordure des étangs del Sale et d'Urbinu (site de

Grand récipient cardial trouvé lors des fouilles de l'abri de Strette (50 cm de diamètre, cliché J.-C. Ottaviani).

Structures de stockage du Néolithique ancien découvertes lors des fouilles de l'abri de Torre d'Aquila (cliché J. Magdeleine).

Terrina I), ces sites semblent davantage correspondre à des fréquentations passagères.

Même si les vestiges montrent des activités plus diversifiées que dans les abris de montagne, les sites du littoral correspondent également à des occupations temporaires, probablement saisonnières. Si l'on se fie à la seule vision qu'offrent ces séries, on conclut alors à la mobilité des groupes, à leur petite taille, à l'absence de pratiques agricoles et à une alimentation principalement fondée sur la chasse au *Prolagus*, la pêche et la collecte de coquillages. Or toute l'argumentation visant à démontrer l'originalité du Néolithique ancien de Corse se fonde sur les données des sites localisés dans les montagnes et sur le littoral. Cependant, lorsque l'on intègre les autres données disponibles, en l'occurrence les vestiges issus des sites de vallées ou de plateaux, notre vision du Néolithique se modifie considérablement.

Les vallées et les plateaux

Contrairement aux zones littorales et montagneuses, les vallées et les plateaux de faible altitude présentent des conditions très favorables au développement de pratiques agropastorales et à l'installation durable de communautés pouvant regrouper un nombre d'individus conséquent.

Malheureusement, nos connaissances sur ces occupations se limitent aux seuls vestiges de Basi, les autres sites n'étant que très partiellement connus. À cet égard, il convient de rappeler que les vestiges des occupations très anciennes sont accessibles soit à la suite de travaux très profonds, comme à Basi où l'ouverture d'une carrière a permis la mise au jour de vestiges qui étaient conservés sous un épais dépôt de sédiment à près de 3 m de profondeur, soit à la suite de mécanismes d'érosion naturelle ou anthropique. Dans ce dernier cas, l'érosion s'accompagne souvent de remaniements qui restreignent considérablement la portée informative des collections archéologiques. C'est le cas des sites de Lumaca, U Grecu, Capu Bracaghju, Carcu, Cileca, Foce et Tozze Bianche, qui se trouvaient tous dans des zones de vallées, de plaines et de plateaux et n'ont livré que des indices d'occupations dans des couches remaniées.

Les vestiges de Basi proviennent d'une "fosse-dépotoir" fouillée sur seulement 7 m^2. L'assemblage est néanmoins suffisamment complet pour évoquer la nature de l'occupation et le mode de vie de ces habitants. Ainsi, la faune retrouvée indique la présence d'un cheptel important comprenant au moins 25 ovicaprins et 5 porcins. Les courbes d'abattage témoignent d'un élevage bien géré, tourné vers la production de viande, comme le souligne l'abattage préférentiel d'animaux jeunes adultes à l'optimum de rentabilité entre le poids de viande et la durée de l'élevage (Vigne 1988). Un outil de percussion lancée en pierre polie (hache ou herminette), quatre lames présentant un lustré d'usage sur leur tranchant, deux meules et quelques molettes témoignent du travail des végétaux et peuvent même suggérer certaines pratiques agricoles. Celles-ci semblent d'ailleurs confirmées par les analyses polliniques menées par M. Reille sur les étangs du Taravo, voisins du site, qui montrent l'apparition de céréales durant la seconde moitié du VIe millénaire. Enfin, pour G. Bailloud « *La présence de gros blocs de terre cuite portant des empreintes de fragments de bois parallèles suggère l'existence d'habitations permanentes* » (Bailloud 1969b, p. 383).

Le site de Basi semble donc correspondre à l'établissement d'une communauté agropastorale. Au regard des données disponibles, on pourrait croire qu'il constitue une exception, mais celle-ci est en réalité liée à la difficulté de trouver ce type de site, souvent complètement érodé ou conservé sous un épais dépôt. Néanmoins, Basi prouve l'existence, dès le VIe millénaire, de communautés au moins en partie sédentaires, pratiquant l'agriculture et l'élevage. Les vestiges de Basi contredisent donc l'idée d'un Néolithique corse possédant de nombreux traits "mésolithiques". De même, les analyses polliniques effectuées sur le site d'A Petra livrent l'image d'un paysage découvert où dominent les espèces accompagnatrices des cultures et les plantes rudérales. Compte tenu de la position géographique du site, à savoir une petite presqu'île rocheuse de quelques centaines de m^2, ces données suggèrent l'existence de zones cultivées dans les plaines en bordure du littoral.

On nous rétorquera peut-être que les sites du littoral peuvent représenter le mode de vie de groupes particuliers, différents de ceux qui occupent les plaines, les vallées et les plateaux. Cependant, les données archéologiques permettent d'en douter. Premièrement, les occupations du littoral, à l'instar de celles de montagne, ne concernent que la "belle saison". Deuxièmement, l'analyse des vestiges lithiques montre l'introduction dans tous ces sites saisonniers d'un certain nombre d'objets fabriqués ailleurs, en particulier des produits laminaires. Or, le seul endroit où ces productions sont attestées est Basi, un site localisé dans une vallée à plus de 6 km du rivage. De même, les quelques restes d'animaux domestiques retrouvés dans les couches de Strette sont trop peu nombreux pour suggérer l'existence d'un troupeau et témoignent plutôt de l'abattage de quelques bêtes ou de l'introduction de quelques quartiers de viande dans l'abri. Or, grâce aux fouilles du site de Basi, nous connaissons l'existence de véritables cheptels à l'intérieur des terres. Aussi, soutenir l'existence de groupes littoraux différents de ceux de l'intérieur, revient à élaborer des scénarios complexes que rien ne peut actuellement étayer.

L'existence d'établissements agropastoraux montre que le Néolithique ancien de Corse possède les mêmes composantes que celui des autres régions méditerranéennes, à savoir des sites localisés à l'intérieur des terres dans les vallées et sur les plateaux et des occupations satellites dans les zones montagneuses et sur les littoraux. Dès lors, l'hypothèse selon laquelle les occupations saisonnières seraient le fait de groupes vivant en marge des établissements agropastoraux ne paraît pas fondée. Comme cela a déjà été montré dans d'autres régions méditerranéennes, les premières communautés néolithiques ont rapidement diversifié leurs ressources en étendant leur emprise sur des milieux contrastés, disponibles autour des zones habitées tout au long de l'année. En Corse comme ailleurs, les occupations littorales et montagnardes sont vraisemblablement le reflet de cette large exploitation des espaces et des ressources disponibles.

Les relations inter-communautés

Les sociétés du Néolithique ancien de Corse ne sont donc pas très différentes de celles du pourtour méditerranéen, dont elles sont originaires. Ce sont des petites communautés, pratiquant l'agriculture et l'élevage et exploitant l'ensemble des biotopes disponibles dans leur voisinage. Leurs pratiques et leurs productions matérielles ne paraissent pas différentes de celles des populations continentales : les habitudes alimentaires semblent équivalentes (agriculture céréalière, élevage d'ovicaprins et de porcins), les productions céramiques sont identiques et les industries lithiques assez semblables, malgré un accès plus difficile aux matières premières de bonne qualité. Les groupes corses entretenaient d'ailleurs certaines relations avec les autres sociétés méditerranéennes, comme en témoignent notamment des importations de matières premières, depuis la Sardaigne et peut-être même pour certains silex depuis l'Italie.

Approvisionnement en matières premières

Les sites du sud de la Corse sont approvisionnés en silex, probablement depuis le nord de la Sardaigne (bassin de Perfugas près de Sassari). Les produits en silex sont particulièrement abondants à Basi, où ils constituent 76 % des vestiges lithiques, mais sont également assez nombreux dans les sites d'occupations plus épisodiques, tels Longone, Bufua III ou Araguina-Sennola. Remarquons toutefois que les collections de ces trois derniers sites n'ont livré pratiquement que des éclats ou des outils et ne contenaient pas de vestiges indiquant la réalisation d'éléments sur place.

En revanche, à Basi, le débitage du silex est parfaitement attesté. Une plaquette non débitée témoigne de l'introduction dans le site de blocs bruts. Certaines pièces suggèrent également l'acquisition de nucléus en cours de débitage, mais les données sont toutefois très partielles, provenant toutes d'une seule zone de rejets, fouillée sur 7 m^2 seulement.

Dans le nord de la Corse, les vestiges en silex sont plus rares. À Strette, ils attestent de l'introduction de quelques petits blocs et d'une modeste production d'éclats, mais ne permettent pas de diagnostiquer la fabrication locale de lames. Toutefois, l'abri n'est occupé que de manière temporaire et de tels débitages ont pu être réalisés sur un autre site : un habitat plus permanent localisé un peu plus en retrait du littoral. À Torre d'Aquila et à A Revellata, des quartz et des roches grenues variées ont été acheminés sous forme de galets bruts, comme le montrent les nombreux éclats corticaux retrouvés. Les autres matériaux parviennent sous forme d'objets manufacturés, principalement des lames et des armatures tranchantes, ou de petits nucléus en fin d'exploitation. Dans les sites spécialisés du sud de l'île, à Curacchiaghju et à Araguina-Sennola, où l'obsidienne est abondante, la production *in situ* ne vise que le détachement de petits éclats par percussion directe ou percussion sur enclume, les lames et peut-être les outils – ou du moins leur support – ayant probablement été fabriqués dans un autre lieu.

Tous les sites d'occupations temporaires livrent en réalité des vestiges montrant une même stratégie d'approvisionnements lithiques, fondée à la fois sur l'introduction d'objets manufacturés et sur l'exploitation de ressources stationnelles. Leurs ensembles lithiques se définissent toujours par la coexistence d'une production locale peu investie et l'introduction d'objets manufacturés de belle facture, témoignant au contraire d'un investissement technique élevé. Les productions locales visent la réalisation d'un outillage expédient et tolèrent un approvisionnement en roches peu sélectif, le plus souvent opéré aux abords même des sites ; alors que les produits importés sont toujours fabriqués dans des matières très siliceuses, représentant un coût d'acquisition relativement élevé.

L'opposition entre productions expédientes sur matériaux locaux et productions techniquement investies sur roches importées est une caractéristique courante dans les assemblages lithiques du Néolithique (Inizan 1986 ; Perlès 1990b, 1992 ; Binder et Perlès 1990), notamment dans des sites éloignés des sources de matières premières, tels les sites d'occupations saisonnières mais aussi certains habitats (voir par exemple les études de F. Bostyn (1994, 1995) sur les habitats du "Villeneuve-Saint-Germain"). En Corse, cette opposition est particulièrement marquée dans les sites spécialisés littoraux et montagnards, quelle que soit d'ailleurs la période considérée.

Il n'est donc pas possible, en l'état actuel des recherches, d'identifier les modes d'approvisionnement en matières premières des différentes communautés de l'île, les données étant trop partielles et les sites connus trop peu représentatifs de l'ensemble des occupations de l'époque. L'état d'introduction du silex, des rhyolites vitreuses et de l'obsidienne dans les sites peut témoigner de la circulation de matériaux entre habitats et sites satellites, mais ne peut en aucun cas indiquer sous quelle forme les produits sont acheminés dans les habitats, lieux où la majorité des productions est réalisée.

Seule l'existence de productions laminaires en rhyolite dans le nord de l'île suggère des acquisitions en silex moins importantes que dans le sud. Elle indique également que les sites du nord ont développé des modes d'approvisionnement en matières premières différents de ceux du sud, puisque tournés, en partie du moins, vers les montagnes corses et non vers la Sardaigne. En revanche, la part réelle des rhyolites dans les productions du nord est difficile à évaluer, puisque nous ne disposons que de données issues de sites spécialisés, où l'exploitation de galets locaux est probablement liée à la fonction des occupations et n'est sûrement pas représentative de l'ensemble des productions réalisées dans le cadre d'habitats plus permanents, comme le suggèrent les lames et les armatures, majoritairement manufacturées sur rhyolites.

Quoi qu'il en soit, la circulation de matériaux sur de longues distances prouve l'existence de relations socio-économiques entre des communautés géographiquement distantes et d'une répartition des activités de production au sein de chaque population, qui comptait des tailleurs de pierres spécialisés, des éleveurs, des agriculteurs et des artisans multiples et variés. Comme l'a démontré C. Perlès (1990b) dans son étude sur le Néolithique de la Grèce, l'acquisition de matériaux d'importation est techniquement contraignante et induit une réelle spécialisation. Celle-ci est d'autant plus importante que les matériaux sont lointains et que le coût d'acquisition est élevé. Dans le cas de la Corse, l'approvisionnement en silex et en obsidienne implique en effet des déplacements terrestres et maritimes, la traversée de territoires exploités par d'autres et pas forcément amicaux, la connaissance des gîtes de matières premières ; en un mot, tout un ensemble de moyens peu compatible avec les activités habituelles de communautés agropastorales sédentaires. De même, la production d'un outillage sur supports normalisés, débités par percussion indirecte ou par pression, nécessite un niveau de compétences techniques élevé, un apprentissage assez long et une certaine spécialisation (Pelegrin 1991). Dès lors, il paraît difficile de supposer que chaque communauté néolithique de Corse se chargeait à la fois de l'acquisition de silex et d'obsidienne sardes, sur des distances parfois supérieures à 300 km, et de la production spécialisée de lames, dans un système fonctionnant en totale autarcie. Comme cela est observable dans l'ensemble des collections archéologiques de la période, les productions du Néolithique ancien mettent en jeu des groupes d'individus aux compétences distinctes, à l'inverse des productions du Mésolithique, pour lesquelles de telles spécialisations n'existaient pas. Cette différence montre « *une organisation techno-économique nouvelle, où l'unité domestique perd une partie de son autonomie technique, acceptant de dépendre d'autrui pour une fraction plus ou moins importante des biens techniques d'usage courant* » (Binder, Perlès et coll. 1990, p. 266-267).

La circulation des objets

Outre les matières premières, la circulation d'objets finis témoigne également de l'existence de contacts entre les différentes communautés de Corse. L'analyse pétrographique des argiles des céramiques des sites du nord et du sud de l'île a permis à H. Paolini-Saez (2002) de mettre en lumière la circulation de pots entre des sites géographiquement distants : certaines céramiques de Basi, dans le sud de la Corse, contiennent dans leurs argiles des minéraux originaires du nord de l'île.

Le plus bel exemple de circulation d'objets attestée entre les sites demeure l'armature tranchante. En effet, nombre de sites – et notamment des habitats permanents – ont livré des armatures manufacturées dans des matériaux qui n'étaient pas localement exploités (absence d'autres vestiges dans cette matière). Le site de Basi a ainsi fourni 2 armatures en rhyolite vitreuse; les séries de Foce et de U Grecu contiennent chacune 1 armature en rhyolite du nord de l'île (rhyolite noire-violacée) et aucun autre vestige dans cette matière; les sites spécialisés de Strette et d'A Petra ont livré chacun 1 armature en silex sarde (silex beige lité) ; et dans les deux sites de montagnes (Southwell et l'abri Albertini) certaines armatures sont faites en silex et d'autres en rhyolite du nord de l'île (rhyolite "noire-violacée"). Les collections du Néolithique ancien poinçonné indiquent également la circulation d'armatures tranchantes puisqu'à Torre d'Aquila, les seules pièces en silex sont des armatures et à Curacchiaghju, 6 des 11 vestiges en silex sont également des armatures. Tous ces exemples suggèrent que l'armature est un objet privilégié des échanges entre les communautés de l'île, circulant entre les sites selon différents axes, du sud au nord et du nord au sud, sans oublier les zones montagneuses.

Faut-il en déduire que les armatures sont des outils "valorisés" et que leur circulation reflète des relations sociales institutionnalisées entre les groupes?

L'échange des armatures: un échange pacifique ou guerrier?

Les armatures tranchantes correspondent vraisemblablement à la partie active de certaines flèches. En conséquence, il convient de s'interroger, d'une part sur la signification de leur présence dans les assemblages étudiés, d'autre part sur les raisons qui auraient motivé leur circulation entre les groupes. En effet, les collections archéologiques provenant toutes d'habitats, la présence d'armatures cassées pourrait ne pas être anodine, dans la mesure où ce type d'arme est *a priori* utilisé en dehors des zones d'habitat. Toutefois, aucune donnée ne permet de supposer que ces flèches avaient été décochées dans les lieux même d'habitation. Si elles s'y trouvent, c'est qu'elles y ont été rapportées, probablement en vue de leur réfection. Comme l'ont souligné H. Plisson et J.-M. Geneste (1989), Chadelle *et al.* (1991) pour les pointes à cran solutréennes ou D. Binder (1987, 1991) pour les "géométriques" du Néolithique ancien provençal, la partie végétale des outils emmanchés étant sans nul doute l'élément demandant le plus de

Armatures tranchantes : n° 1, 2 et 6 Basi (silex), n° 3 Strette (rhyolite), n° 4 Basi (rhyolite), n° 5 Torre d'Aquila (rhyolite), n° 7 et 8 A Petra (rhyolite) (dessin L.J. Costa, encrage G. Devidère).

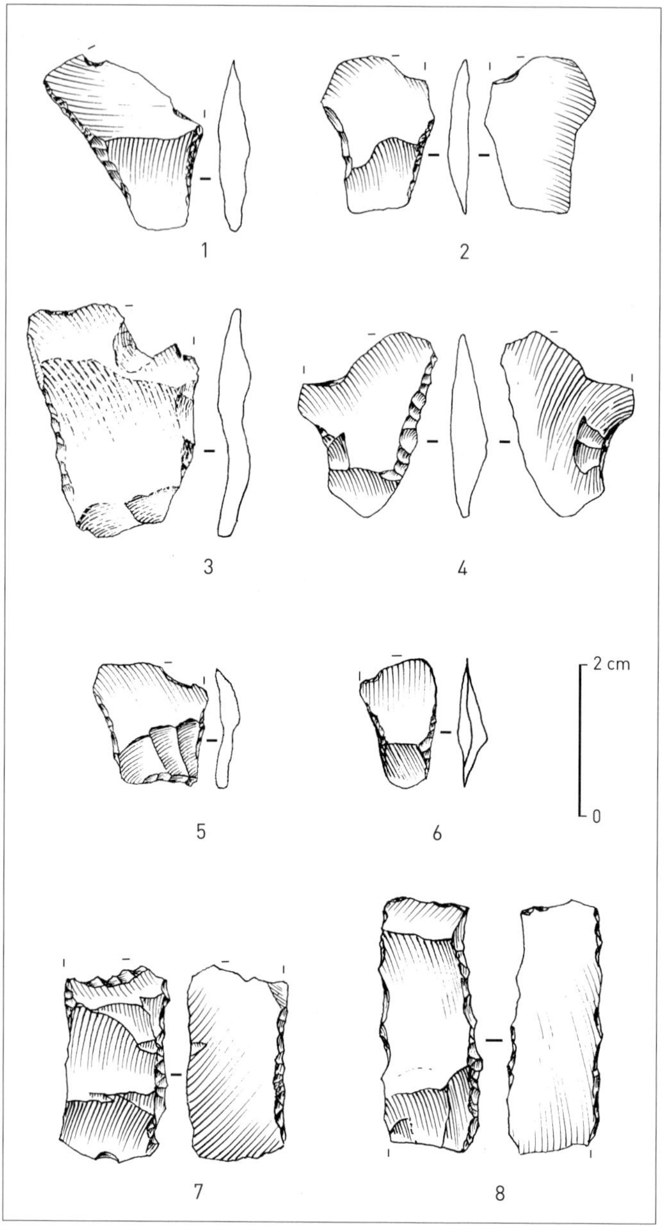

temps de confection, les hampes étaient suffisamment précieuses pour être récupérées et rapportées au site en vue du renouvellement des armatures. Celles-ci sont donc ramenées dans les sites encore fixées aux hampes.

Ceci étant précisé, il n'en demeure pas moins qu'elles constituent l'un des principaux témoignages des contacts entre les groupes ; ce qui pose la question de la nature de ces relations. En d'autres termes, puisqu'il s'agit d'armes, leur circulation entre les groupes témoigne-t-elle réellement d'échanges institutionnalisés ? Traduit-elle une valorisation de la chasse, ou du chasseur, ou reflète-t-elle plutôt des conflits entre communautés ?

Au VIe millénaire, la faune sauvage de l'île est particulièrement pauvre. Elle regroupe le *Prolagus*, quelques rongeurs (*Rhagamys orthodon* et *Tyrrhenicola henseli*), des oiseaux, le phoque moine (*Monachus monachus*) et sûrement quelques animaux domestiques retournés à l'état sauvage. Si la plupart des espèces peuvent *a priori* être chassées à l'arc, l'armature tranchante ne semble en revanche pas pouvoir être utilisée sur tous types de gibier. En effet, l'usage d'armatures de 10 à 15 mm de large est inadapté à la chasse aux espèces de très petite taille, en raison du manque de rentabilité lié à la difficulté d'abattre une petite cible à l'aide de flèches, mais surtout des dégâts trop importants occasionnés par ce type d'arme. Une telle armature déchiquetterait littéralement un micro-mammifère lors de l'impact. C'est pour ces raisons que la plupart des sociétés de chasseurs-collecteurs n'utilisent que des flèches massues ou des flèches tridents pour les oiseaux et les petits rongeurs (voir par exemple A.-M. et P. Pétrequin 1990). D'une manière générale, les armatures en pierre sont destinées à produire de larges et profondes blessures et sont surtout employées pour la chasse aux gibiers d'assez grande taille (Ellis 1997). Il n'est donc pas logique de considérer que la fabrication des armatures tranchantes ait été motivée par la chasse au *Prolagus*, aux petits rongeurs et aux petits oiseaux.

Dans le cas de la pêche à l'arc (ou à la lance), les flèches (ou les lances) doivent être équipées de barbelures spécifiques, destinées à retenir le poisson (voir, par exemple, Julien 1982 ; Pokines et Krupa 1997). Les barbelures des flèches de pêche doivent impérativement être assez perçantes ou effilées, pour permettre à la flèche de traverser le poisson, tout en s'écartant suffisamment de la hampe pour le retenir. Dans le cas présent, nous sommes forcé de constater que la morphologie des armatures n'est absolument pas adaptée à une telle fonction : quel que soit l'emmanchement choisi, leur morphologie ne permettrait en aucune façon d'accrocher un poisson.

Si la production des armatures tranchantes était motivée par la chasse, alors il ne pouvait s'agir que de la capture de grandes espèces, c'est-à-dire certains oiseaux, le phoque moine ou des animaux marrons.

Les ensembles fauniques étudiés (à savoir Basi, Strette, Araguina-Sennola et Torre d'Aquila) ne contenaient pratiquement pas d'ossements appartenant à de grands oiseaux, à l'exception de l'abri d'Araguina-Sennola, où les restes de deux cormorans (*Phalacrocorax aristotelis* et *Phalacrocorax* cf. *carbo*) ont notamment été identifiés (Vigne 1988). Nous ne savons pas si ces volatiles ont été consommés par l'homme, car l'occupation de l'abri a été lacunaire et des oiseaux ont pu y nicher, comme en témoignent les nombreuses pelotes de rejection découvertes. Il est néanmoins possible que certains oiseaux aient été chassés à l'arc, d'autant que les fouilles ont livré trois armatures tranchantes de très petite dimension (quelques millimètres de long et de large), presque quatre fois inférieure à la taille moyenne de ces outils. Cependant, la part des oiseaux dans cet assemblage reste limitée (moins de 1 % des restes) et les autres sites où la micro-faune est conservée ne contiennent pas d'oiseaux. Si leur chasse a pu motiver la fabrication de certaines armatures, elle n'est pas en mesure d'expliquer la totalité de cette production.

Aucun site n'a livré de restes de phoque moine, ce qui démontre que les armatures n'étaient pas destinées à la chasse de cette espèce. Son absence dans les collections archéologiques est par ailleurs un fait qui pourrait paraître surprenant, car ces mammifères constituent un potentiel alimentaire très important, comparativement aux espèces sauvages disponibles sur l'île. Néanmoins, les phoques moines n'ont vraisemblablement pas été consommés en Corse au cours de la préhistoire et demeurent absents de toutes les séries fauniques étudiées, si l'on exclut le fragment crânien trouvé hors contexte stratigraphique à l'Abri du Goulet (Vigne 1988).

À l'exception de quelques oiseaux, les seules espèces qui auraient pu être chassées restent donc les animaux domestiques redevenus sauvages, c'est-à-dire le sanglier, la chèvre et le mouton. Il est en effet tout à fait concevable que dès le début de l'introduction de ces mammifères dans l'île, certains se soient échappés et aient commencé à se reproduire, formant ainsi des groupes sauvages et des réserves potentielles de gibier. Il serait tout de même surprenant que ces groupes sauvages se soient si rapidement développés qu'ils constituaient une réserve importante, dès le VIe millénaire (Vigne 1995b). De plus, la position très littorale de certains sites n'est pas propice à la capture d'animaux marrons, notamment les sites localisés sur des presqu'îles ou des îlots. Or, ces sites ont également livré des armatures tranchantes, comme en témoignent les assemblages d'A Revellata, de Cala Giovanna Piano sur la petite île de Pianosa, ou encore d'A Petra où 138 armatures tranchantes ont été trouvées sur seulement 26 m^2 fouillés.

La présence de nombreuses armatures tranchantes dans certaines collections est donc difficilement imputable à la seule chasse aux animaux sauvages et marrons. Je pense que ces armes témoignent aussi de l'existence de relations conflictuelles et/ou de compétitions symboliques entre certaines communautés. Les accumulations d'armatures, comme celle d'A Petra, pourraient alors refléter des périodes de tensions particulièrement importantes.

La circulation de ces objets peut donc être le reflet de deux types de comportement, qui ne sont d'ailleurs pas exclusifs, comme l'ont montré A.-M. et P. Pétrequin (1990) lors de leur étude ethnographique en Irian Jaya (Indonésie) : l'échange pacifique et l'échange de guerre. En Irian Jaya, le premier est très valorisé et marque souvent la rencontre de guerriers, traduisant le respect et la non-agression. Le deuxième est très fréquent lors des batailles car « *on récupère autant les flèches de l'adversaire pour les lui renvoyer, que ses propres flèches, retournées par l'ennemi. Ce qui conduit rapidement [...] à une diversification du contenu des carquois* » (A.-M. et P. Pétrequin 1990, p. 498).

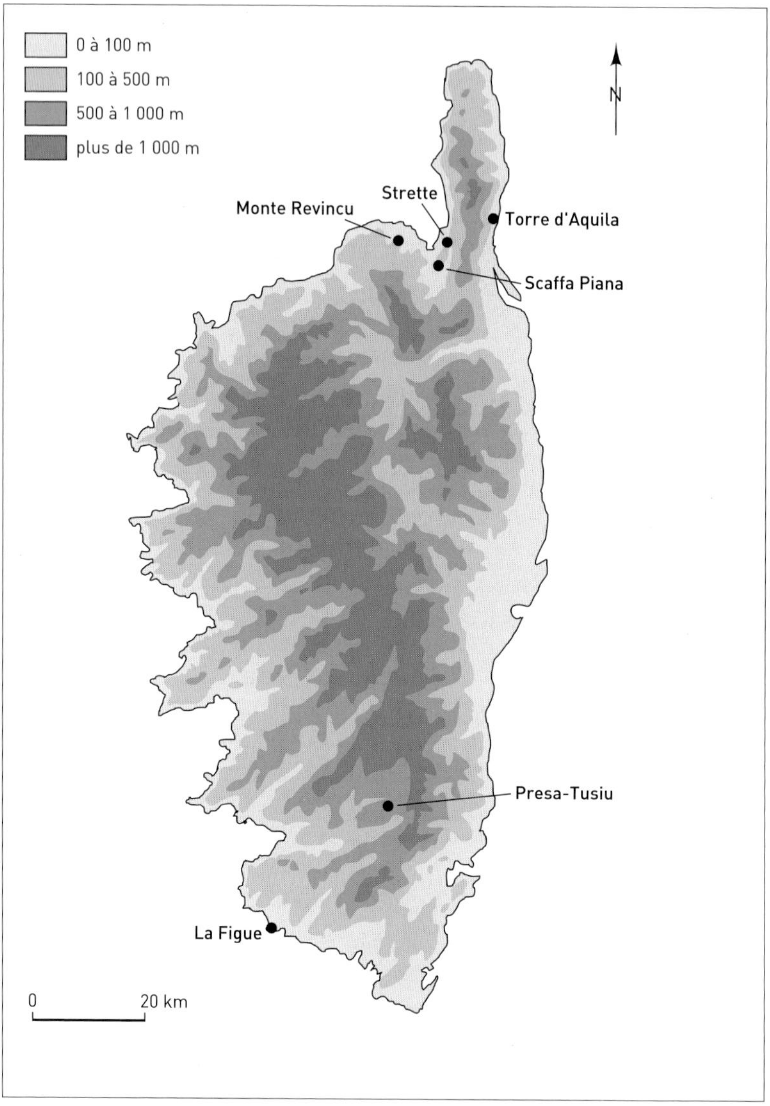

Localisation des sites du Ve millénaire

CHAPITRE III
Le développement des sociétés insulaires (Ve-IVe millénaires)

Le Ve millénaire

Le Ve millénaire est une période très peu documentée. Seuls six sites ont été recensés et les données archéologiques récoltées sont dans l'ensemble très pauvres.

La filiation avec les groupes de la période précédente est difficile à établir car une seule collection archéologique date du début du Ve millénaire: la couche XIII de l'abri de Strette I. Cette couche n'a pas fait l'objet de datation absolue mais elle surmonte le niveau cardial de l'abri et contient notamment une céramique décorée de boulettes d'argile écrasées sur la paroi externe des pots, rappelant les "décors pastillés" décrits par J. Courtin (1974) et datés de la fin du Néolithique ancien provençal (Magdeleine et Ottaviani 1986). H. Paolini-Saez (2002) a récemment confirmé l'existence de nettes ressemblances entre cette céramique et celle de certains sites du Cardial final provençal ou de l'Épicardial languedocien, dont les techniques décoratives sont caractérisées par la présence de pastilles en relief et de cordons lisses et l'absence d'impression de coquilles. La fourchette de datations habituellement retenue pour le Cardial final provençal ou l'Épicardial languedocien s'étalant de 5200 à 4800 av. J.-C., la couche XIII de Strette I devrait également dater de cette même période. Le fait que la couche XIV contienne quelques tessons décorés d'une ligne d'impressions poinçonnées suggère l'antériorité des décors poinçonnés sur les décors pastillés. La céramique poinçonnée étant datée de la fin du VIe millénaire (5200-5000 av. J.-C.), il est probable que la couche XIII date du début du Ve millénaire (5000-4800 av. J.-C.).

Les cinq autres ensembles archéologiques sont datés de la seconde moitié du Ve millénaire (4600-3800 av. J.-C.). Il s'agit des couches de l'abri de la Figue (c.3), de Scaffa Piana (c.XXII et XXI),

site	couche	identification	nature	datation B.P.	datation calibrée (BC)
La Figue	3	LGQ 148	charbons	5405 ± 207	4648 - 3805
Torre d'Aquila	5	LGQ 189	charbons	5263 ± 161	4436 - 3710
	5	LGQ 190	charbons	5204 ± 178	4353 - 3653
	5	LGQ 191	charbons	5401 ± 151	4544 - 3940
Scaffa Piana	XXII	MC 2057	charbons	5360 ± 100	4442 - 3968
	XXI	MC 2054	charbons	5320 ± 100	4436 - 3945
Presa-Tusiu	4	LGQ 819	charbons	5330 ± 150	4462 - 3795
	3.b	LGQ 966	charbons	5430 ± 180	4681 - 3812
	3.a	LGQ 967	charbons	5740 ± 170	4951 - 4248
	3	LGQ 816	charbons	4910 ± 160	4033 - 3353
Monte Revincu	3 (us 102)*	Ly 8395	charbons	5355 ± 55	4332 - 3999
	3 (us 78)*	Ly 8396	charbons	5405 ± 55	4438 - 4081
	3 (us 502)*	Ly 9095	charbons	5175 ± 45	4094 - 3823

* us = unité stratigraphique
(Calibration à 2 sigma, Stuiver et Reimer : 1993)

Principales datations absolues des sites du Ve millénaire.
La datation de Foce di Termini (Ly 1324 OxA : 5980 ± 60, soit 4996-4720 cal. BC) a été exclue de ce décompte car elle est aberrante au vu du mobilier archéologique, qui suggère plutôt une occupation du site à la fin du Ve millénaire et durant le IVe millénaire.

de Torre d'Aquila (c.5), du Monte Revincu (c.3) et de Presa-Tusiu (c.4, c.3.a et c.3.b).

Les études menées sur le mobilier de la couche XIII de l'abri de Strette I ont conclu à des activités peu variées, réalisées lors d'une ou plusieurs occupations assez brèves (Costa *et al.* sous presse). Les restes fauniques indiquent une alimentation carnée fondée sur la prédation et la collecte, les ossements d'animaux domestiques étant trop peu nombreux pour évoquer l'exploitation locale d'un troupeau. Ils suggèrent plutôt l'abattage de quelques bêtes ou l'introduction dans le site de quelques quartiers de viande. Les matières premières débitées proviennent en grande majorité (87 %) des galets de la rivière qui borde le site. Il s'agit principalement de matériaux très grenus tels que des quartz, de la rhyolite à gros grains et de la serpentinite. Quelques éclats en roches exogènes (rhyolite vitreuse, silex et obsidienne) ont également été trouvés. Ils n'ont probablement pas été débités dans l'abri, mais y ont été introduits sous forme de produits finis.

Tous ces éléments sont bien trop rares pour permettre de définir les industries de la période, d'autant qu'à cette époque l'abri s'apparentait sans doute à un site spécialisé dans l'exploitation des ressources littorales. Il présente donc un ensemble de vestiges très restreint, sans doute différent de ceux des sites d'habitat plus permanents, où les activités pratiquées étaient *a priori* plus variées.

Les cinq sites datés de la deuxième moitié du Ve millénaire peuvent être regroupés en deux ensembles : les abris littoraux (La Figue, Scaffa Piana, et Torre d'Aquila) et les habitats de plein air localisés dans les plaines ou les vallées (Monte Revincu et Presa-Tusiu).

Les abris de Torre d'Aquila et de La Figue ont une position très littorale, ne pouvant convenir à des pratiques agropastorales. L'exiguïté des lieux empêche l'installation de communautés importantes. Le mobilier archéologique est quantitativement et qualitativement très pauvre. La présence de nombreux restes de coquillages, voire de poissons lorsque le tamisage a permis leur découverte comme à l'abri de La Figue, témoigne d'activités halieutiques. L'analyse des restes fauniques de Torre d'Aquila (Vigne 1995a) et de La Figue (Vigne 1995c) a montré la surexploitation des ressources côtières, nettement marquée par la diminution de la taille des patelles prélevées et la quasi-disparition de *Patella ferruginea*, la plus grande espèce de patelles de Méditerranée. L'ensemble des vestiges suggère donc de petites fréquentations, vraisemblablement brèves et répétées, liées à l'exploitation de ressources littorales ou marines.

Par ses dimensions plus vastes et sa situation un peu moins littorale (ouverture vers le piémont), l'abri de Scaffa Piana pourrait convenir à l'installation de groupes assez importants s'adonnant aux pratiques agropastorales. Malheureusement, l'exiguïté de la zone fouillée ne permet pas de mesurer l'ampleur de cette occupation. Néanmoins, les vestiges découverts ne témoignent pas réellement d'un fonctionnement du site différent de celui des autres abris connus.

Ces trois abris doivent donc être considérés comme des sites spécialisés, voués à l'exploitation des ressources marines et occupés ponctuellement par de petits groupes. Seuls les deux sites de plein air semblent correspondre à des habitats étendus et durables, pouvant abriter une population importante. Les structures rectangulaires du Monte Revincu (dalles plantées) et de Presa-Tusiu (murets de pierres sèches) suggèrent la présence d'habitats construits, probablement utilisés sur une longue période. La superficie de ces sites montre l'existence de communautés bien plus grandes que dans les abris; et ce, même si toutes les structures découvertes ne sont pas strictement contemporaines.

Les productions céramiques

Les céramiques de la seconde moitié du Ve millénaire, en Corse comme en Sardaigne, ne sont guère différentes des productions méditerranéennes contemporaines. Il s'agit le plus souvent de vases carénés à fond rond, de très belle facture, présentant des parois fines, une pâte homogène et une finition très soignée. Les décors d'impressions sont rares, la surface des pots ayant été polie jusqu'à revêtir un aspect brillant. Il existe bien entendu des productions moins soignées, comme à l'abri de La Figue où des pots mal cuits, probablement réalisés *in situ*, ont été trouvés. Cette production marginale est toutefois liée à la nature même de l'occupation du site (abri littoral d'occupations temporaires) et n'est pas caractéristique d'une période chronologique particulière.

Les productions lithiques

En dépit de situations géographiques très différentes, les productions des sites connus sont principalement fondées sur l'exploitation du quartz filonien, les matières allochtones (obsidienne, silex et rhyolites vitreuses) étant rares (environ 10 % des effectifs).

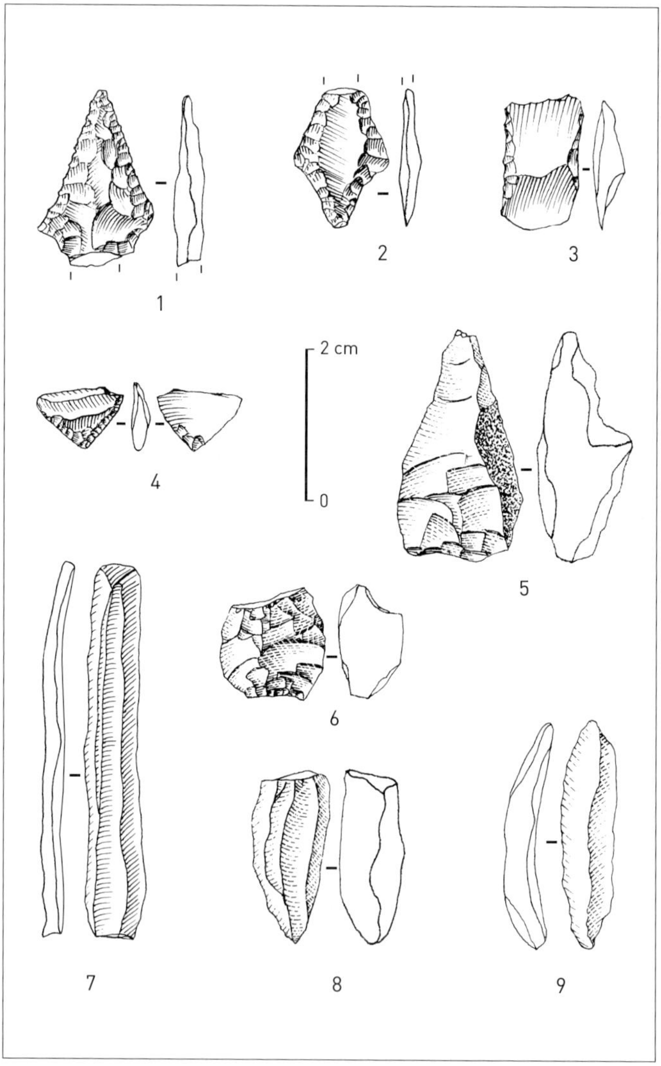

Pièces lithiques :
n° 1 Torre d'Aquila (rhyolite, pointe de flèche),
n° 2 Scaffa Piana (silex, pointe de flèche),
n° 3 Scaffa Piana (silex, armature tranchante),
n° 4 Monte Revincu (silex, armature tranchante),
n° 5 Scaffa Piana (quartz, nucléus),
n° 6 Monte Revincu (quartz, nucléus),
n° 7 Monte Revincu (obsidienne, lame),
n° 8 Monte Revincu (quartz, nucléus),
n° 9 Monte Revincu (quartz, lamelle)
(dessin L.J. Costa, encrage G. Devidère).

Les chiffres témoignent d'une raréfaction des importations de matières premières par rapport au VIe millénaire et la quasi-disparition des importations de silex: sur les 8557 pièces étudiées, seules 12 sont en silex.

Tous les sites ont livré des produits lamellaires (lamelles et nucléus) en quartz fin, présentant des nervures assez régulières, des bords alignés et une forme plutôt courbe. La morphologie de ces éléments exclut la possibilité d'un débitage par percussion directe et suggère un débitage par percussion indirecte ou par pression.

L'outillage lithique diffère de celui des périodes précédentes par la matière première, mais aussi l'apparition des armatures perçantes et la disparition des trapèzes (armatures trapézoïdales manufacturées sur supports laminaires). Les armatures perçantes correspondent à de petites pointes pédonculées dotées d'ailerons très courts. Elles ont toutes été trouvées brisées au niveau de la partie apicale, ce qui prouve leur utilisation avant rejet.

Notons enfin la découverte au Monte Revincu d'une petite armature en silex blond chauffé. Il s'agit d'une petite armature tranchante de forme triangulaire, présentant sur sa face dorsale des nervures droites et parallèles évoquant le débitage lamellaire par pression. Par sa forme (inconnue des autres séries de Corse) et la matière utilisée, cette armature rappelle les productions méridionales, notamment caractérisées par l'utilisation de la pression pour le débitage laminaire, l'exploitation d'un silex blond translucide des formations urgoniennes de Provence et l'emploi de la chauffe avant débitage (Binder 1984; Binder et Gassin 1988). Cette découverte laisse entrevoir une possibilité de contacts, directs ou indirects, entre des communautés corses et provençales.

Mode de vie des populations

Les deux sites de plein air (Monte Revincu et Presa Tusiu) sont localisés dans des espaces fertiles, favorables aux pratiques agropastorales. Malheureusement, il nous est actuellement impossible de saisir l'importance de ces activités. D'une part, l'acidité des sédiments archéologiques n'a pas permis la conservation des restes fauniques. D'autre part, aucune analyse visant la restitution du paysage végétal n'a encore été menée sur ces sites. Les quelques fragments de meules et de molettes retrouvés suggèrent l'usage du végétal par ces communautés, mais ils ne permettent pas d'évaluer l'importance des pratiques agricoles, ni d'attester de l'existence même de telles pratiques.

Il est cependant une donnée importante qui montre un profond changement dans le mode de vie des groupes humains par rapport aux périodes précédentes: l'introduction des bovins dans les cheptels. En effet, on note la présence de restes de bovins (*Bos taurus*) dans presque tous les ensembles fauniques du Ve millénaire, à Strette, La Figue, Torre d'Aquila et Scaffa Piana. Or, compte tenu des contraintes imposées par l'élevage de ces animaux en termes d'alimentation et d'espace vital, leur apparition dans les troupeaux témoigne sans aucun doute d'un changement radical dans l'exploitation des territoires. À cet égard, rappelons qu'à l'inverse des caprinés et des suidés qui se contentent aisément d'un espace vital assez réduit et d'une alimentation variée comprenant des herbacées et des feuilles d'arbustes, les bovins ne peuvent survivre sans de grandes quantités d'herbe ou de fourrage et un vaste espace vital (Vigne 1991). Les différentes études menées sur l'alimentation des bovins préhistoriques évaluent les besoins d'un animal adulte (âgé de deux ans et plus) à 1,5 hectare de prairie par an (Bakels 1982) ou 5 hectares de forêt (notamment de frênes et d'ormes) et 0,35 hectare de prairie par an (Gregg 1988) ; soit dix fois plus qu'un ovin (Gregg 1988). L'élevage de bovins requiert donc des espaces assez vastes, riches en herbacées et distincts des zones cultivées, qu'il faut alors protéger. L'écobuage, largement utilisé pour produire des zones de pâture pour les ovicaprins (Ravis-Giordani 1983), ne peut être utilisé pour les bovins, puisque dans l'étage méditerranéen les espaces ouverts se couvrent d'un maquis d'épineux, seulement consommable par les chèvres et les moutons.

L'absence de bovin dans les cheptels corses du VIe millénaire était peut-être liée au mode de vie de ces communautés, ou à leur manière d'exploiter les espaces. En Corse, où le relief est très accidenté et les prairies très rares, l'élevage de bovins présente des difficultés certaines, inhérentes à l'alimentation des animaux. Celle-ci devient d'ailleurs très problématique durant la période estivale, lorsque les plaines littorales sont grillées par le soleil. À cette saison, il ne reste guère que les fonds de vallées, les abords des étangs et les prairies situées en altitude pour constituer une réserve d'herbe pour l'alimentation des bovins. Cela oblige les communautés à produire du fourrage ou à déplacer les animaux. L'élevage des bovins présente donc des contraintes nettement supérieures à celles qu'occasionne celui des ovins, des caprins ou des porcins qui peuvent se nourrir de toutes sortes de végétaux, y compris les résidus des récoltes (tiges, fanes, etc.). Non seulement ces contraintes représentent un surplus de travail pour les communautés, mais elles induisent vraisemblablement une organisation sociale particulière et une mobilité accrue pour une partie du groupe. L'introduction des bovins témoigne donc d'un changement social et économique important, peut-être lié à l'arrivée dans l'île de nouvelles populations d'éleveurs.

Le IVe millénaire : une intensification des réseaux d'échanges à longues distances

Le IVe millénaire demeure une période mal documentée, connue dans son ensemble mais pas de manière précise. Les sites fouillés sont peu nombreux et la majorité des collections archéologiques provient de sondages peu étendus, de zones indiscutablement remaniées ou de ramassages de surface. En l'état actuel des recherches, il n'est pas possible de subdiviser cette période en

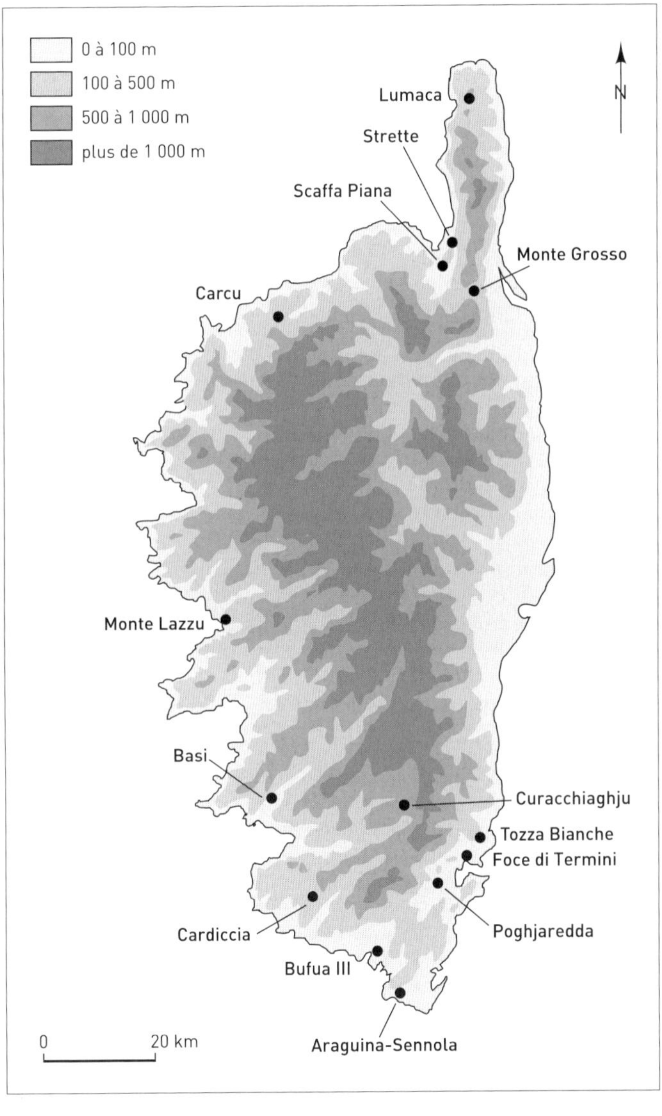

Localisation des principaux sites du IVe millénaire.

site	couche	identification	nature	datation B.P.	datation calibrée (BC)
Basi	5.b.1	Gif 1848	charbons	5200 ± 120	4325 - 3719
	5.b.8	Gif 1850	charbons	5200 ± 120	4325 - 3719
	5.e.6	Gif 1849	charbons	5250 ± 120	4333 - 3797
Carcu	IV.a.3	Gif 4803	charbons	4640 ± 130	3655 - 2970
Curacchiaghju	5	Gif 1970	charbons	4930 ± 140	4072 - 3367
Presa-Tusiu	2	LGQ 531	charbons	4890 ± 130	3966 - 3346
Scaffa Piana	XVIII	MC 2053	charbons	4475 ± 90	3486 - 2906

(Calibration à 2 sigma, Stuiver et Reimer : 1993)

Principales datations absolues des sites du IVe millénaire.

phases chronologiques et de situer les différentes collections archéologiques les unes par rapport aux autres sur un plan diachronique, dans la mesure où les assemblages connus sont peu étudiés, rarement homogènes et rarement datés. Si les productions de certains sites montrent des influences communes, il est souvent hasardeux de tenter de les hiérarchiser, même lorsque nous possédons des datations car celles-ci ne rendent pas compte de la durée réelle des occupations.

Seul le mobilier céramique de Basi (couche 5) a fait l'objet d'une étude typologique, les autres séries n'ayant été dans le meilleur des cas que partiellement décrites, toujours dans une perspective de comparaison avec les pièces de Basi. Ainsi, le "Basien" – culture définie par G. Bailloud en 1969 à partir de la céramique de Basi – constitue la seule "culture" identifiée pour toute la période, les autres ensembles n'étant définis qu'à travers leur ressemblance ou leur dissemblance avec le mobilier de Basi.

Céramique basienne, Basi (dessin P. Goudet, d'après les relevés de G. Bailloud).

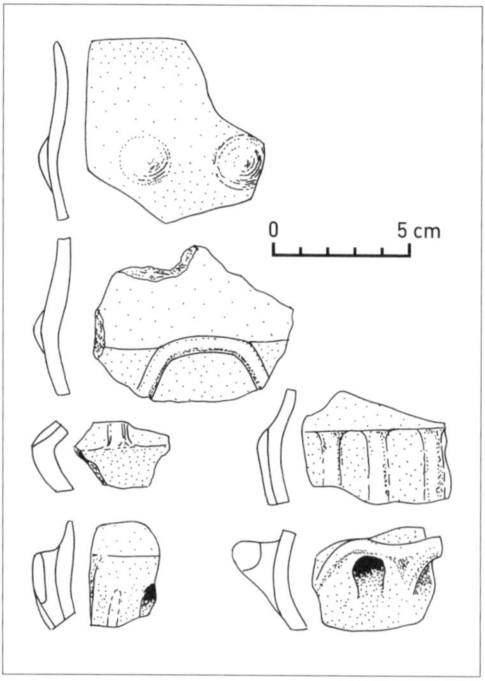

Les productions céramiques

Le site de Basi (couche 5) a livré une céramique très soignée, de couleur noire, dotée de surfaces lustrées souvent décorées de petits cordons très minces, curvilignes ou verticaux. Les récipients les plus caractéristiques sont les écuelles à fond plat, les bols et les vases sphériques à col subcylindrique. Les formes sont généralement carénées, parfois munies d'un épaulement marqué et possèdent fréquemment un pied annulaire. Ces productions ont permis l'identification d'un ensemble chronologique particulier nommé "Basien" et situé au début du IVe millénaire (Bailloud 1972). Pendant de nombreuses

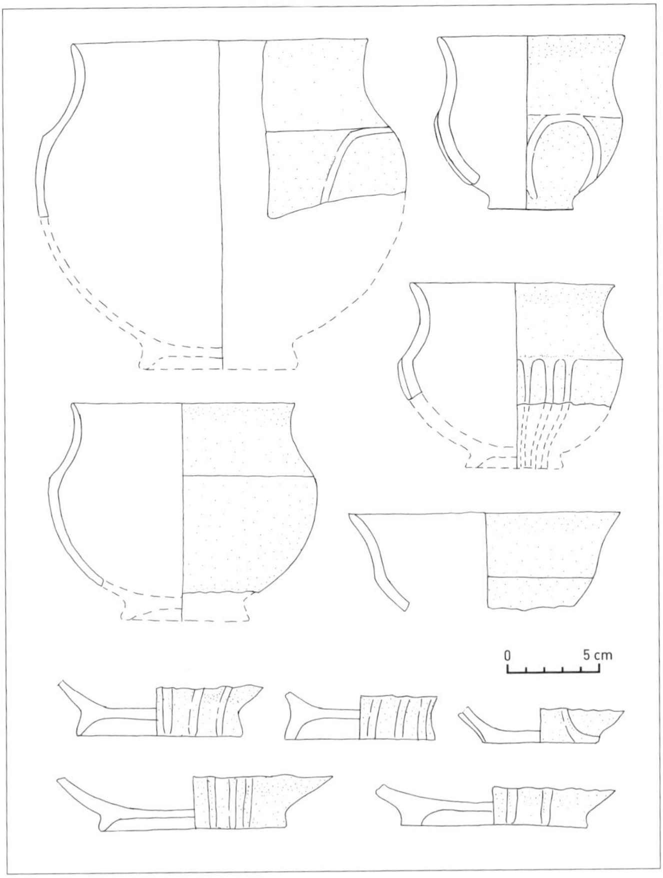

Céramique basienne, Basi (dessin P. Goudet, d'après les relevés de G. Bailloud).

Céramique basienne, Basi (cliché J. Cesari).

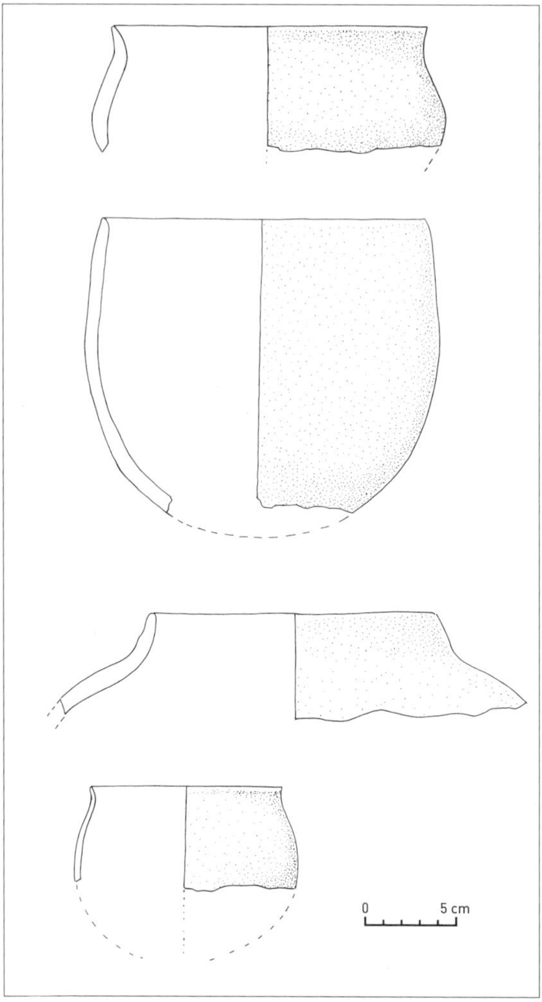

années, ce type de céramique n'avait été retrouvé que dans le sud-ouest de la Corse, dans la vallée du Taravo et dans le Sartenais. Depuis, des sites au sud-est de l'île ont également livré des céramiques très similaires, mais dans des contextes fortement remaniés : Bufua III à Figari et Tozza Bianche à Porto-Vecchio. En revanche, aucun assemblage au nord de l'île n'a pour l'instant fourni de tels vestiges, même si le Monte Grosso près de Bastia (Biguglia) a livré une céramique présentant certaines similitudes (traitements de surface, formes et décors) avec celle de Basi. Toutefois, les récipients du Monte Grosso ne possèdent pas de pied annulaire, mais des fonds hémisphériques.

Les fouilles des sites de Carcu, de Curacchiaghju et de Scaffa Piana ont également mis au jour des ensembles archéologiques datés du IVe millénaire, contenant des céramiques soignées, noires et lustrées, dotées de fonds hémisphériques et décorées d'incisions. D'autres sites non datés ont livré des céramiques assez semblables malgré quelques variantes, comme à Poghjaredda et à Araguina-Sennola.

L'ensemble des données disponibles suggère d'une part que toutes ces pro-

Céramique de Strette (dessin P. Goudet, d'après les relevés de J. Magdeleine).

Céramique du Monte Grosso (cliché J. Magdeleine).

ductions ont des influences communes – et même certaines affinités – avec les productions des groupes provençaux (culture Chasséenne) ou Sardes (culture d'Ozieri), d'autre part que plusieurs styles céramiques se sont succédé au cours du IVe millénaire. D'après les datations connues, le "Basien" semble le plus ancien. Il n'est toutefois présent que dans le sud de l'île. Les autres styles semblent plus récents, mais il nous est impossible d'évaluer les variations régionales ou chronologiques, dans la mesure où la plupart des collections ne sont pas datées et ont été certainement constituées sur une période assez longue. Même à Basi, les productions ne datent pas toutes du début du IVe millénaire et l'occupation a été plus ou moins continue jusqu'à l'Âge du Bronze. Malgré plusieurs tentatives de subdivision de la couche basienne, G. Bailloud avait dû finalement renoncer à distinguer une quelconque évolution des productions céramiques du IVe millénaire, en raison de l'importance des remaniements entre les sous-couches identifiées (Bailloud, rapport de fouilles 1971).

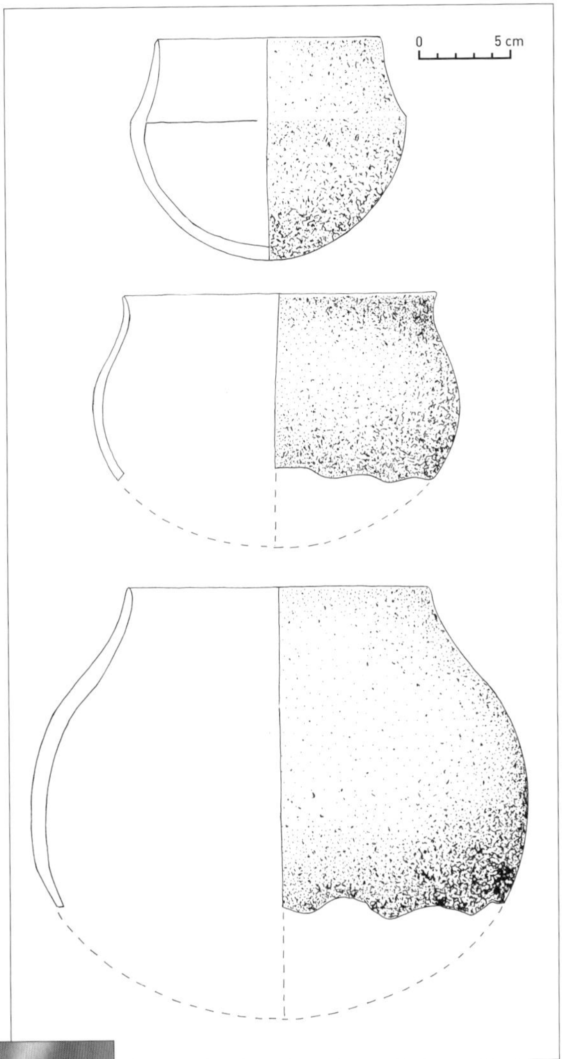

Céramique du Monte Grosso (dessin P. Goudet, d'après les relevés de J. Magdeleine).

Céramique du Monte Grosso (cliché J. Magdeleine).

Les productions lithiques : une nette prépondérance pour l'obsidienne

Si l'on excepte les deux abris du nord de la Corse (Scaffa Piana et Strette), l'obsidienne sarde est la principale matière utilisée, la présence des autres roches étant pratiquement anecdotique. En effet, les pièces en obsidienne représentent souvent près de 90 % des vestiges lithiques ; et ce, quelle que soit la situation géographique des sites. Dans quelques ensembles, l'obsidienne est un peu moins bien représentée, comme à Basi (75 %) et au Monte Grosso (75,5 %), mais il s'agit de collections renfermant du mobilier intrusif appartenant à une autre période chronologique, en l'occurrence des vestiges datant du IIIe millénaire.

À l'inverse, les roches locales dominent largement à Scaffa Piana et à Strette. Cette différence avec les autres sites est-elle liée à la position chronologique de ces séries ? La céramique de ces deux abris et la datation absolue obtenue à Scaffa Piana montrent l'appartenance des vestiges aux productions du IVe millénaire. L'hypothèse chronologique n'est donc pas fondée. S'agit-il alors d'une spécificité locale ? Tous les sites connus au nord de la Corse et datés du IVe millénaire ont livré d'importantes quantités d'obsidienne, comme au Monte Grosso, à Lumaca dans le Cap Corse, à Carcu en Balagne ou encore dans les couches inférieures du Monte Lazzu au nord-ouest de l'île. L'hypothèse d'une spécificité locale semble donc très peu probable. S'agit-il alors d'une particularité liée à la fonction de ces abris ? Le décompte des vestiges lithiques de ces deux sites montre une exploitation exclusive de galets locaux et l'introduction de quelques lames et outils en roches exogènes. Ce type d'assemblage est assez courant dans les sites d'occupations très temporaires, notamment lorsque les besoins en outillage spécialisé sont limités. Manifestement, les activités liées à l'exploitation des ressources marines et littorales (pêche, ramassage de coquillages, etc.) ne nécessitaient que peu d'outils en obsidienne et pouvaient être menées avec de simples éclats tranchants en roches locales. La particularité de ces deux collections est sans nul doute liée à la nature des occupations et des activités pratiquées dans ces abris.

En regard de cette hypothèse, il paraît alors surprenant que les abris d'Araguina-Sennola et de Curacchiaghju, également supposés n'avoir connu que de brèves occupations, aient livré d'importantes quantités d'obsidienne (respectivement 97 % et 87 % des vestiges lithiques). Cette abondance est-elle liée à la proximité de la Sardaigne ? Ou bien les activités réalisées dans ces sites étaient-elles différentes de celles pratiquées dans les deux abris du nord ?

À Curacchiaghju, les communautés préhistoriques exploitaient le milieu montagnard. En revanche, la situation de l'abri d'Araguina-Sennola n'est pas très dissemblable de celle de Strette ou de Scaffa Piana où les nombreux restes d'espèces marines dans les couches archéologiques attestent de l'exploitation du littoral. Mais, dans cet abri, les restes osseux étaient particulièrement abondants (4 271 restes), alors qu'ils étaient nettement plus rares à Strette (quelques esquilles) ou à Scaffa Piana (253 restes). Comme ces trois sites n'ont été que partiellement fouillés, nous nous garderons de tirer des conclusions à partir des variations observées, mais peut-être Araguina-Sennola avait-il une fonction distincte de celle des deux autres abris. L'hypothèse d'une bergerie estivale a d'ailleurs été formulée pour ce site (Vigne 1998). En l'état actuel

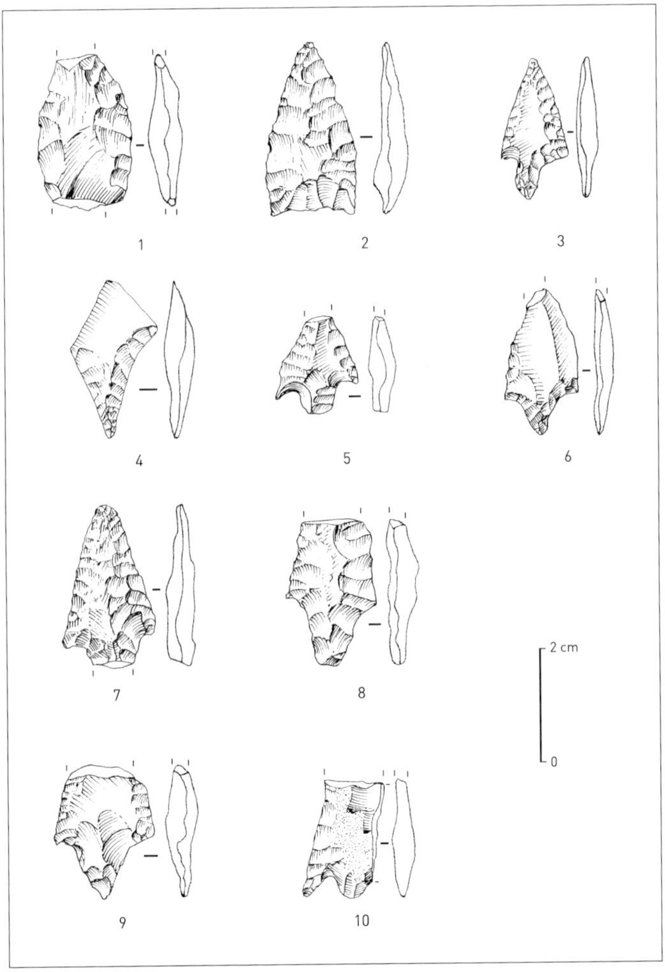

Pointes de flèche : n° 1 Cardiccia (rhyolite), n° 2 à 7 Monte Grosso (obsidienne), n° 8 Araguina-Sennola (obsidienne), n° 9 et 10 Araguina-Sennola (silex) (dessin L.J. Costa, encrage G. Devidère).

des recherches, il ne nous est donc pas possible de conclure sur le rapport entre la fonction des sites et les proportions d'obsidienne retrouvées. La nature des occupations semble être une des causes majeures de la variabilité des séries lithiques, mais d'autres facteurs difficilement mesurables ont également dû influencer ces productions.

Dans chaque collection lithique, les éclats et les fragments de lames dont la longueur excède 2 cm sont assez rares et ne représentent qu'environ 15 % de l'ensemble des produits. Ils constituent néanmoins le support privilégié pour la fabrication de l'outillage retouché traditionnel (armatures tranchantes et perçantes, denticulés, racloirs, etc.). En revanche, les petits supports non retouchés représentent la majorité des vestiges recensés. Quelles que soient les méthodes de production employées, laminaires ou non, la principale finalité du débitage résidait donc dans la fabri-

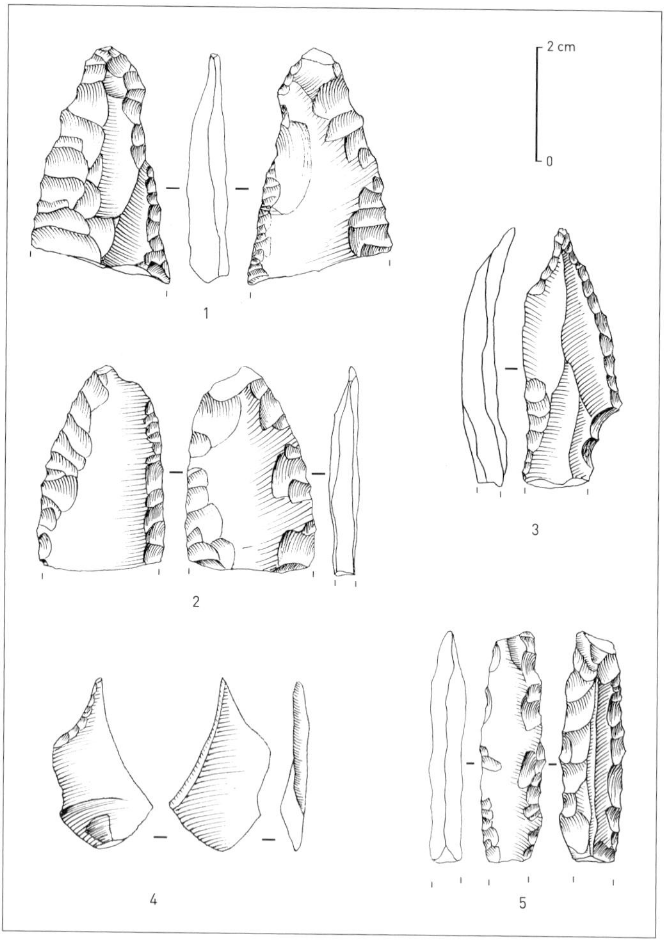

Outillage lithique :
n° 1 et 2 Basi (obsidienne, grandes pointes),
n° 3 Curacchiaghju (obsidienne, perçoir),
n° 4 Poghjaredda (obsidienne, perçoir),
n° 5 Monte Grosso (obsidienne, perçoir type mèche)
(dessin L.J. Costa, encrage G. Devidère).

Outillage lithique :
n° 1 et 2 Cardiccia (obsidienne, armatures tranchantes), n° 3 Monte Grosso (rhyolite, armature tranchante), n° 4 et 5 Basi (obsidienne, armatures tranchantes), n° 7, 8, 9 et 12 Monte Grosso (obsidienne, armatures tranchantes), n° 10 et 11 Poghjaredda (obsidienne, armatures tranchantes), n° 13 à 15 Monte Grosso (obsidienne, pièces à dos), n° 16 et 17 Basi (obsidienne, denticulés), n° 18 Monte Grosso (quartz, denticulé) (dessin L.J. Costa, encrage G. Devidère).

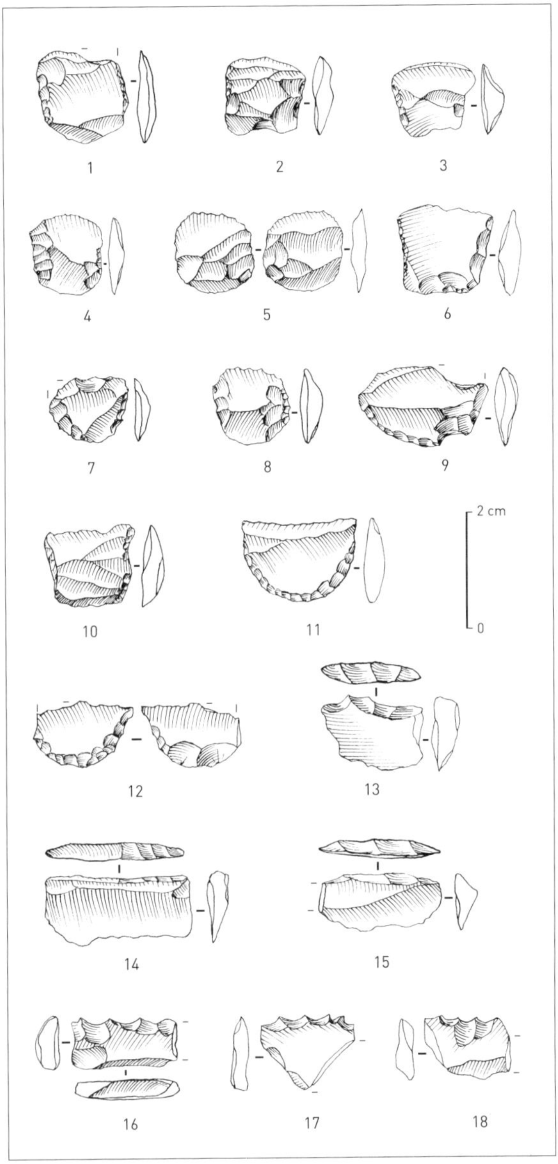

cation de petits supports assez fins, vraisemblablement destinés à être utilisés bruts de retouche pour la propriété tranchante de leurs bords. La plupart des lames et des lamelles ont été trouvées fragmentées en petits éléments rectangulaires de dimensions relativement calibrées (1 à 2 cm de long). L'abondance de ces éléments et leur relative standardisation suggèrent une fragmentation intentionnelle des supports laminaires. Tous ces petits supports constituaient la base de l'outillage et notamment celle de l'outillage tranchant. Ils étaient probablement insérés dans des manches, formant ainsi des outils composites variés (couteaux, faucilles, serpettes, etc.).

Cette gestion des blocs d'obsidienne témoigne peut-être d'une économie maximale de la matière. Pratiquement tous les déchets sont réemployés et les nucléus débités jusqu'à la production d'esquilles, ce qui suggère une exploitation orientée vers un rendement maximal. La réduction de l'ensemble des supports produits et la forte fragmentation des lames et des lamelles pourraient être une des conséquences directes du coût élevé de l'acquisition de l'obsidienne et viser l'augmentation de la rentabilité de la production et la diminution des quantités de déchets de taille.

Les réseaux d'approvisionnement en obsidienne

De nombreux échantillons d'obsidienne, provenant de Curacchiaghju, de Basi, de Cardiccia et du Monte Grosso, ont fait l'objet d'une analyse de provenance (Hallam *et al.* 1976 ; Lanfranchi 1980, 1987 ; Crisci *et al.* 1994 ; Tykot 1996). Toutes ces analyses ont conclu à un approvisionnement d'origine exclusivement sarde, mais de provenance variée impliquant l'ensemble des sources connues sur le Monte Arci. La portée de ces analyses est toutefois limitée : les collections représentant vraisemblablement près d'un millénaire d'activités, plusieurs réseaux d'approvisionnement ont pu se succéder. La longue occupation de ces quatre sites pourrait ainsi être la principale cause de la diversité des sources d'obsidienne identifiées. De plus, les analyses ont porté sur des échantillons prélevés "au hasard" et ne tenant pas compte de la nature technologique des produits. Or les vestiges lithiques montrent la coexistence de différentes productions (plusieurs techniques de débitage : percussion directe, indirecte, sur enclume, pression ; plusieurs finalités : production d'éclats, de lames ou de lamelles) sur chacun des sites étudiés. Il est donc impossible de rattacher ces analyses de provenance à une production particulière et d'évaluer, par exemple, les relations entre l'origine des artefacts et leur mode d'introduction dans un site.

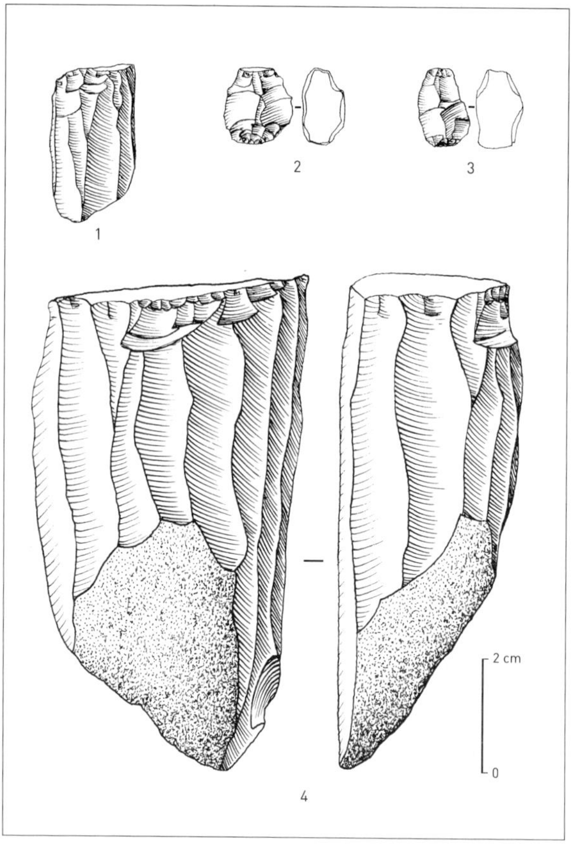

Nucléus en obsidienne : n° 1 Monte Grosso (débitage par pression), n° 2 Curacchiaghju (débitage par percussion sur enclume), n° 3 Poghjaredda (débitage par percussion sur enclume), n° 4 Basi (débitage par percussion indirecte) (dessin L.J. Costa, encrage G. Devidère).

Sur les sites de plein air corses, la présence d'éléments de mise en forme et d'entretien des nucléus à lames atteste d'une production laminaire réalisée *in situ*. La morphologie des lames montre l'existence de deux techniques de détachement, la percussion indirecte et la pression. Un nucléus, trouvé hors stratigraphie à Basi, signale l'introduction dans le site d'au moins un nucléus de grandes dimensions mis en forme par percussion indirecte. Sur les autres sites, les rares nucléus à lames trouvés présentent les caractéristiques morphologiques du débitage par pression. Il s'agit toujours de petits nucléus en bout d'exploitation. Deux scénarios peuvent expliquer la coexistence de la percussion indirecte et de la pression dans ces sites : soit le débitage de lames par percussion indirecte précède celui par pression, dans la même chaîne opératoire ; soit les différentes techniques correspondent à différentes chaînes opératoires.

À Basi et au Monte Grosso, les lames et les lamelles sont très nombreuses, alors qu'elles sont rares à Cardiccia, Poghjaredda et Foce di Termini, où la proportion d'éclats est majoritaire (plus de 90 % des effectifs). Dans tous ces sites, des éclats présentant sur leur face dorsale des nervures produites par le détachement antérieur de lames, prouvent qu'une partie du débitage d'éclats succède au débitage laminaire, dans les mêmes chaînes opératoires. Dans les sites où le débitage d'éclats est majoritaire, il semble donc que les blocs ont été introduits sous forme de nucléus laminaires en bout d'exploitation. Cette hypothèse est renforcée par le fait que les éclats sont de très petites dimensions, la plupart ayant vraisemblablement été détachés par percussion sur enclume.

Ces différentes constatations suggèrent donc que tous les sites n'occupaient pas une place similaire dans les réseaux de distribution de l'obsidienne. En effet, certains recevaient des blocs de grande taille, peut-être préalablement mis en forme par percussion indirecte, alors que d'autres n'étaient approvisionnés qu'en petits nucléus, partiellement débités. Cette distribution de blocs devait toutefois être accompagnée de celle de lames déjà détachées, comme le suggère la présence de quelques fragments de grandes lames débitées par percussion indirecte sur l'ensemble des sites, y compris ceux où l'usage d'une telle technique n'est pas attesté (Monte Grosso, Foce di Termini, Cardiccia, Poghjaredda). Cette acquisition différentielle de l'obsidienne en fonction de la situation des sites est également visible dans les sites d'occupations temporaires, où l'obsidienne a toujours été introduite sous forme de supports débités. La collection du site montagnard de Curacchiaghju, comptant 601 pièces en obsidienne, illustre pleinement la longue redistribution de l'obsidienne sarde à l'intérieur de la Corse, puisque la totalité des nucléus identifiés (7) correspond en fait à 6 gros fragments d'éclats et un nucléus à lames en bout de course, repris par percussion sur enclume pour l'obtention de 588 supports de très petites dimensions.

Ces changements de technique de débitage, au fur et à mesure de la distribution de l'obsidienne, suggèrent qu'elle n'était pas le fait des mêmes individus. Les groupes recevaient l'obsidienne sous différentes formes, en fonction de leur insertion dans les réseaux d'approvisionnement, et se chargeaient de la distribution des produits auprès d'autres populations avec qui ils étaient en relation. Si l'absence de datations précises et la rareté des collections archéologiques ne nous permettent pas de restituer la réelle dynamique de ces échanges, il ne faudrait toutefois pas conclure à une circulation linéaire de la matière première, de proche en proche, avec à chaque relais une diminution de la quantité ou de la taille des blocs, depuis les zones d'extraction jusqu'aux territoires les plus éloignés. La distribution de l'obsidienne entre la Sardaigne et la Corse s'effectuant par voies maritimes, les lieux de réception n'étaient pas forcément tous situés à l'extrémité sud de la Corse. Les données suggèrent plutôt l'existence de différents centres de réception et de multiples circuits de redistribution, à partir de différents points de l'île.

Si les productions céramiques s'inscrivent dans le courant méditerranéen du IVe millénaire (culture chasséenne), les productions lithiques montrent quelques divergences notables. Certes, l'intervention dominante de la pression pour le débitage laminaire est commune à l'ensemble de la Méditerranée. Toutefois, aucun vestige ne peut être rapporté aux productions chasséennes : ni pièce en silex blond, ni pièce évoquant le traitement thermique des nucléus en silex avant débitage. Au niveau de l'outillage, la très faible proportion d'outils retouchés et la forte fragmentation des supports laminaires n'ont pas d'équivalence dans les séries continentales. La principale caractéristique des productions corses réside dans l'abondance de l'obsidienne, qui représente pratiquement la seule matière première exploitée. Il s'agit là d'une différence fondamentale avec les périodes précédentes – mais aussi les suivantes –, qui témoigne d'un certain rapprochement entre les communautés de Corse et de Sardaigne. Il est tentant de considérer la relative inaptitude à la taille des matériaux indigènes et le coût élevé de l'acquisition de l'obsidienne comme les principales causes de la miniaturisation des industries de cette période. En effet, on pourrait conclure que les productions visent à augmenter la rentabilité des débitages en diminuant les quantités de déchets de taille ; que la réduction de la dimension de certains outils, le fractionnement volontaire des lames et des lamelles et l'emploi systématique de la percussion sur enclume sont les conséquences directes du coût élevé de l'acquisition de l'obsidienne. Il existe toutefois une alternative à cette interprétation purement économique de la production : une explication tenant davantage compte de facteurs sociologiques : le besoin d'échanger.

En effet, il n'est pas possible d'évoquer une quelconque dépendance des communautés corses vis-à-vis des sardes pour la production de leur outillage. Celui-ci restait peu élaboré et, surtout, ne justifiait pas réellement un investissement élevé pour l'acquisition d'une matière première donnée. Les groupes du Ve millénaire et ceux du IIIe millénaire ont vécu sans difficulté majeure en

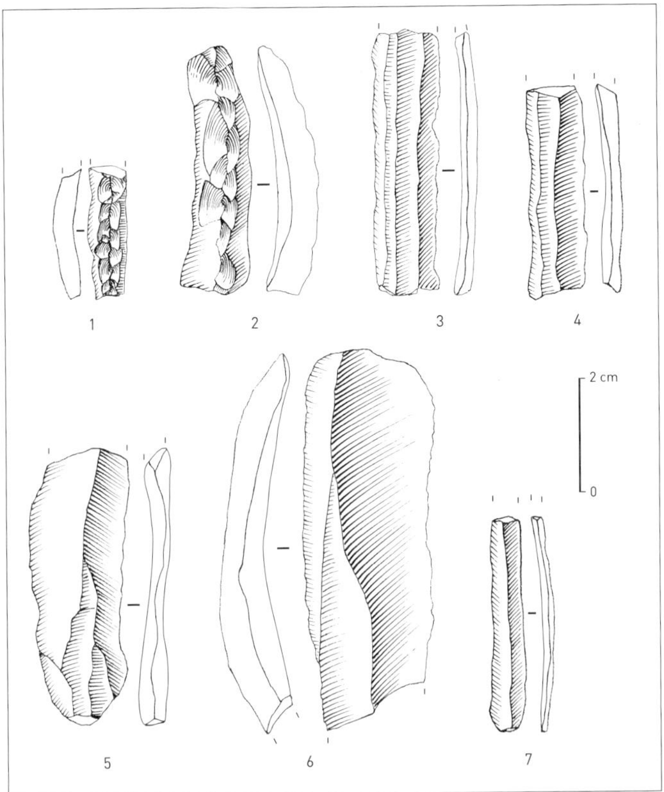

Lames en obsidienne : n° 1 Poghjaredda (lame à néo-crête), n° 2 Basi (lame à néo-crête), n° 3, 4 et 7 Monte Grosso (débitage par pression), n° 5 Poghjaredda (débitage par percussion indirecte), n° 6 Basi (débitage par percussion indirecte) (dessin L.J. Costa, encrage G. Devidère).

n'employant principalement que des matériaux locaux et leurs outils ne semblent pas pour autant moins fonctionnels. Si la forte proportion d'obsidienne sarde dans les séries corses du IVe millénaire représente un trait original, individualisant ces industries de celles du Continent où l'obsidienne sarde est plutôt rare, elle ne signale pas pour autant un besoin technique primordial. Cette exploitation quasi exclusive d'un seul matériau, qui circule sur de longues distances, n'est pas un phénomène propre à la Corse. Dans tout le sud de la France, on constate la diffusion de silex blonds dans des quantités importantes. Il s'agit là d'un phénomène méditerranéen, qui marque une rupture avec les périodes précédentes où l'acquisition de matières premières était principalement locale. Si les productions lithiques de Corse et de Sardaigne ne contiennent pas d'éléments typiques du Chasséen, l'exploitation préférentielle d'un seul matériau montre que ces îles connaissaient les mêmes grands phénomènes que le reste de la Méditerranée. À d'autres époques, les échanges devaient être tout aussi importants, mais porter sur d'autres matériaux, telles des denrées périssables, qui ne nous ont laissé que peu de traces tangibles.

Mode de vie au IVe millénaire

Les abris étudiés révèlent des fréquentations passagères vraisemblablement liées à des activités ponctuelles. Les couches observées sont très diffuses, le mobilier est rare et peu diversifié. Les ressources maritimes et côtières sont encore exploitées, à Araguina-Sennola à Scaffa Piana et à Strette, mais dans des proportions nettement inférieures à ce que nous avions constaté pour les millénaires précédents. Dans ces trois sites, le nombre de vestiges archéologiques est en très nette diminution par rapport aux couches sous-jacentes datées de périodes plus anciennes et fouillées sur des surfaces équivalentes. Cette raréfaction des vestiges suggère une fréquentation plus sporadique du littoral. Témoigne-t-elle d'une nouvelle gestion des espaces ? Est-elle liée à une intensification de l'agriculture et/ou de l'élevage et à un rôle moindre des ressources complémentaires dans l'alimentation des populations ?

Pour certains auteurs, l'augmentation du nombre de meules et de molettes (qui étaient assez rares dans les collections du VIe et du Ve millénaire) et la diversification de leur forme suggèrent l'accroissement des productions agricoles (Lanfranchi et Weiss 1976 ; Weiss 1988 ; Neuville 1988). Il convient toutefois de nuancer cette hypothèse dans la mesure où nombre de ces meules présentent des dimensions et une morphologie impropres aux travaux de mouture (Camps 1988). De plus, les analyses polliniques réalisées par M. Reille dans la plaine du Taravo, dans les étangs à proximité des sites de Basi et d'I Calanchi, montrent un appauvrissement

Vue du Monte Grosso, localisé à l'entrée du défilé de Lancone et dominant les étangs de Biguglia (cliché L.J. Costa).

des productions céréalières à partir du Ve millénaire, alors même que ces deux sites connaissent une importante expansion et suggèrent un accroissement démographique considérable aux IVe et IIIe millénaires. L'agriculture semble donc plutôt en réduction qu'en augmentation et ce, malgré la recrudescence du nombre de meules dans les sites. En revanche, si les restes fauniques sont rarement conservés (uniquement dans les abris d'Araguina-Sennola, Curacchiaghju et Scaffa Piana), ils témoignent d'un élevage bien géré où dominent bovins et porcins et évoquent une économie de subsistance fondée sur un élevage de plus en plus intensif (Vigne 1998).

Le IVe millénaire semble donc marqué par une transformation économique des sociétés corses, se traduisant sans doute par une modification des habitudes alimentaires, une part plus importante des ressources carnées dans l'alimentation, au détriment des denrées agricoles et des ressources marines. Cette transformation économique semble également marquer les populations de Sardaigne, où, comme en Corse, la part des bovins dans les assemblages fauniques devient prépondérante (Tanda 1995). Cet essor de l'élevage bovin se retrouve également dans la vie rituelle et sacrée des sociétés : à partir du IVe millénaire, de nombreuses représentations de bovins apparaissent dans les hypogées et tombes de Sardaigne, soulignant la place symbolique particulière qu'occupent désormais les bovins dans la vie des communautés. Si de telles représentations n'apparaissent que de manière sporadique en Corse, (quelques motifs cornus gravés sur des monuments funéraires), le développement de l'élevage bovin, pratiquement inexistant durant la période antérieure, participe sans doute du même courant socio-économique, voire idéologique. Il souligne un certain rapprochement des communautés de Corse et de Sardaigne, rapprochement déjà mis en exergue par l'intensité des échanges d'obsidienne entre ces deux îles.

Si, dans les îles tyrrhéniennes, le développement de l'élevage bovin s'accompagne d'une valorisation symbolique de cet animal et correspond probablement à des modifications socio-économiques importantes, on ne doit toutefois pas considérer cette évolution comme "déconnectée" du reste de la Méditerranée. Il convient en effet de rappeler que les premiers signes évocateurs d'un culte du taureau datent des origines mêmes de la néolithisation et qu'à Mureybet sur l'Euphrate, par exemple, des cornes de taureaux ont été découvertes enfouies dans les murs des maisons. En 1994, J. Cauvin proposait de voir dans ce traitement particulier des taureaux le témoin d'une révolution symbolique qui, précédant la mutation économique engendrée par les premières sociétés néolithiques, en était même l'un des piliers fondateurs. En

Hypogée d'Anghelu Ruju (Sardaigne) où de nombreuses têtes de taureaux, gravées ou peintes à l'entrée des tombes, sont encore conservées (cliché L.J. Costa).

Occident, le développement des figurations bovines sur les céramiques et dans les espaces funéraires concerne une zone géographique très étendue, puisque de telles représentations (motifs cornus et têtes de bovins) apparaissent dès la fin du Néolithique ancien dans de nombreuses "cultures" (Monbolo, Chambon, etc.), depuis la zone méditerranéenne jusqu'en Armorique (Cassen et L'Helgouach 1992). Dans les îles tyrrhéniennes, il s'agit vraisemblablement d'une orientation plus pastorale qu'agricole de l'économie des sociétés insulaires, à l'instar de certaines communautés continentales du Néolithique moyen, dont l'économie s'est plutôt tournée vers l'élevage bovin que vers l'agriculture. Cette divergence entre éleveurs et agriculteurs a notamment été mise en évidence dans la région parisienne entre d'une part les groupes "Cerny", plutôt éleveurs, et d'autre part les groupes rhénans contemporains (Michelsberg), davantage tournés vers l'agriculture (Tresset 1996). En Corse et en Sardaigne, cette opposition économique semble s'inscrire dans la diachronie et marquer le passage entre le Ve et le IVe millénaire.

Cette émergence de la symbolique du taureau connaîtra d'ailleurs une expansion particulière à l'Âge du Bronze dans le bassin méditerranéen, en Crète notamment, où l'on verra le culte du taureau se développer de manière tout à fait exceptionnelle. En Sardaigne, les *bronzetti*, de petites statuettes votives en bronze datées du Ier millénaire, représenteront souvent des fantassins et des archers armés, coiffés de casques ornés de cornes démesurées, renvoyant ainsi l'image de populations pastorales et guerrières (Lilliu 1982). Les prémices de ces sociétés protohistoriques de

Corse et de Sardaigne semblent décelables quelques millénaires plus tôt, lorsque les groupes, peut-être sous l'impulsion de nouvelles populations, développèrent une économie avant tout pastorale, fondée sur l'élevage des bovins.

Bronzetti sarde représentant un guerrier du Ier millénaire av. J.-C. (cliché A. Depalmas).

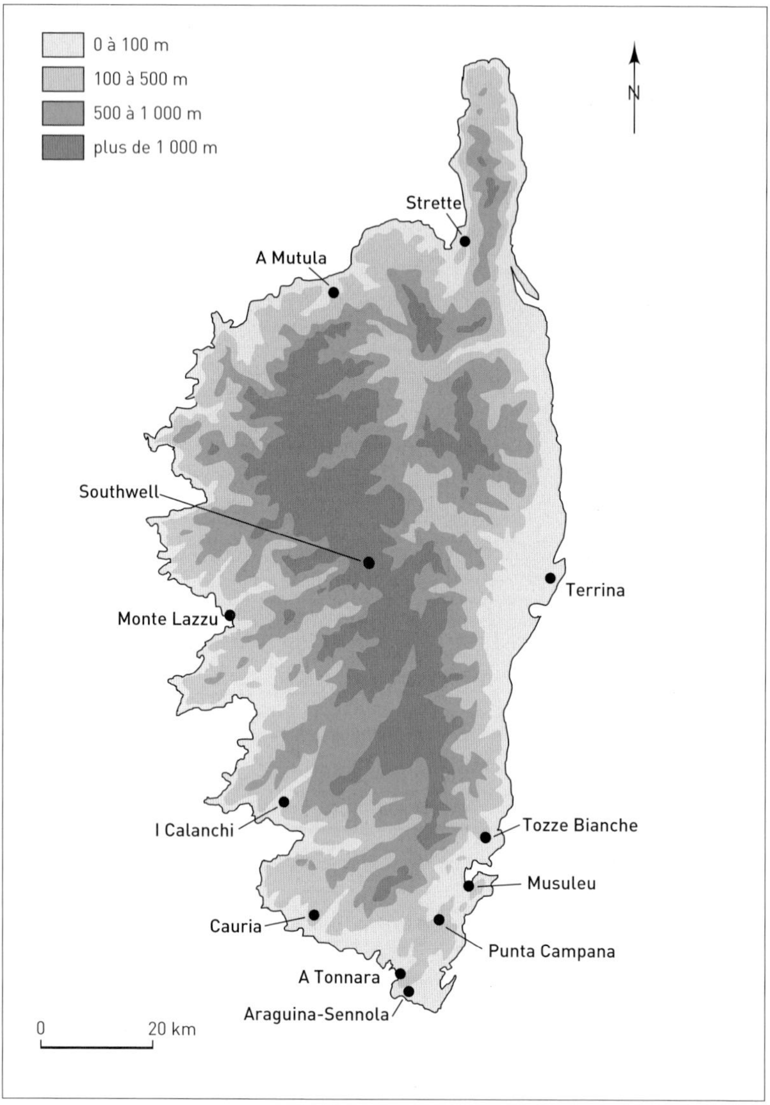

Localisation des sites "terriniens" (IIIe millénaire).

CHAPITRE IV
La fin du Néolithique : l'essor de la métallurgie (IIIe millénaire)

L'identification du "Terrinien"

Les fouilles du site de Terrina IV (Aléria), menées par G. Camps de 1975 à 1981, ont considérablement renouvelé notre connaissance de la fin du Néolithique de Corse. Pour la première fois une importante quantité de vestiges céramiques, lithiques et fauniques associée aux restes d'une production métallurgique fut découverte dans des couches homogènes, datées du début du IIIe millénaire ou de l'extrême fin du IVe millénaire. Le Chalcolithique de Corse était enfin reconnu. La collection de Terrina IV permettait de combler un important hiatus chronologique entre le Néolithique moyen (IVe millénaire) – notamment identifié à Basi – et l'Âge du Bronze (IIe millénaire). Cette phase chronologique fut appelée "Terrinien" par référence au site éponyme, de la même manière que le Néolithique moyen avait été initialement nommé "Basien". Les caractéristiques de la céramique de Terrina IV furent identifiées dans plusieurs assemblages sur l'ensemble de l'île et servirent alors de marqueurs chronologiques, aidant à positionner dans le IIIe millénaire plusieurs collections non datées, telles les séries de Basi (couche 4), A Mutula, Tozze Bianche, Nulacciu, Cauria et Monte Lazzu (Camps 1988). Ces sites n'ayant pas tous livré d'éléments métalliques ou liés à la métallurgie, G. Camps préféra nommer la période "Néolithique final-Chalcolithique".

Depuis, un nombre toujours croissant de sites livrant des vestiges céramiques "terriniens" a été identifié dans toutes les zones de l'île, montrant le maintien de ce style céramique jusqu'au début du IIe millénaire (Cesari et Magdeleine 1998). Ainsi, le nombre de sites contenant des céramiques "terriniennes" a considérablement augmenté ces dernières années, passant de 11 sites et indices de sites (Camps 1988) à plus de 20 (Tramoni 1998, 2000). Leur nombre exact est cependant difficile à évaluer dans la mesure où il s'agit la plupart du temps de quelques vestiges découverts en surface. Lors de son dernier recensement, P. Tramoni considérait que seuls 9 sites avaient livré des « *assemblages terriniens complets* » (Terrina IV, A Mutola, Monte Lazzu, I Calanchi, Cauria XX-XXI, A Tonnara, Punta Campana, Musuleu, Tozze Bianche), les autres n'ayant fourni que des « *assemblages terriniens incomplets* ».

Ce découpage entre sites "terriniens" vrais (assemblage céramique complet) et indices de sites (assemblage incomplet) est fondé sur l'identification de 20 critères de formes ou de décors céramiques, tous contenus dans la série de Terrina IV. Toutes les collections affichant au moins 9 des 20 critères retenus sont considérées par l'auteur comme "terriniennes" (assemblages complets). Il s'agit de sites fouillés (Terrina IV, I Calanchi, Cauria XX-XXI) ou sondés (A Mutula, A Tonnara, Punta Campana, Monte Lazzu, Musuleu, Tozze Bianche), ayant livré des quantités de vestiges céramiques relativement importantes. Les assemblages incomplets ne sont représentés que par quelques tessons caractéristiques, provenant de contextes peu assurés (ramassages de surface) ou de séries peu étoffées.

À cette liste de sites "terriniens", il convient d'ajouter quelques sites spécialisés, notamment des abris littoraux (Araguina-Sennola, Strette) ou montagnards (Southwell) où les vestiges abandonnés sont assez rares et souvent peu caractéristiques. Si ces assemblages ne contribuent guère à améliorer notre connaissance des industries de la période, ils témoignent d'une diversification socio-économique des sociétés et livrent une image des activités pratiquées en dehors des habitats principaux.

Datations des sites "terriniens"

Si de nombreux sites ont livré des datations recoupant en partie le IIIe millénaire (notamment de nombreux sites de l'Âge du Bronze dont la limite supérieure de la fourchette de calibration se situe vers la fin du IIIe millénaire), seuls trois sites présentant des couches homogènes et fiables ont été réellement datés de cette période: Terrina IV, I Calanchi et Araguina-Sennola.

Les deux dates obtenues à Araguina-Sennola témoignent de l'occupation de l'abri au cours du IIIe millénaire. Il s'agit toutefois de fréquentations sporadiques et les vestiges abandonnés par les occupants sont à la fois rares et peu caractéristiques. En revanche, les collections d'I Calanchi et de Terrina IV comptent parmi les plus importantes de la période.

Les datations obtenues sur le site d'I Calanchi sont très homogènes, toutes centrées sur la seconde moitié du IIIe millénaire, à l'exception de "Gif 7153" et de "L.G.Q. 271", plus anciennes. Cette dernière a été obtenue sur des charbons récoltés à la base de la stratigraphie "terrinienne", en couche B2, dans un secteur où la sédimentation est particulièrement importante et où du mobilier "basien" avait également été découvert, en couche D. Cette datation est un peu trop ancienne, seule la limite supérieure de la fourchette de calibration (fin du IVe millénaire) étant acceptable pour du mobilier "terrinien".

Les datations de Terrina IV sont assez homogènes et plutôt centrées sur la fin du IVe millénaire ou le début du IIIe, à l'exception de "MC 2075" et "MC 2077", manifestement trop anciennes, à moins de considérer que le Chalcolithique débute en Corse près d'un demi-millénaire avant les autres régions de Méditerranée occidentale; ce qui est peu probable. De plus, cela contredirait l'interprétation du site, considéré par le fouilleur comme ayant été rapidement comblé (Camps (dir.) 1988).

Principales datations absolues des sites "terriniens" (IIIe millénaire).

site	couche	identification	nature	datation B.P.	datation calibrée (BC)
Araguina-Sennola	VI. f.	Gif 778	charbons	3550 ± 120	2190 - 1565
	VI. j.3	Gif 779	charbons	3980 ± 120	2877 - 2073
I Calanchi	taffonu 2	Gif 7153	charbons	4080 ± 60	2871 - 2468
	taffonu 3	L.G.Q. 7154	charbons	3740 ± 60	2398 - 1936
	taffonu 4, A.2	L.G.Q. 267	charbons	3580 ± 140	2396 - 1529
	taffonu 4, B.1	L.G.Q. 270	charbons	3930 ± 150	2874 - 1977
	taffonu 4, foyer 2	L.G.Q. 264.b	charbons	3920 ± 150	2870 - 1969
	taffonu 4, foyer 3	L.G.Q. 265	charbons	3950 ± 190	2913 - 1885
	taffonu 6, tombe	L.G.Q. 279	charbons	3910 ± 150	2869 - 1950
	B.2	L.G.Q. 271	charbons	5030 ± 270	4444 - 3104
	A.2	L.G.Q. 268	charbons	3660 ± 220	2623 - 1459
	A.2	L.G.Q. 266	charbons	3580 ± 140	2396 - 1529
Terrina IV	A	MC 2075	charbons	4690 ± 90	3539 - 3362
	B	MC 2231	charbons	4380 ± 160	3503 - 2496
	B	MC 2076	charbons	4450 ± 120	3506 - 2711
	C	MC 2232	charbons	4430 ± 160	3623 - 2602
	D.1	MC 1296	huîtres	4610 ± 110	3179 - 2550
	D.1	MC 1403	charbons	4420 ± 100	3487 - 2760
	D.1	MC 2079	charbons	4720 ± 300	4216 - 2636
	D.1	MC 2077	charbons	4950 ± 90	3962 - 3537
	D.1	MC 2078	cardium	4530 ± 90	2946 - 2495
	D.2	MC 2234	charbons	4210 ± 160	3334 - 2340
	D.2	MC 2236	charbons	4270 ± 100	3326 - 2494
	D.2	MC 2235	charbons	4650 ± 100	3644 - 3056
	D.3	MC 2237	charbons	4430 ± 140	3616 - 2638

(Calibration à 2 sigma, Stuiver et Reimer : 1993)

Ces deux séries de dates suggèrent l'antériorité de Terrina IV sur I Calanchi, ou plutôt une occupation uniquement centrée sur la fin du IVe millénaire ou le début du IIIe à Terrina IV; une occupation s'étalant sur tout le IIIe millénaire à I Calanchi et principalement connue dans sa phase récente (seconde moitié du IIIe millénaire), la phase ancienne n'ayant été trouvée que lors d'un sondage, dans le carré F.26. Les datations de ces sites prouvent que les communautés de Corse ont eu accès à la métallurgie à la même période que les autres groupes de Méditerranée occidentale, qu'ils soient originaires d'Italie, de Provence ou d'Espagne. Au début du IIIe millénaire, la Corse n'était donc pas tenue à l'écart des grands courants d'échanges qui sillonnaient le bassin méditerranéen. La découverte à I Calanchi – comme en Sardaigne – de tessons céramiques appartenant à la tradition continentale des "vases campaniformes" renforce par ailleurs cette idée d'échanges sur de longues distances à travers tout le monde occidental de la Méditerranée.

Tesson campaniforme trouvé sur le site d'I Calanchi (cliché J. Cesari).

Les productions céramiques

L'assemblage découvert à Terrina IV constitue jusqu'à présent la référence pour les productions du début du IIIe millénaire. Il est notamment caractérisé par des vases à perforations en ligne sous le bord, des assiettes, des écuelles, des flacons, des bouteilles à cordons lisses, des vases petits et moyens à carène haute, des jattes carénées, des marmites subcylindriques à fond plat, des jattes tronconiques à fond plat, des anses en ruban, des vases décorés de chevrons disposés en bandes brisées, de rangées d'impressions rectangulaires ou ovales, de cordons imprimés, des fusaïoles à section épaisse, des creusets et des armatures perçantes à pédoncule et ailerons (Camps (dir.) 1988).

Outre la grande diversité des formes, la céramique du IIIe millénaire se différencie de celle du millénaire précédent par son aspect souvent grossier (finitions peu soignées, rareté des décors : à peine 6 % des pots de Terrina IV ou d'I Calanchi) et la haute fréquence des perforations en ligne sous le bord des poteries (près de 10 % des pots de Terrina IV, par exemple). Ces perforations sont disposées en une seule ligne plus ou moins régulière tout autour des vases, à 2 ou 3 cm du bord. Elles ont été réalisées avant cuisson, de l'intérieur vers l'extérieur des pots, à l'aide d'un poinçon ou d'une tige végétale de diamètre variable (4 à 7 mm en moyenne). Sur la paroi externe des céramiques, les bourrelets consécutifs à ces perforations n'ont été que très rarement abrasés par les potiers ; ce qui confère à l'ensemble un aspect peu soigné. L'irrégularité des perforations (disposition et dimension) et la présence de ces bourrelets plus ou moins importants rendent l'hypothèse d'une décoration assez peu probable. Dès lors, nombre d'auteurs ont cherché à expliquer cette caractéristique des pots "terriniens" par des hypothèses d'ordre purement fonctionnel. Ainsi, G. Camps (1988) proposait de voir dans ces orifices un moyen d'écouler l'eau lors du lessivage de certains produits, notamment les glands décortiqués et broyés dont la consommation n'est possible qu'après l'élimination de l'acide tannique qu'ils contiennent. Toutefois, compte tenu de la grande variété des formes des pots à

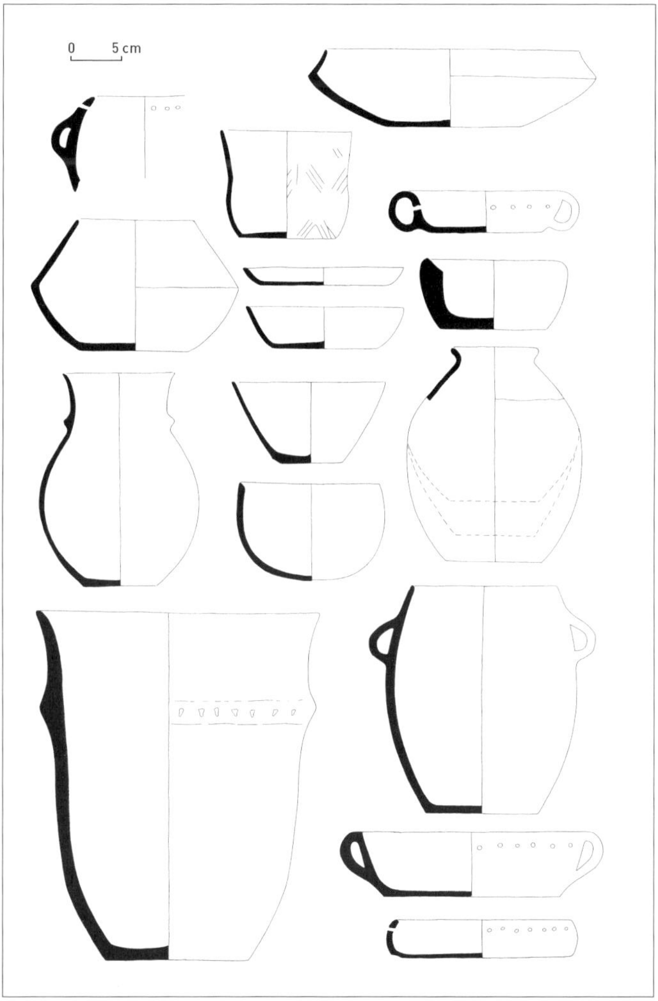

Formes des céramiques "terriniennes", d'après G. Camps 1988.

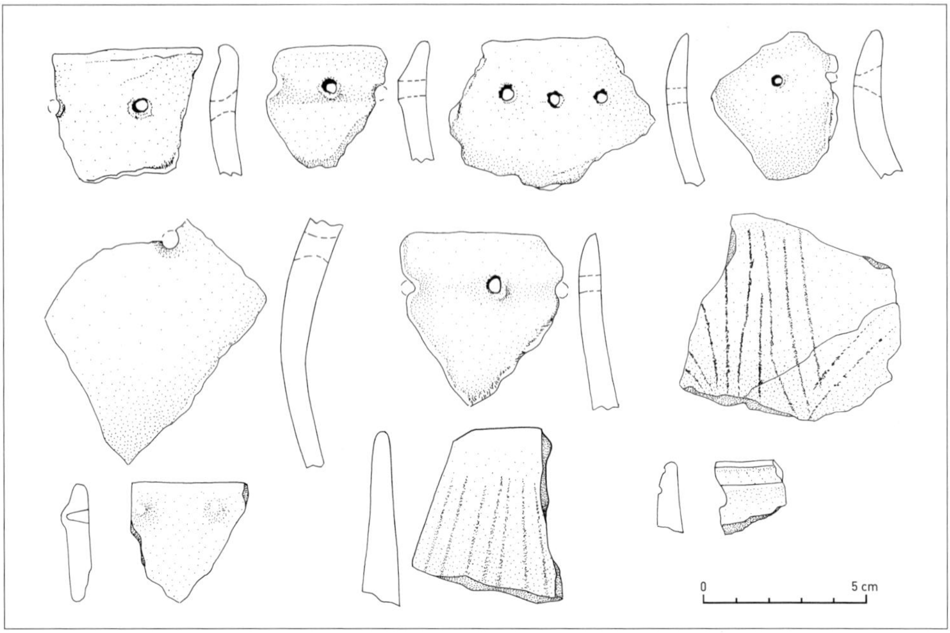

Perforations et décors de la céramique "terrinienne" (dessin P. Goudet, d'après les relevés de G. Camps).

perforations (écuelles, jarres, marmites, etc.), un usage aussi spécialisé ne me semble pas très convaincant. Il pourrait tout aussi bien s'agir de trous de fixation, permettant de placer un corps protecteur en fibres, en écorce ou en cuir, à l'aide de liens, destiné à renforcer le bord des céramiques et les protéger des chocs. Dans ce cas, l'abrasion des bourrelets n'était pas nécessaire, puisqu'ils étaient cachés par le corps protecteur, qui pouvait également s'apparenter à un ornement.

Si la céramique à perforations en ligne, en Corse, est caractéristique du IIIe millénaire, elle existe dans de nombreux contextes européens, néolithiques ou protohistoriques. Les poteries perforées se rencontrent ainsi dans la céramique rubanée (Néolithique ancien) au nord de la France. C'est toutefois à la fin du Néolithique et au début de l'Âge des Métaux qu'elles apparaissent en grande quantité dans les sites du pourtour méditerranéen. Elles sont connues au IIIe millénaire dans de nombreux sites grecs : en mer Égée à Cos (grotte d'Aspipetra), à Kéa (Kephala), à Mélos (Phylakopi), à Mykonos (Mavrispilla), à Naxos (grotte Palati) ; dans le Péloponnèse à Athènes, en Thessalie (Palaiokastro) et en Macédoine (Dikili-Tach). Elles sont également connues dans le sud de la France (Font-Juvénal) et en Italie (La Polada), associées à la "culture des vases campaniformes", et bien entendu en Sardaigne, durant le Chalcolithique et le début de l'Âge du Bronze.

Les productions lithiques

La prépondérance des pointes de flèche

Les débitages, toujours très simples, visaient la fabrication de pointes de flèche et la production d'un outillage expédient, rarement retouché. 364 supports retouchés ont été recensés dans les trois sites de plein air étudiés (Terrina IV, Cauria et I Calanchi), sur un total de 7 226 pièces lithiques (éclats et déchets de taille). Si ces outils ne sont guère différents de ceux des périodes précédentes, l'abondance des pointes de flèche est une des principales caractéristiques des assemblages du IIIe millénaire, puisque pratiquement deux outils sur trois (65 %) sont des pointes de flèche. La seconde caractéristique réside dans la modestie des assemblages, la simplicité des débitages, des techniques et des méthodes requises, qui sont autant d'indicateurs de la non-spécialisation de la production. Seule la réalisation des pointes de flèche est souvent soignée, illustrant l'habileté de certains tailleurs et témoignant de toute l'importance accordée à ces armes. Alors que le développement de la métallurgie concurrence désormais l'industrie de la pierre, l'insécurité grandissante en Méditerranée conduit vraisemblablement les populations du Chalcolithique à attacher une importance particulière à la production des armes.

À la fin du IIIe millénaire, la rareté du métal, ou plutôt le coût élevé de son acquisition, ne permet pas encore le remplacement total de l'outillage de pierre par celui du cuivre. Par ailleurs, la malléabilité du cuivre, c'est-à-dire sa faible résistance aux chocs, constitue peut-être une des raisons expliquant le maintien d'un armement en pierre durant tout le Chalcolithique. La fabrication de pointes de flèche en pierre s'arrêtera au début du IIe millénaire, en même temps que disparaîtront les dernières industries en pierres taillées. À partir de l'Âge du Bronze, seuls des assemblages trouvés dans des abris sous roche contiennent encore quelques éclats de quartz non retouchés.

Une gestion différentielle des matières premières

Les matières premières exploitées étaient variées (quartz, roches grenues diverses, rhyolites vitreuses, silex et obsidienne). Les productions étaient orientées en fonction des propriétés des roches, notamment leur aptitude à la taille et leur accessibilité, les différences observées traduisant une réelle "économie des matières premières". Cette gestion différenciée des roches débitées constitue une des principales caractéristiques des productions lithiques des communautés de la période.

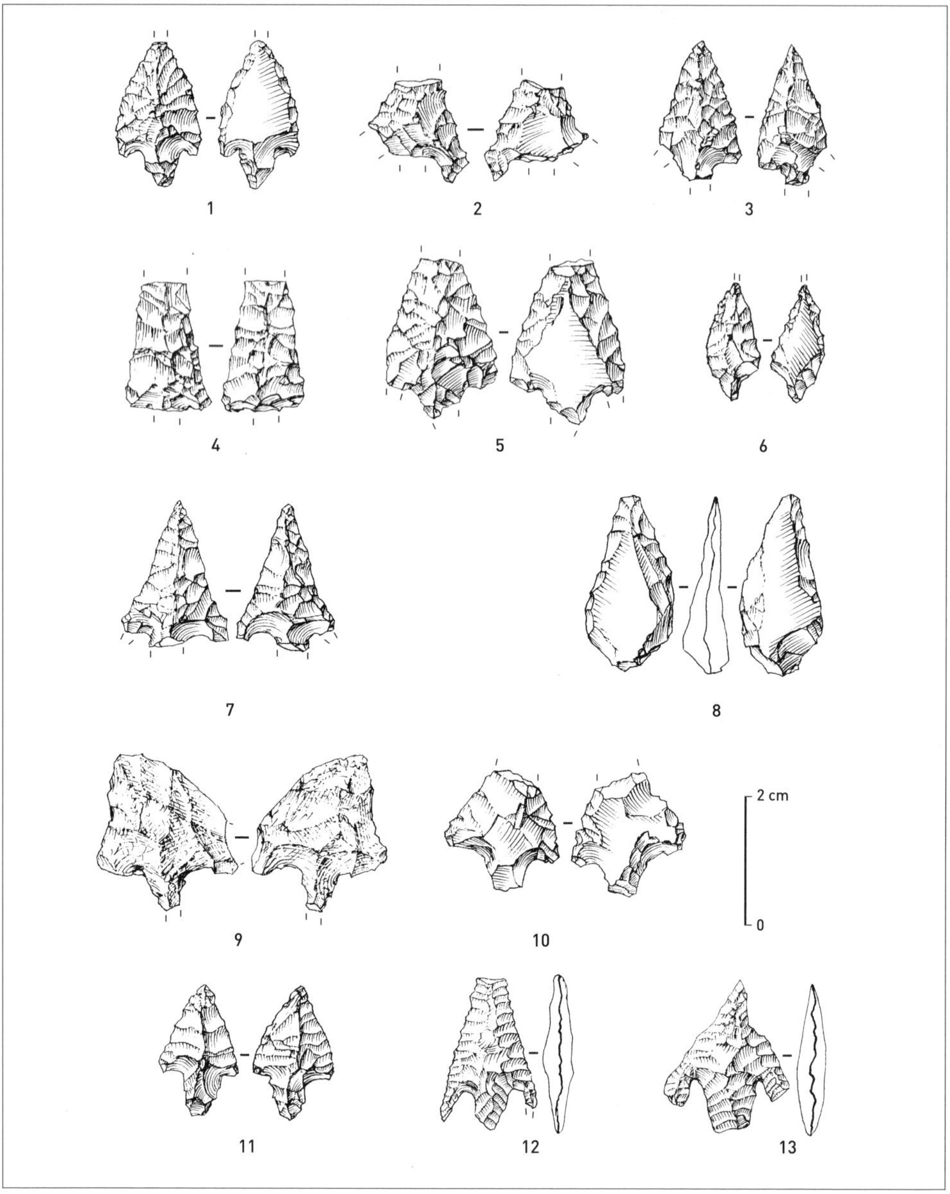

Pointes de flèche du site d'I Calanchi : n° 1 à 7 et 13 (rhyolite), n° 8 à 10 (roche grenue), n° 11 et 12 (silex) (dessin F. Nicolle, encrage G. Devidère).

Le quartz était principalement exploité sous forme de petits blocs issus du morcellement des filons. Les chaînes opératoires étaient très courtes et ne concernaient que les meilleures zones de ces blocs, c'est-à-dire les plus homogènes. Les nucléus étaient rapidement abandonnés ; ce qui explique en partie leur abondance dans les collections. Cette exploitation visait l'obtention d'éclats de petites dimensions, destinés à servir de supports aux coches, pièces esquillées, pièces à retouches latérales et pièces à dos. Nombre d'éclats non retouchés ont probablement été utilisés comme outils tranchants.

Les nucléus en roches grenues témoignent également d'un abandon rapide. Ils présentent des négatifs d'enlèvements de dimensions relativement importantes (souvent supérieures à 5 cm de long). Les éclats produits représentent les supports préférentiels pour nombre d'outils de grandes dimensions, notamment des pointes de projectiles, des denticulés, des coches, des pièces à retouches latérales et des racloirs à retouches bifaciales.

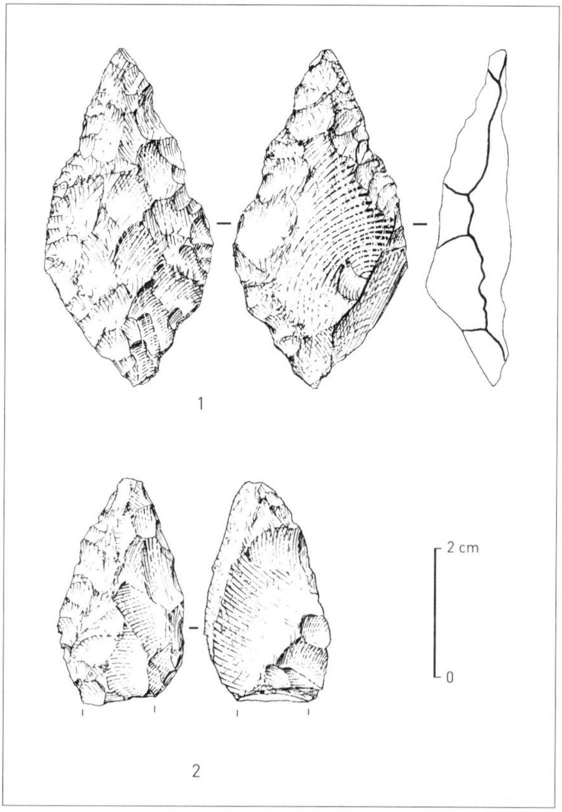

Pointes foliacées en roche grenue, I Calanchi (dessin L.J. Costa, encrage G. Devidère).

Les chaînes opératoires du débitage des rhyolites vitreuses sont également très courtes. Les blocs exploités sont très petits (fragments de fines plaquettes, petits cailloux) et abandonnés en "bout de course". La plupart des éclats sont corticaux et leur longueur n'excède que très rarement 2 cm. De même, les nucléus présentent des négatifs d'enlèvements avoisinant le plus souvent 0,5 cm de long. Cette exploitation maximale des blocs est certainement liée à la rareté de ces matériaux originaires de régions éloignées des littoraux du sud de l'île. Les principaux supports retouchés sont des pointes de flèche et des pièces à retouches rasantes. La confection des pointes nécessitant des supports d'assez grandes dimensions, celles-ci ont vraisemblablement été réalisées à partir d'éclats détachés lors des premiers enlèvements. La poursuite du débitage devait alors viser l'obtention de petits supports tranchants, probablement destinés à être utilisés bruts de retouche.

À l'instar de ces rhyolites fines, les blocs en silex sont petits et exploités de façon maximale, principalement pour la réalisation de pointes de flèche et d'éclats tranchants non retouchés.

Toutes ces matières, débitées selon des techniques et des méthodes similaires, n'ont pas été exploitées pour les mêmes finalités. Ces différences connaissent deux causes principales : l'accessibilité et les propriétés des matériaux. Le quartz filonien et les roches grenues sont localement abondants, ce qui explique qu'ils

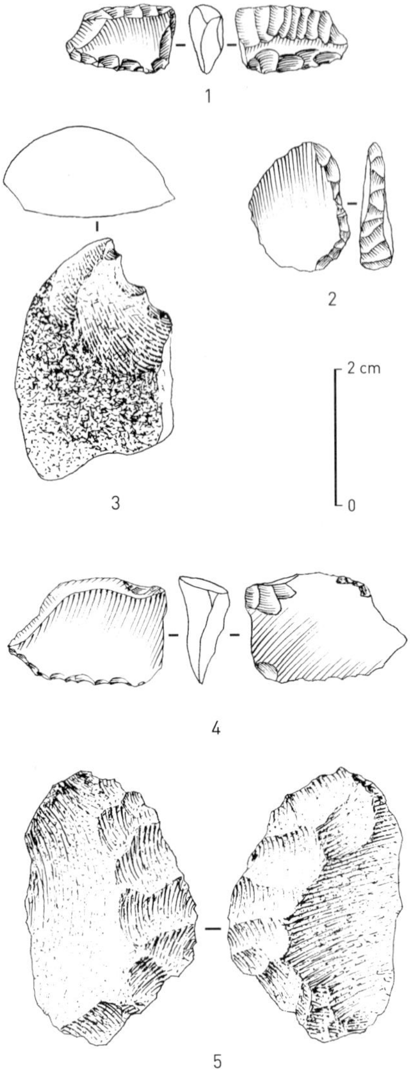

Éclats retouchés : n° 1 Cauria (obsidienne, pièce à dos), n° 2 Cauria (silex, pièce à dos), n° 3 I Calanchi (roche grenue, denticulé), n° 4 I Calanchi (silex, pièce à dos), n° 5 I Calanchi (roche grenue, racloir) (dessin L.J. Costa, encrage G. Devidère).

soient largement représentés dans les assemblages : à I Calanchi et Cauria, le quartz représente au moins 50 % et les roches grenues 30 % des effectifs. Le quartz est souvent utilisé pour la réalisation d'outils expédients comme les pièces esquillées et les coches. Les roches grenues sont plus faciles à retoucher que le quartz. Elles permettent également l'obtention de supports de plus grandes dimensions et ont, à ce titre, servi à la production des outils les plus grands : les denticulés, les racloirs à retouches bifaciales et certaines pièces à retouches rasantes. Les rhyolites vitreuses (moins de 10 % des effectifs) et le silex (environ 5 %) ont été tout particulièrement employés pour la fabrication des pointes de flèche.

L'exploitation de l'obsidienne soulève plusieurs questions. La série de Terrina IV comporte 19 fragments de lamelles et 14 supports retouchés en obsidienne, dont 3 armatures tranchantes, 5 pointes de flèche et 6 pièces à dos. Dans les deux autres sites, l'obsidienne n'a pratiquement été utilisée que pour la confection de petites pointes de flèche, les autres outils et fragments de lamelles étant très rares. Aucun de ces ensembles n'a livré d'éléments témoignant du débitage *in situ* des lamelles d'obsidienne. Les quelques nucléus identifiés ne sont que de petits débris – probablement des fragments d'éclats redébités – présentant des enlèvements désordonnés sur toutes les faces. Aucune pièce technique n'a été trouvée.

À Terrina IV, cette absence pourrait être liée à la faible étendue des fouilles (une seule fosse fouillée sur 15 m^2). Cette explication ne peut être proposée pour les deux autres sites de plein air, notamment pour les habitats d'I Calanchi, fouillés sur plus de 250 m^2.

À I Calanchi, les déchets de production en obsidienne sont particulièrement rares et les deux seuls nucléus trouvés ont l'apparence de petits débris percutés dans tous les sens. Rien n'indique que les supports laminaires aient été débités sur le site. En revanche, 6 éclats patinés présentent des ébréchures plus fraîches et 1 pièce à retouches rasantes montre une patine différentielle au niveau de la retouche : cette pièce a été retouchée après avoir été produite et abandonnée. Cet exemple témoigne de la réutilisation de fragments d'obsidienne anciennement débités et ramassés par les occupants du site.

La butte d'I Calanchi regroupe en effet plusieurs sites d'occupations de différentes époques. Les *taffoni* II et VI, fouillés au début des années 1980 par J. Cesari, ont livré plusieurs sépultures datées du IIIe millénaire, ainsi que les vestiges d'occupations plus anciennes, notamment de très nombreux fragments de lames et de lamelles et quelques pointes de flèche en obsidienne. Les sépultures ayant été creusées dans les niveaux d'occupations antérieures, les habitants du IIIe millénaire ont vraisemblablement découvert l'existence de cette obsidienne. À cette occasion, il est probable qu'ils aient récupéré certaines pièces, pour les utiliser.

Enfin, les vestiges de Cauria offrent des similitudes avec ceux d'I Calanchi : dimensions très réduites des pièces en obsidienne, présence de 2 petits nucléus débités sur enclume et absence de pièce technique. Le plateau de Cauria ayant été occupé au Néolithique ancien et moyen, les populations du IIIe millénaire ont également pu ramasser des fragments d'obsidienne sur les sites d'occupations antérieures.

Quoi qu'il en soit, on observe une très nette raréfaction – voire une disparition – des importations d'obsidienne au cours du IIIe millénaire, ce qui constitue un fait marquant des productions lithiques de la période par rapport à celles du IVe millénaire. Cela correspond-il à un net ralentissement des échanges corso-sardes, comme le supposent J. Cesari et J. Magdeleine (1998) ? Rien n'est moins sûr, car les collections archéologiques du nord de la Sardaigne témoignent également

Nucléus du site d'I Calanchi : n° 1 (silex), n° 2 et 3 (rhyolite), n° 4 (quartz) (dessin L.J. Costa, encrage G. Devidère).

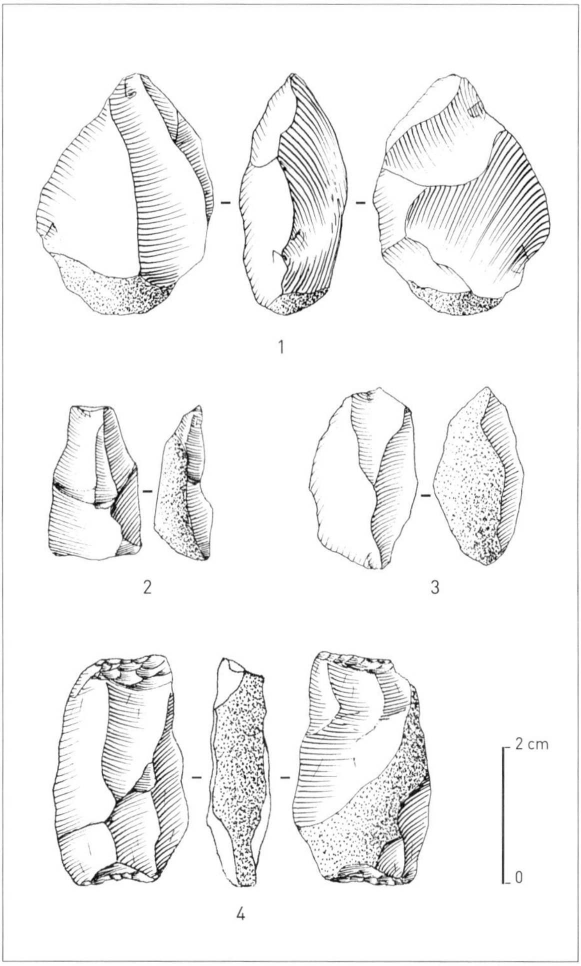

de la raréfaction de l'approvisionnement en obsidienne. Ce phénomène n'est donc pas spécifique à la Corse. Il traduit une diminution générale de la circulation de l'obsidienne sarde et suggère plutôt un déclin des réseaux de distribution sardes qui fonctionnaient durant le IVe millénaire. Par ailleurs, certaines données prouvent l'existence de contacts entre la Corse et la Sardaigne, telles la circulation de silex sardes originaires du bassin de Perfugas (Sassari) ou des similitudes dans certains décors céramiques.

Les productions métallurgiques

C'est donc à Terrina que G. Camps découvrit les preuves d'une activité métallurgique, en Corse, dès le début du IIIe millénaire. Jusqu'alors, on ne connaissait que l'existence de quelques objets en cuivre, des alènes et de rares haches ou poignards, mais leur attribution chronologique demeurait incertaine et, surtout, l'origine de ces productions n'étant pas connue, on supposait qu'elle était externe à l'île. Or la fosse de Terrina livra des scories, des gouttelettes de métal, 1 fragment de tuyère et 25 fragments de creusets, c'est-à-dire tout un ensemble d'éléments attestant la fusion du métal sur place. Des échantillons de métal furent analysés et montrèrent qu'il s'agissait de cuivre arsenié. La provenance de ce cuivre n'a pas été déterminée avec certitude, mais de nombreux gisements de cuivre natif et indices de minerai de sulfure de cuivre existent dans le voisinage de Terrina, dans un rayon de 15 km, rendant possible une exploitation strictement locale.

Si une activité métallurgique est attestée dès le début du IIIe millénaire, les preuves réunies restent ténues et l'importance de ces productions demeure difficile à évaluer. On ne connaît aujourd'hui que 2 ateliers métallurgiques pour l'ensemble de la période (Terrina et I Calanchi) et les objets collectés sont peu nombreux. Toutefois, les sites connus n'ont été que très partiellement fouillés et l'absence d'atelier peut tout simplement être liée à un état de la recherche. De plus, la carence des objets métalliques recensés ne peut être considérée comme une preuve de leur rareté effective, car le métal, à la différence des autres matériaux, peut être refondu et les ustensiles détériorés devaient sans doute être récupérés en vue de nouvelles productions.

Si ces productions métalliques nous paraissent modiques, le net déclin des industries lithiques au cours du IIIe millénaire témoigne sans conteste du remplacement d'une partie de l'outillage traditionnel en pierre par un autre en métal, ce qui suggère que l'usage des produits métalliques était plus important que ne l'attestent les éléments trouvés lors des fouilles. L'abandon des industries lithiques au début du IIe millénaire révèle que les populations corses disposaient alors d'une gamme d'outils métalliques suffisamment large pour ne plus avoir recours à la pierre pour l'ensemble de leurs armes et outils quotidiens.

L'origine du "Terrinien" ou le problème de la transition entre le IVe et le IIIe millénaire

Le matériel lithique et céramique du IIIe millénaire montre une nette rupture avec celui des périodes précédentes, au niveau des matières premières exploitées, des modalités et des finalités des débitages, des formes et des décors céramiques.

Sans nier cette rupture, P. Tramoni suggère une certaine filiation entre le "Basien" et le "Terrinien", perceptible selon lui à travers l'analyse du mobilier des sites de Basi (couches 5.a et 4), Carcu (couche 4), Monte Lazzu (sondage E, couche 4) et Monte Grossu (couche I) qui présentent des assemblages associant des céramiques caractéristiques des productions du IVe millénaire et quelques rares éléments "terriniens", en particulier des vases à perforations en ligne sous le bord. Selon l'auteur, la composition de ces assemblages révèle un certain *continuum* entre les productions du IIIe et du IVe millénaire et « *illustre la succession Basien-Terrinien, sans qu'un moment de transition soit décelable* » (Tramoni 1998, p. 179).

Toutefois, l'existence d'une phase de transition entre le "Basien" et le "Terrinien" devrait, pour être valide, se caractériser par des collections archéologiques spécifiques, montrant une réelle évolution stylistique et technique des productions et soulignant le passage de l'un vers l'autre. Or, les séries de ces quatre sites, supposés transitoires, sont très dissemblables. Certes, elles ont en commun certains éléments céramiques et lithiques, mais la structure des assemblages est très différente. S'il s'agissait réellement de couches de "transition", ayant une réelle valeur chronologique, on aurait alors dû constater une certaine homogénéité des collections ; ce qui n'est absolument pas le cas. Ces quatre couches sont à la fois remaniées et tronquées de manière aléatoire, ce qui se traduit par des compositions assez divergentes, réunissant des éléments renvoyant chacun et de manière indépendante, soit aux productions du IVe millénaire, soit à celles du IIIe millénaire (Costa 2001). L'originalité de ces collections ne se traduit pas tant par l'émergence de productions nouvelles, marquant le passage d'une industrie du Néolithique moyen à une industrie du Néolithique final-Chalcolithique, que par la réunion d'éléments qui renvoient chacun à des productions dissemblables. Ainsi, aucun décor céramique caractéristique du IIIe millénaire ne se trouve sur une forme typique du IVe millénaire, aucun décor du IVe millénaire sur une forme du IIIe millénaire. L'étude des ensembles lithiques nous amène aux mêmes conclusions : ils regroupent des éléments issus de chaînes opératoires différentes, tant par les modalités de débitage que par leurs objectifs, et traduisent des conceptions technologiques, basiennes ou terriniennes, totalement divergentes.

Comme nous l'avons déjà exposé, les couches identifiées à la fouille ne sont pas forcément représentatives des occupations humaines, en raison des perturbations naturelles ou anthropiques affectant les dépôts archéologiques après formation. Les couches supposées illustrer la "succession Basien-Terrinien" correspondent en fait à des "mélanges" rassemblant des vestiges datant à la fois du IVe et du IIIe millénaire. Cette hypothèse avait d'ailleurs été formulée par les auteurs des fouilles de Basi, Carcu et Monte Grosso, lors de l'interprétation des sites. Les divergences observées dans la composition de ces assemblages montrent que les remaniements qui ont affecté ces couches ne les ont pas perturbées de la même façon. Selon toute vraisemblance, la couche 4 de Basi renferme principalement du mobilier datant du IIIe millénaire ; les couches 4 de Carcu et du Monte Lazzu et la couche I du Monte Grosso contiennent une grande majorité d'éléments du IVe millénaire ; la couche 5.a de Basi réunit des vestiges des deux millénaires en proportions relativement équivalentes.

Si les vestiges céramiques et lithiques témoignent d'un renouvellement des productions entre le IVe et le IIIe millénaire, il ne faudrait pas pour autant conclure à une transformation radicale des modes de vie de ces populations. Certes, ces changements soulignent des modifications dans la structure sociale et économique des sociétés, mais ils n'ont pas affecté avec la même intensité les autres domaines de la vie de ces communautés. Les modes de subsistance, en grande partie fondés sur l'élevage bovin et la manière de gérer une grande partie des ressources, ne semblent pas être très différents entre le IVe et le IIIe millénaire. On assiste en fait à une évolution socio-économique et technique, en grande partie induite par le développement de la métallurgie et la montée de l'insécurité, qui ont conduit à des changements dans la conception même de la place de certaines industries dans les activités des communautés.

Mode de vie au IIIe millénaire

Les études sur l'origine des matériaux utilisés à Terrina IV mettent en lumière une large exploitation des biotopes environnants, ainsi qu'une circulation d'objets et de matériaux entre des sites assez éloignés. Si certaines roches exploitées sont locales, d'autres sont lointaines (serpentinite, rhyolites) ou allochtones (silex, obsidienne). Certaines pâtes céramiques contiennent des minéraux (notamment des biotites) issus de zones géologiques situées à plus de 15 km du site. De même, le minerai de cuivre est supposé provenir de la mine de Linguizetta, à plus de 16 km de Terrina (Camps (dir.) 1988).

Les fouilles des sites de plein air ont exhumé quantité d'ossements, permettant de restituer les modes d'exploitation des ressources animales. Si la chasse et la pêche pouvaient représenter un apport alimentaire plus conséquent que ne le suggèrent les vestiges, l'essentiel de l'alimentation carnée était assuré par les troupeaux domestiques. Les bovins et les porcins constituaient la ressource carnée principale, représentant plus de 90 % du total de viande consommée à Terrina IV. L'étude de ces restes fauniques souligne la part croissante du bœuf dans l'alimentation des populations néolithiques, la réduction de la contribution des suinés et le déclin de celle des caprinés. Toutefois, « *cet effondrement ne correspond pas à une perte d'importance des caprinés dans le sous-système technique, mais plutôt à une réorientation de leur exploitation dans une chaîne opératoire différente de l'acquisition des ressources, celle de la production laitière* » (Vigne 1998, p. 33). Ainsi, la couche VI d'Araguina-Sennola, toutes strates confondues, montre qu'à la fin du IIIe millénaire « *la production de lait est si marquée que l'on peut parler, suivant les critères de Halstead (sous presse), de production intensive spécialisée* » (Vigne 1998, p. 33).

Les abris d'Araguina-Sennola et de Strette ont tous deux livré des vestiges assez analogues montrant des structures construites (muret fermant l'entrée de Strette, structures en pierre et trous de poteau à Araguina-Sennola), des assemblages lithiques et céramiques très pauvres et un spectre faunique où dominent largement les ovicaprins. Il s'agit d'occupations saisonnières, vraisemblablement liées à la "belle saison". Cette fréquentation particulière des abris littoraux au Chalcolithique et durant l'Âge du Bronze est vraisemblablement le fait de petits groupes se déplaçant avec de modestes troupeaux (Costa *et al.* sous presse).

L'examen ostéologique des ovicaprins de Terrina IV avait montré des anomalies de croissance, signes d'insuffisances alimentaires à certaines périodes de l'année (Vigne 1988). La remue de ces troupeaux dans des zones littorales entre le printemps et l'automne pourrait tout à fait expliquer ces carences alimentaires, puisque la végétation de ces zones souffre particulièrement des conditions climatiques estivales de la Corse.

Ces occupations littorales en abri contrastent totalement avec celles des sites de plein air où l'abondance des structures d'habitat, du matériel de meunerie (plus de 200 fragments de meules découverts à I Calanchi) et des ossements de bovins et de porcins implique l'installation d'importantes communautés agropastorales.

À l'exception de Terrina IV, qui date du début de la période, les sites de plein air présentent des caractères défensifs : ils sont implantés sur de petites collines relativement abruptes, même s'il ne s'agit pas de véritables éperons barrés. L'abondance des pointes de flèche dans les collections suggère l'existence de tensions, voire de conflits, entre communautés (Cesari 1987b ; Camps 1988 ; Nicolle 2000). À la fin de la période, nombre de ces collines verront la construction de fortifications en pierre (I Calanchi, Basi, Cauria, Monte Lazzu, etc.), témoignant sans doute d'un renforcement des conditions d'insécurité ; phénomène commun aux autres îles méditerranéennes et à l'ensemble des zones du pourtour méditerranéen.

Les premiers habitats fortifiés

L'habitat du IIIe millénaire a été particulièrement bien décrit à I Calanchi par J. Cesari, qui a fouillé plusieurs structures sur 250 m². Il s'agit d'un habitat regroupé en petits hameaux comprenant souvent plus d'une dizaine de structures de plan rectangulaire. Les maisons étaient adossées à de gros chaos rocheux et se composaient d'un soubassement en pierres, formé de deux rangées de grosses pierres plantées entre lesquelles étaient calés les poteaux en bois constituant l'ossature des murs. Ceux-ci étaient montés à l'aide de terres argileuses, plaquées sur un clayonnage de branches entrelacées. Les toitures, probablement élaborées sur des charpentes en bois, devaient être constituées de chaume ou de branchages, dont les interstices étaient également colmatés à l'aide de terres argileuses. La superficie de ces maisons était généralement supérieure à 50 m² et pouvait même atteindre 150 m².

À I Calanchi, sur la terrasse nord du site, J. Cesari a constaté l'existence de trois bâtiments emboîtés, témoignant d'une réduction de la surface habitable entre le début et la fin du IIIe millénaire. Lors de ces réductions successives, les occupants ont partiellement réutilisé les ruines des structures précédentes. À la fin de la période, la superficie de l'habitation devait avoisiner 20 ou 30 m² seulement.

Ce rétrécissement de l'habitat est-il lié à une diminution de la population du site ? Rien n'est moins sûr, car à la fin du IIIe millénaire, une fortification en pierres sèches encercle la partie sommitale de la butte d'I Calanchi et il est probable qu'une partie de la

Ruines d'un bâtiment d'I Calanchi : le mur interne (au centre du cliché) est postérieur au mur externe (à droite), témoignant ainsi de la réduction de la surface habitable (cliché J. Cesari).

communauté, vivant jusqu'alors aux abords de la plaine, ait migré vers les hauteurs du site. Les habitations en contrebas de la butte sont alors plus modestes et le hameau connaît une expansion vers le haut, dans un souci manifestement défensif. L'aménagement de la partie sommitale connaîtra un développement considérable au cours de l'Âge du Bronze avec la construction d'un véritable château (*Castellu*) et d'une tour (*Torre*), inclus dans une large enceinte de 150 m de long, formée par juxtaposition et empilement de très gros blocs polygonaux.

Ce type de constructions fortifiées est tout à fait caractéristique des habitats de l'Âge du Bronze dans les îles méditerranéennes (Baléares, Corse et Sardaigne). Si elles atteignent leur plein apogée vers la fin du IIe millénaire, nombre de ces fortifications sont édifiées sur des structures datant de la fin du IIIe millénaire, moins élaborées mais témoignant déjà d'un souci défensif.

Ces îles du bassin occidental de la Méditerranée ont en effet connu une expansion démographique considérable, dès la fin du Néolithique. Les productions agropastorales et le commerce, déjà en plein essor à la période précédente, n'ont fait que s'accroître. Avec l'avènement de la métallurgie, de nouvelles routes commerciales se sont créées et de nouvelles richesses sont apparues. Les sociétés méditerranéennes ont alors connu un développement économique sans précédent, conduisant au renforcement des inégalités, des rivalités, des guerres et des actes de piraterie. Pour protéger les productions et les richesses accumulées, ces sociétés ont dû bâtir des constructions de plus en plus solides et imposantes, leur assurant un meilleur contrôle des zones exploitées et un refuge en cas de conflits. Les populations de Corse se sont progressivement toutes dotées d'un système défensif équivalant à celui d'I Calanchi et l'on dénombre aujourd'hui plus de 100 *Castelli* et *Torre* à travers l'île, disposés le long des vallées et aux abords des espaces fertiles, dont une forte concentration dans le sud de l'île, dans la région de Porto-Vecchio et dans le Sartenais. Ces constructions ont une parenté certaine avec les *Nuraghi* sardes, datés de la même époque. Si elles sont plus petites, moins complexes et surtout moins nombreuses que leurs voisines sardes (la Sardaigne compte plus de 9 000 *Nuraghi* répartis dans toute l'île), les fortifications corses relèvent des mêmes besoins et témoignent vraisemblablement de structures sociales assez similaires. Elles donnent l'image de populations guerrières, probablement regroupées dans des chefferies, gérant un territoire à l'échelle d'une vallée ou d'une portion de vallée et organisées pour le défendre en cas d'agressions.

Les *Castelli* et les *Torre* de l'Âge du Bronze

L'Âge du Bronze est donc une période marquée par une certaine insécurité, qui se traduit par d'importantes modifications, notamment dans les habitats des populations de l'île. Alors que les habitats du Néolithique occupaient préférentiellement de petites buttes situées aux abords des terres fertiles, ceux de l'Âge du Bronze sont édifiés sur des reliefs d'accès difficile. Abrités derrières de puissantes murailles, ces villages se dotent de tours, de bastions et prennent l'allure de véritables châteaux.

Si chaque monument présente des particularités architecturales, ces *Castelli* de l'Âge du Bronze ont tous été construits de la même manière et selon un même modèle, dérivé des *Nuraghi* sardes. Ils s'organisaient autour d'un chaos rocheux et se compo-

Rempart du *castellu* d'Araghgju (cliché C. Costa).

Entrée du *castellu* d'Araghju (cliché C. Costa).

Chemin de ronde au-dessus du rempart du *castellu* d'Araghju (cliché C. Costa).

Torre du *nuraghe* de Santu Antine (Sardaigne) (cliché L.J. Costa).

saient le plus souvent d'une large enceinte, de plusieurs "bastions" ou ouvrages fortifiés, situés dans les parties du rempart les plus exposées, et d'une tour (*Torre*). À l'intérieur de ce complexe militaire, se trouvait un espace dégagé, qui pouvait le cas échéant abriter une population et son cheptel, plusieurs cabanes et de nombreuses structures de stockage des denrées. Le village s'étendait le plus souvent au pied du *Castellu* et était également protégé par une première enceinte. L'accès au *Castellu* se faisait par une entrée étroite, construite dans l'épaisseur de la muraille et prolongée d'un couloir, qui présentait fréquemment des renfoncements où devaient se tenir des gardes. Dans la cour, au débouché du couloir d'accès, des casemates devaient faire office de salles de garde. Au-dessus d'elles, l'enceinte possédait un véritable chemin de ronde auquel on accédait par un escalier ou une rampe. Les monuments corses n'ayant été que très partiellement conservés, il n'est pas possible de savoir si ces chemins de ronde étaient eux-mêmes protégés par une muraille équipée de meurtrières, comme c'est souvent le cas dans les *Nuraghi* sardes.

Les *Castelli* d'Araghju, de Tappa ou encore d'I Calanchi possédaient plusieurs "bastions", notamment dans les angles de la muraille où se trouvait l'entrée principale. Ces ouvrages fortifiés permettaient un contrôle efficace de l'entrée en supprimant tout angle mort, à l'image des tours d'angle des grands *Nuraghi* sardes ou des châteaux médiévaux. À l'opposé de l'entrée se trouvait une *Torre*, qui dominait tout le complexe militaire et assurait le contrôle de l'ensemble du territoire exploité. Cette *Torre*, assimilable à un véritable donjon, était de forme tronconique et s'élevait probablement de 4 ou 5 m au-dessus du sol. À l'intérieur de son parement extérieur, un escalier en colimaçon permettait d'accéder aux étages supérieurs. Chaque étage était constitué d'une pièce principale, de forme circulaire, fermée par une toiture de pierres en encorbellement, ou plutôt en "faux encorbellement" puisque chaque pierre reposait en grande partie sur la précédente. Cette technique de construction permettait de réaliser des pièces aux dimensions assez vastes. Les fouilles de plusieurs monuments ont montré la présence presque systématique d'un foyer rectangulaire à l'intérieur de ces pièces, suggérant leur fréquentation régulière, probablement par des gardes. La tour se terminait vraisemblablement par une terrasse, délimitée par un muret. Si les *Torre* de Corse ne devaient pas posséder plus de 2 ou 3 étages (terrasse comprise), leur architecture et les techniques de construction utilisées étaient comparables à celles des tours des grands *Nuraghi* sardes, qui pouvaient dépasser les 20 m de hauteur et compter 4 ou 5 étages.

Il existe, en Corse comme en Sardaigne, des *Torre* construites isolées de toute autre habitation ou fortification. C'est le cas, par exemple, du monument de Torre, site éponyme localisé sur une butte de la plaine littorale à 8 km au nord de Porto-Vecchio, de celui de Ceccia qui, situé sur un promontoire, domine la plaine au sud de Porto-Vecchio et semble lié au *Castellu de Bruschiccia* situé 600 m en arrière, ou encore du monument de Foce, près de Petretto-Bicchisano, le plus important de Corse, avec ses 18 m de diamètre.

Ces *Torre*, élaborées selon des modalités similaires à celles des tours des *Castelli*, ont été édifiées sur des buttes ou des reliefs accidentés, le long d'importantes voies de communication ou aux abords de vastes plaines. Il est probable qu'elles remplissaient le rôle de postes avancés, permettant d'assurer un meilleur contrôle

Monument circulaire de Torre, site éponyme (cliché L.J. Costa).

du territoire. Il ne faudrait toutefois pas croire à l'existence de systèmes politiques complexes, avec un pouvoir central et des unités dépendantes, gérant des territoires sur de grandes étendues. Rien n'indique que les sociétés corses ou sardes de l'Âge du Bronze aient été organisées sous forme de royaumes ou de seigneuries. Au contraire, la présence des villages au pied même de chaque *Castellu* renvoie plutôt l'image de petites chefferies, gérant des terroirs réduits à des portions de vallées et se protégeant tant d'éventuels envahisseurs que des populations voisines.

Monument circulaire de Ceccia (cliché L.J. Costa).

Chapitre V
Évolution des pratiques funéraires (IXe-IIe millénaires)

Le choix de traiter à part les pratiques funéraires des sociétés corses s'explique par la grande disparité des connaissances entre les différentes périodes étudiées. L'acidité des terrains granitiques conduisant à la disparition des ossements, les coutumes mortuaires ne sont connues qu'à travers quelques exemples exceptionnels, de par leur conservation, qui ne sont bien souvent que peu représentatifs des usages de l'ensemble des populations vivant à ces périodes. Ainsi, entre le Mésolithique et le Chalcolithique, huit sépultures seulement ont été découvertes, toujours aménagées dans de petits abris en situation littorale. Seules les tombes mégalithiques (coffres et dolmens), dont l'aspect monumental a favorisé la reconnaissance, ont été identifiées en nombre suffisant (plus de 80 monuments répertoriés) pour permettre une approche exhaustive des pratiques funéraires préhistoriques. Toutefois, la grande majorité de ces monuments n'étant pas antérieure à l'Âge du Bronze, cette approche concerne principalement les sociétés du IIe millénaire av. J.-C.

Les sépultures mésolithiques

Pour la période s'étendant du IXe au VIIe millénaire av. J.-C., seulement deux sépultures ont été mises au jour : une dans le nord de la Corse, à Torre d'Aquila (Magdeleine 1994) et une dans le sud, à Araguina-Sennola (Lanfranchi et Weiss 1977). Dans les deux cas, il s'agit de l'inhumation d'un individu adulte dans le sol d'un abri, occupé de manière épisodique par des groupes mobiles.

À Torre d'Aquila, le squelette gisait dans une petite cuvette creusée dans la couche mésolithique de l'abri. Le corps n'était conservé que dans sa moitié supérieure, le bassin et les membres inférieurs ayant vraisemblablement disparu lors de l'occupation néolithique du lieu, dont les aménagements successifs et notam-

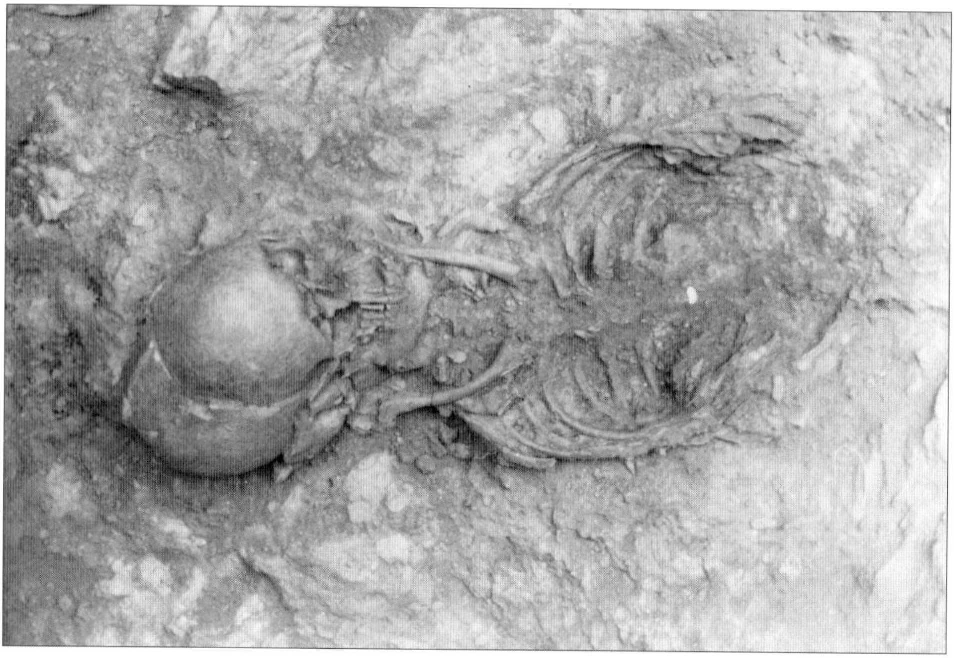

Sépulture mésolithique du site de Torre d'Aquila (cliché J. Magdeleine).

ment le creusement de deux structures assimilables à des silos avaient partiellement remanié la couche mésolithique. Le sujet reposait sur le dos, dans le sens de la pente, la tête située au niveau le plus bas. Les avant-bras étaient repliés, les mains vers le visage.

À Araguina-Sennola, le corps avait été déposé dans une légère dépression, directement sur le *substratum*, puis recouvert de sable. L'individu, une jeune femme âgée d'environ 35 ans, était allongé sur le dos, les bras le long du corps, les pieds joints, la tête en rotation forcée vers la droite. Celle-ci avait été placée sous un surplomb rocheux. Les connexions anatomiques ayant été rigoureusement préservées, le squelette avait nécessairement été rapidement enseveli. Il était recouvert, du crâne aux chevilles, d'une poudre minérale de couleur brun rouge foncé.

Ce bref descriptif montre des similitudes et des différences dans le traitement des morts au Mésolithique. Le lieu est semblable, mais la position des corps et leur traitement diffèrent. Il est toutefois difficile de tirer des conclusions à partir de l'étude de ces deux seuls cas. Notons, cependant, que la sépulture d'Araguina-Sennola présente de nombreux points communs avec d'autres inhumations mésolithiques, telles que celle de la tombe II des Arenes Candides en Ligurie, où le squelette, allongé sur le dos, les bras le long du corps, les pieds joints et la tête en position forcée mais vers la gauche, avait également été recouvert d'une substance minérale rouge (Cardini 1980).

Les sépultures néolithiques

L'abri d'Araguina-Sennola a livré une sépulture, en couche XVII, datée de la fin du VIe millénaire av. J.-C. Il s'agit de la seule inhumation connue pour le Néolithique ancien de la Corse. Le squelette a été partiellement détruit, à hauteur du bassin, par le creusement d'une fosse, postérieur à son dépôt. Il était allongé sur le dos en position fœtale, les cuisses ramenées vers l'avant et les avant-bras pliés. Il a été trouvé dans une couche de cendres blanches. Les os ont une couleur rouille, ce qui pourrait suggérer la présence d'ocre. Sur un petit surplomb rocheux, à côté du crâne, se trouvait un petit vase à fond rond, en argile non cuite, renfermant une substance sableuse rougie.

Dans la vallée de Saint Julien, à quelques centaines de mètres de l'abri d'Araguina-Sennola, F. de Lanfranchi (1995b) a découvert les restes d'une sépulture fortement endommagée par des travaux et des fouilles clandestines. Le corps reposait directement sur la roche, au fond d'un petit abri, dans une couche cendreuse contenant également quelques ossements d'ovicaprins brûlés, deux coquilles d'huître, 112 fragments céramiques, un éclat d'obsidienne et quelques fragments de dallettes. Une datation, obtenue à partir d'un os d'ovicaprin, situe l'ensemble dans la première moitié du Ve millénaire (4934-4470 av. J.-C.).

Dans le sud de l'île, près du rivage de la *Punta di Murtuli*, A. Pasquet mit au jour une sépulture dans un petit abri sous roche. Le squelette, en partie détruit, reposait dans le sol de l'abri, dans une couche contenant du mobilier attribuable à la fin du VIe millénaire, notamment trois tessons décorés d'une double ligne poinçonnée, similaires aux céramiques de Curacchiaghju, Araguina-Sennola ou Torre d'Aquila (voir chap. III). Sur le corps reposait le squelette d'un suiné (porc ou sanglier), dont les os ont été trouvés en connexion anatomique. L'animal gisait en position contractée et avait été volontairement enseveli. Une datation obtenue sur un des os du suiné situa son inhumation vers le milieu du IIIe millénaire (2812-2338 av. J.-C.). Le squelette humain n'ayant pas été directement daté, il est difficile de le rattacher à une période néolithique précise. Toutefois, si l'on considère que l'animal a été enterré en guise d'offrande funéraire, l'humain devrait également dater du IIIe millénaire; mais d'autres interprétations sont possibles, telle la succession d'inhumations (homme puis animal) à des époques différentes.

À moins d'un kilomètre de la *punta di Murtuli*, sur le plateau de Cauria, se trouvent les restes d'un habitat chalcolithique, sondé en 1998. En contrebas de cet habitat, sur une petite terrasse avoisinant 40 m^2, P. Nebbia et J.-C. Ottaviani avaient mis au jour, en

Taffonu funéraire n° 2 du site d'I Calanchi (cliché L.J. Costa).

1986, deux sépultures aménagées dans les cavités naturelles (*taffoni*) d'un chaos rocheux (Cauria XX et Cauria XXI). Les ossements humains, fragmentés et épars, se trouvaient sous des blocs de pierre, dans une couche charbonneuse contenant des restes fauniques, des vestiges céramiques et lithiques en grande quantité. Tout ce mobilier est caractéristique des productions chalcolithiques (terriniennes) et leur présence dans ces cavités et sur toute la terrasse est liée à l'habitat situé juste au-dessus. Il s'agit en effet de déchets, rejetés à l'extérieur de la zone d'habitation.

Certains ossements humains présentent des traces d'ustion et témoignent ainsi d'un traitement des morts différent de celui des autres sépultures préhistoriques connues. Les restes humains, appartenant à au moins deux adultes et un enfant, ont été datés du IIIᵉ millénaire en raison de leur association avec des vestiges terriniens, mais il n'est pas impossible que leur inhumation soit postérieure à la formation de la couche archéologique dans laquelle ils ont été trouvés.

Sur le site d'I Calanchi, plusieurs abris utilisés au Néolithique (IVᵉ millénaire) ont été aménagés en sépultures collectives entre le IIIᵉ millénaire et le début du IIᵉ millénaire, en particulier les *taffoni* 2 et 3. Ces sépultures, fouillées par J. Cesari au début des années 1980, avaient été fortement endommagées par des fouilles clandestines. Les ossements, appartenant à plusieurs individus dont au moins un enfant, ont été retrouvés épars et très abîmés. À l'instar de ceux des tombes de Cauria, ils avaient été exposés à des températures élevées. Leur teinte grisâtre prouvait la perte de carbone et la plupart des os longs avaient été déformés et avaient éclaté sous l'action du feu. Chacun des *taffoni* a livré une datation, obtenue sur charbons de bois, situant les inhumations au cours du Chalcolithique (*taffonu* 2 : 2871-2468 av. J.-C. ; *taffonu* 3 : 2272-2032 av. J.-C.). Notons, enfin, la présence d'un petit menhir implanté dans le pavement, à l'entrée du *taffonu* 2, qui, selon toute vraisemblance, signalait la présence de la tombe.

Coupes des hypogées-taffoni du Sartenais (dessin P. Goudet, d'après les relevés de R. Grosjean).

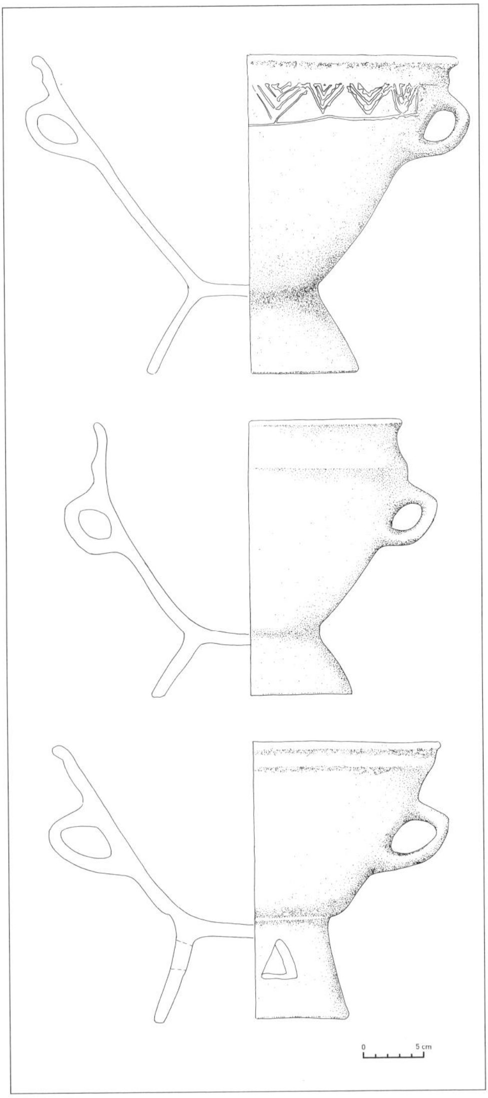

Un autre *taffonu* funéraire a été fouillé par J. Cesari, dans un chaos rocheux, sur le site de Castellucciu (Sartène) en Corse-du-Sud. Les ossements découverts présentaient un aspect similaire à ceux des *taffoni* d'I Calanchi, montrant également un traitement thermique des cadavres. Cette sépulture fut datée du début de l'Âge du Bronze (Cesari 1986).

Ce tour d'horizon des ensembles sépulcraux néolithiques et chalcolithiques de Corse souligne l'extrême pauvreté des découvertes. Il est bien difficile, en l'état actuel de la documentation, de discuter de l'évolution des pratiques funéraires entre le VIe et le IIIe millénaire avant J.-C., tant les données sont rares et lacunaires. Toutefois, il convient de remarquer que le traitement des corps diffère selon les époques. Les pratiques de carbonisation puis de crémation des squelettes semblent caractériser les rituels funéraires des sociétés de l'Âge des Métaux (Chalcolithique et début de l'Âge du Bronze).

Dans ces sociétés, les morts étaient ensevelis à proximité immédiate des habitats, le plus souvent dans les chaos rocheux sur lesquels étaient également adossées les maisons. Cette proximité entre le monde des vivants et celui des morts doit être considérée comme un élément important de la pensée symbolique et religieuse de ces populations : il reflète une relation privilégiée entre les vivants et les ancêtres et évoque une certaine participation de ces derniers à la vie quotidienne des communautés.

Les sépultures mégalithiques

Les recherches sur le mégalithisme de la Corse débutèrent réellement en 1840, avec la publication des « *notes d'un voyage en Corse* » de P. Mérimée, accompagnée de onze lithographies. Le premier inventaire fut dressé par A. de Mortillet en 1893. Entre la fin du XIXe et le début du XXe siècle, plusieurs auteurs ont décrit de nouveaux monuments et complété ce premier inventaire, notamment L. Giraux qui publia entre 1901 et 1914 de nombreuses descriptions des mégalithes de l'île. Il fallut toutefois attendre le milieu des années 1950 et les travaux de R. Grosjean pour voir se concrétiser les premières recherches scientifiques sur le sujet, les premières fouilles archéologiques de ces monuments. Depuis, les découvertes et les inventaires se sont multipliés et l'on dispose aujourd'hui d'un corpus riche de plus de 80 sépultures mégalithiques, réparties dans 45 sites différents. Certains de ces monuments sont isolés, d'autres regroupés dans des sites, où ils sont espacés de quelques dizaines de mètres seulement.

Tous les mégalithes connus peuvent être regroupés en deux grands types architecturaux : les dolmens et les coffres.

Les dolmens sont des monuments aériens, dont la hauteur visible au-dessus du sol excède 90 centimètres. Ils sont de forme rectangulaire et peu allongée. Ils sont fermés sur trois côtés et ouverts sur le quatrième, voire fermés par une dalle munie d'un hublot (trois cas recensés dans la vallée du Taravo). Enfin, ils possèdent tous, ou ont possédé, une dalle de couverture.

Dolmen de Fontanaccia (cliché C. Costa).

Coffre de Paddaghju (cliché L.J. Costa).

Les coffres sont des monuments enterrés qui ne dépassent du sol actuel que de 10 à 50 centimètres. Fermés des quatre côtés, ils sont de forme rectangulaire et ne possèdent pratiquement jamais de dalle de couverture, à l'exception des coffres de Bisinchi (Capu di Buono), datés du Ier siècle apr. J.-C.

Il est parfois fait mention dans la littérature de deux autres types de monuments, les "allées couvertes" et les "allées de type corse". Les premiers correspondent en fait à des dolmens à couloir (*Tremeca, Tolla di u Turmentu*, etc.), les seconds à des lignes de blocs dont la fonction funéraire n'a jamais été démontrée et dont l'architecture fait plutôt penser à des structures d'habitat.

Dolmen de Tola di U Turmentu (cliché L.J. Costa).

Bien entendu, les dolmens et les coffres constituent deux grandes catégories de sépultures, au sein desquelles chaque monument possède des caractéristiques architecturales particulières. Ainsi, le nombre de dalles utilisées, le travail de polissage de ces dalles ou la présence d'éléments rajoutés, telle une couronne de pierres qui ceinture le monument à mi-hauteur, sont autant de variables qui permettent d'individualiser les constructions. Si certaines tendances architecturales semblent se dégager dans certaines vallées, chaque construction est en fait singulière. Certaines particularités ont peut-être une fonction identitaire, mais d'autres relèvent vraisemblablement des contraintes environnementales et techniques. Ainsi, certains dolmens construits à demi enterrés, c'est-à-dire enterrés au niveau de la dalle de chevet, sont toujours situés sur des terrains pentus. L'enterrement de la dalle de chevet permet alors de compenser l'inclinaison du sol.

Datation des sépultures mégalithiques

Les sépultures mégalithiques ont fait l'objet de nombreuses convoitises et rares sont les monuments qui nous sont parvenus intacts et inviolés. Dès lors, leur datation pose de réels problèmes, dans la mesure où elle nécessite la conservation de certains ossements (datation absolue) ou d'une partie du mobilier (datation relative).

Si tout le monde s'accorde aujourd'hui pour considérer qu'elles ont été utilisées durant l'Âge du Bronze, la datation de leur construction soulève encore de nombreux débats : pour certains, la construction de la majorité des monuments mégalithiques n'est pas antérieure au IIe millénaire av. J.-C. (Camps 1988 ; Cesari 1992, 1995 ; Costa 2000) ; pour d'autres, « *nous ne disposons pas de datations absolues directement utilisables, car celles obtenues jusqu'à présent ne permettent de situer dans le temps que les remaniements auxquels ont été soumis les monuments* » (Lanfranchi et Weiss 1994, p. 33). S'appuyant sur la découverte de mobilier néolithique à proximité de nombreux monuments (Cardiccia, Ciutulaghja, Monte Revincu, Poghjaredda, Renaghju, Tivolaghju, Vasculaghju), ces auteurs supposent en effet que les dolmens et les coffres de Corse ont été construits dès le IVe millénaire av. J.-C. et datent donc du Néolithique (Grosjean 1967a ; Lanfranchi 1986 ; Lanfranchi et Weiss 1994 ; Leandri 1998).

J'ai alors récemment entrepris l'étude de ce mobilier, pour vérifier s'il correspondait bien à des productions néolithiques et surtout s'il était réellement associé – et associable – aux monuments mégalithiques. J'ai ainsi étudié les vestiges issus des fouilles des monuments de Cardiccia, Ciutulaghja, Monte Revincu, Poghjaredda, Renaghju, Tivolaghju et Vasculaghju.

Dolmen de Cardiccia (cliché L.J. Costa).

Le dolmen de Cardiccia a été fouillé par P. Nebbia et J.-C. Ottaviani en 1981. Deux secteurs furent excavés : à l'intérieur de la chambre et à l'extérieur, le long des orthostates. Une importante quantité de vestiges lithiques fut mise au jour, au niveau de la chambre (371 pièces) et à l'extérieur (419 pièces). L'étude du mobilier ne montre aucune différence entre les pièces provenant de l'intérieur ou de l'extérieur du monument, tant au niveau des matières premières exploitées qu'au niveau des modalités de production. Il s'agit de restes de taille et d'outils abandonnés après usage, provenant d'une couche archéologique dilatée et fortement bouleversée par l'implantation du dolmen. Cette couche est présente sur tout le secteur, depuis la surface jusqu'au substrat rocheux à environ 80 cm de profondeur. Le mobilier découvert est très homogène et possède les caractéristiques des productions du IVe millénaire.

Lors des fouilles du monument de Ciutulagjha, en 1972, F. de Lanfranchi découvrit plusieurs vases datant de l'Âge du Fer ou de l'Âge du Bronze final, dans la chambre de la sépulture. À l'extérieur du monument, il recueillit une centaine de fragments lithiques et céramiques datant vraisemblablement du IVe millénaire (Lanfranchi 1986). Le mobilier lithique, exclusivement composé de très petits fragments de lames et d'éclats en obsidienne, cor-

Dolmen *Casa di l'Orcu* du Monte Revincu (cliché C. Costa).

respond sans nul doute à des déchets de taille et des fragments d'outils rejetés.

Fouillé depuis 1996 par F. Leandri, le site du Monte Revincu a livré plus de 30 structures en pierre, dont plusieurs monuments funéraires mégalithiques (2 dolmens et au moins 6 coffres) et 29 structures rectangulaires de grande dimension (de 20 à 50 m^2) composées de dalles plantées de chant et interprétées comme les restes d'habitats (Leandri 1998). Les fouilles de ces structures ont mis au jour une unique couche archéologique, peu épaisse et assez pauvre en vestiges, s'étendant sur plus de 10 000 m^2 entre les affleurements rocheux. L'érosion de la crête est très importante et le remplissage sédimentologique n'excède pas 40 cm d'épaisseur. Le lien entre les vestiges et les monuments n'a pas encore pu être établi en raison d'une très mauvaise préservation des sédiments. Néanmoins, l'analyse du mobilier a montré une grande homogénéité des productions lithiques et céramiques, confirmée par la cohérence des datations obtenues sur des charbons de bois prélevés à différents endroits du site, à l'intérieur comme à l'extérieur des structures (fin du Ve millénaire). Les vestiges lithiques représentent les restes d'activités de production (chaînes opératoires de débitage complètes) et de consommation (rejets d'outils usés et fragmentés) et sont indiscutablement assimilables à des rejets d'activités domestiques ; ce qui renforce considérablement l'hypothèse d'un habitat présent sur toute la crête.

Les fouilles du monument de Poghjaredda, conduites par F. de Lanfranchi entre 1986 et 1987 sur une surface de 400 m^2 autour du dolmen, ont mis au jour 992 pièces lithiques et près de 500 tessons céramiques. Ces vestiges provenaient d'une couche archéologique peu épaisse, présente sur toute la surface du site à une vingtaine de centimètres de la surface actuelle du sol. L'analyse des vestiges lithiques a montré que le mobilier était constitué de déchets de taille, d'éléments de meunerie et d'outillages lithiques abandonnés après usage et correspondait sans nul doute aux rejets d'activités domestiques (Lanfranchi et Costa 2000). À quelques mètres du dolmen, une structure rectangulaire d'environ 30 m², délimitée par des murets en pierre et contenant de nombreux fragments de meules et de molettes, fut interprétée comme les restes d'une habitation. Les vestiges céramiques et lithiques sont très homogènes et possèdent les caractéristiques des productions du IVe millénaire. Notons qu'à l'intérieur de la chambre funéraire, quelques fragments céramiques datant de l'Âge du Bronze et une scorie métallique furent également découverts.

Plusieurs sondages réalisés en 1964 par R. Grosjean et en 1975 par G. Peretti, à l'intérieur et à proximité du coffre de Renaghju, avaient mis au jour quelques tessons céramiques et 69 pièces lithiques. Ce mobilier est très hétérogène. Si la majorité des pièces date sans nul doute du Néolithique ancien cardial (tessons décorés d'impressions de *Cardium*, armatures tranchantes de forme trapézoïdale), certaines font état de phases plus récentes, notamment la plupart des vestiges en quartz et en obsidienne. Il n'a malheureusement pas été possible d'isoler ces différentes phases, les couches identifiées ayant toutes fourni des assemblages remaniés.

71 pièces en silex et en obsidienne furent trouvées lors des fouilles du coffre A de Tivolaghju (Grosjean et Liégeois 1964). Il s'agit principalement de déchets de taille et de fragments de lamelles. Tout autour du monument, les labours des champs mettent régulièrement au jour d'importantes quantités d'obsidienne; ce qui suggère la présence d'une véritable couche d'occupation sur tout le secteur.

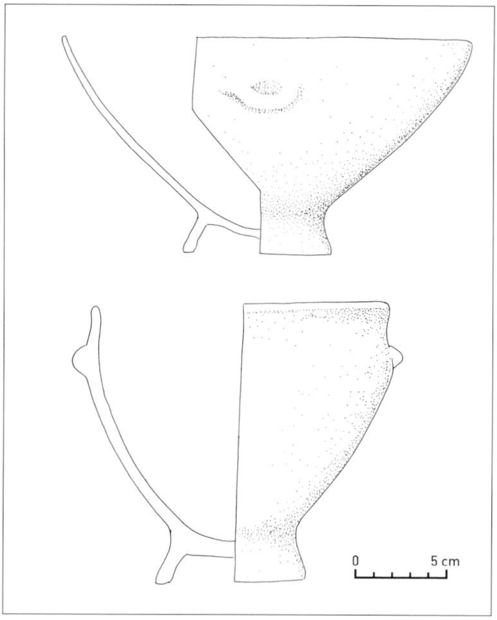

Céramique du coffre de Paddaghju (dessin P. Goudet, d'après les relevés de G. Peretti).

Céramique du dolmen de Settiva (dessin P. Goudet, d'après les relevés de R. Grosjean).

La plupart des 725 pièces lithiques récoltées lors des fouilles des monuments de Vasculaghju ont été perdues. D'après les descriptions publiées (Grosjean et Liégeois 1964), il s'agissait essentiellement de déchets de taille et de fragments d'outils en obsidienne, rejetés après utilisation. Au milieu des années 1990, des travaux mécaniques ont entamé une partie du site, laissant apparaître une couche archéologique épaisse, s'étendant sur toute la partie sommitale de la colline de Vasculaghju. Cette couche est partiellement visible, en coupe, le long de la route creusée à cette occasion, à plusieurs dizaines de mètres des coffres. Elle témoigne d'une occupation de la colline au cours du Néolithique. L'abondance de l'obsidienne récoltée suggère une forte présence humaine au cours du IVe millénaire.

Au terme de cette étude, il apparaît que la très grande majorité des vestiges issus de ces fouilles est de petite dimension et présente de nombreuses usures, cassures et altérations. Si certaines peuvent être d'origine post-dépositionnelle, l'analyse des états de surface (notamment la patine des pièces) montre qu'une importante partie du mobilier a été abandonnée sur place à l'état fragmentaire. Sur plusieurs sites (Cardiccia, Monte Revincu, Poghjaredda, Vasculaghju), les pièces sont issues des différentes phases des chaînes opératoires de débitage (éclats de mise en forme et d'entretien des nucléus à lames, fragments de lame "néo-crête", nucléus abandonnés en fin d'exploitation). Les outils recensés sont pratiquement tous émoussés ou cassés et les nombreux fragments de lames présentent de visibles traces d'utilisation. Tous ces vestiges représentent des rejets à la fois de production (déchets de taille, nucléus) et d'utilisation (outils usés). On se trouve donc *a priori* en présence d'assemblages qui devraient plutôt se situer aux abords de zones d'habitat et qui ne semblent pas être reliés à des pratiques funéraires. Il paraît difficile de soutenir l'hypothèse selon laquelle il s'agirait de mobilier funéraire répandu hors des sépultures lors de pillages.

On pourrait supposer que ces vestiges résultent d'activités qui se sont déroulées durant l'élaboration des monuments. Il est en effet possible que lors de la construction de mégalithes sur un site, un groupe d'individus y ait établi un campement. Toutefois, l'étendue des couches archéologiques des sites de Ciutulaghja, du Monte Revincu, de Poghjaredda, de Tivolaghju et de Vasculaghju rend cette hypothèse peu vraisemblable. De plus, à Cardiccia, au Monte Revincu, à Renaghju et à Poghjaredda, l'élaboration des monuments a localement remanié les couches archéologiques, démontrant ainsi l'antériorité de ces couches par rapport aux mégalithes.

De toute évidence, les monuments mégalithiques étudiés ont été construits sur d'anciens sites d'habitat. La datation des éléments découverts aux abords des mégalithes ne peut être transférable aux monuments eux-mêmes, du fait notamment de la provenance et de la nature de ces vestiges.

En revanche, nous disposons de toute une série d'indications permettant de confirmer l'utilisation des sépultures mégalithiques durant l'Âge du Bronze, voire dans certains cas, pendant l'Âge du Fer. En effet, les sépultures de Ciutulaghja, Paddaghju et Settiva contenaient dans leur chambre des vases de l'Âge du Bronze pratiquement intacts, témoignant d'un dépôt volontaire. Celles de Poghjaredda, Figa la Serra et Capu di Buono ont livré des vestiges datant de l'Âge du Bronze ou de l'Âge du Fer, respectivement des fragments céramiques et une scorie (Poghjaredda), des perles de verre (Figa la Serra), des perles d'ambre, des fragments de céramiques romaines, des tessons de verre, des fragments de fer et une intaille en cornaline représentant la déesse Fortuna (Capu di Buono). Ainsi, les preuves de l'utilisation de ces sépultures au cours des IIe et Ier millénaire av. J.-C. ne manquent pas. En revanche, nous ne disposons d'aucun élément, directement issu des fouilles, prouvant l'existence de sépultures mégalithiques avant l'Âge du Bronze.

Toutefois, comme l'a souligné F. de Lanfranchi (1986), la morphologie de certains coffres – tels ceux de Tivolaghju, Ciutulaghja et Poghjaredda –, construits au centre d'une aire empierrée circulaire, évoque indiscutablement certaines sépultures de Li Muri en Sardaigne, datées de la fin du Néolithique. Cette similitude architecturale, qui se retrouve dans toute l'aire occidentale de la

Sépulture mégalithique de Poghjaredda, inscrite dans un cercle de pierres (cliché F. de Lanfranchi).

Méditerranée, en Catalogne, dans les Pyrénées et en Provence, a d'ailleurs été interprétée par J. Guilaine (2003) comme le résultat d'une diffusion d'un même modèle de sépulture, au cours du Néolithique, depuis la Catalogne, où se situent les monuments les plus anciens, jusque dans les îles tyrrhéniennes. Or, les monuments catalans datent de la fin du IVe millénaire et les provençaux, du milieu du IIIe millénaire. Il est tout à fait improbable que cette diffusion ait mis plus de 2000 ans pour atteindre la Corse, d'autant que les monuments sardes de Li Muri datent également du milieu du IIIe millénaire. Compte tenu des relations avérées entre les populations de Corse et de Sardaigne au cours du Néolithique, il ne serait pas logique de croire que les Corses aient adopté un modèle de sépulture identique à celui des Sardes, 1 000 ans après ces derniers. Force est d'admettre, que le phénomène mégalithique, en Corse, débute plus tôt que ne le suggèrent les vestiges trouvés lors des fouilles des monuments. Ce mobilier funéraire atteste de l'utilisation de ces sépultures mégalithiques au cours de l'Âge du Bronze et même de l'Âge du Fer, mais ne date pas pour autant la construction même de ces monuments. Celle-ci se situe vraisemblablement dans une fourchette de datations, dont les bornes sont représentées, d'une part, par les dates des habitats sur lesquels ont été édifiés les mégalithes (IVe millénaire) et, d'autre part, par l'attribution chronologique du mobilier funéraire trouvé dans les chambres (IIe et Ier millénaire).

Sépultures mégalithiques de Li Muri en Sardaigne, inscrites dans des cercles de pierres (cliché L.J. Costa).

Lors de leur réutilisation, ces sépultures ont été vidangées de leur contenu et probablement même réaménagées et transformées en fonction de l'idéologie des populations qui les réemployaient. L'état dans lequel elles nous sont parvenues correspond à un stade final d'utilisation, à un état de condamnation, certainement différent de celui de leur premier emploi. Comme les fouilles se sont jusqu'à présent bornées à l'étude des seules chambres funéraires, il n'est pas possible d'ordonner dans le temps les différentes constructions, car nous ne sommes pas en mesure de préciser l'importance des modifications successives qu'elles ont pu subir. Leurs réaménagements successifs, au cours de l'Âge du Bronze ou du Fer, soulignent le maintien de traditions funéraires, dont l'origine date selon toute vraisemblance de la fin du Néolithique.

Cependant, il n'est pas certain que les sépultures mégalithiques aient fonctionné de la même manière à la fin du Néolithique et à l'Âge du Bronze ou du Fer. En effet, en France continentale, les monuments mégalithiques du IIIe millénaire – tels ceux de l'Aude, de l'Ardèche, du Quercy, mais aussi du Bassin parisien, etc. – renferment toujours des inhumations collectives. Au tournant du IIIe et du IIe millénaire, on constate la clôture définitive de ces sépultures collectives, désormais relayées par les tombes individuelles. Cette évolution marque un changement important dans l'ordre sociologique et idéologique des populations, reflétant sans doute une inégalité sociale croissante (Lichardus et Lichardus-Itten

Coffre A du Monte Revincu, en cours de fouilles (cliché L.J. Costa).

1985). Il est probable que les sociétés insulaires aient connu une évolution sociale similaire. Il est également plausible que les sépultures mégalithiques de Corse aient été initialement conçues pour abriter des inhumations collectives, avant d'être réutilisées à l'Âge du Bronze comme tombes individuelles. Les compartimentages à l'intérieur des coffres A et B du Monte Revincu, mis en évidence par F. Leandri, pourraient ainsi refléter cette évolution des mentalités : le réemploi de structures collectives à des fins individuelles lors de la dernière utilisation des monuments.

La répartition spatiale des sépultures mégalithiques

Toutes les sépultures mégalithiques découvertes à ce jour se trouvent dans la bande littorale de l'île, en dehors des zones montagneuses. Dans cette bande littorale, la répartition spatiale des mégalithes est toutefois très inégale : le plateau de Cauria, les vallées de l'Ortoli, du Rizzanèse, du Taravo, la plaine de Porto-Vecchio, le golfe de Sagone et le désert des *Agriate*, regroupent la quasi-totalité des monuments connus ; la zone montagneuse, la dépression de Corté, la plaine orientale, le Cap Corse et le plateau bonifacien n'abritent aucune sépulture mégalithique. Quelles peuvent être les causes de cette répartition différentielle des monuments selon les régions de l'île ? Reflète-t-elle l'intensité des destructions, un état des connaissances lié aux prospections archéologiques, ou la densité du peuplement préhistorique de la Corse ?

Si certains monuments ont effectivement été détruits pour le réemploi des pierres dans des constructions ou le nettoyage de terrains agricoles, il n'existe aucune donnée permettant de suggérer une systématisation de ces destructions dans une région donnée. Les zones exemptes de mégalithes n'ont pas connu une urbanisation particulièrement importante et n'ont pas été exploitées de manière intensive, hormis la plaine orientale, mais à une époque très récente. L'hypothèse d'une destruction systématique de toutes les sépultures mégalithiques dans certaines zones de l'île n'est donc étayée par aucune donnée plausible.

Depuis le début des années 1990, l'Université de Corse et le Service régional de l'archéologie ont initié de nombreuses campagnes de prospections, destinées à établir la carte des sites archéologiques de l'île. Lors de ces prospections, de très nombreux sites ont été découverts, dont une vingtaine de monuments mégalithiques. Aucun n'était toutefois situé dans une région où aucun mégalithe n'avait encore était recensé. Le déficit de prospection ne peut être évoqué pour expliquer la répartition différentielle des monuments mégalithiques de Corse, d'autant que les secteurs qui en sont dépourvus ne sont pas particulièrement inaccessibles.

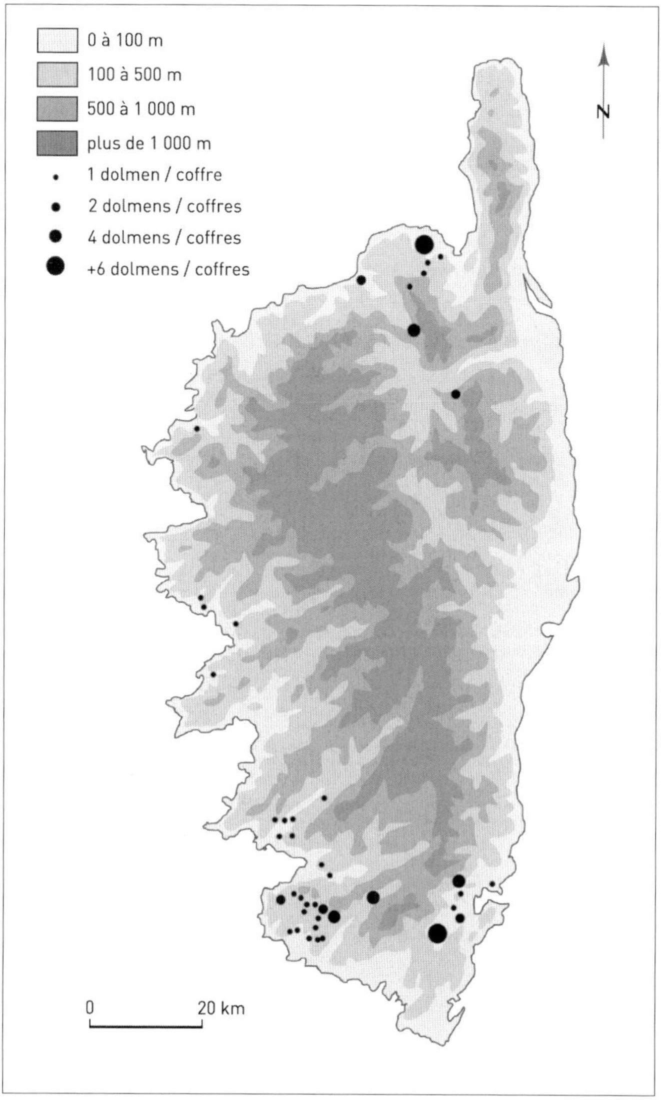

Répartition spatiale des sépultures mégalithiques.

De même, un rapide coup d'œil sur la carte archéologique de la Corse montre que les zones dépourvues de mégalithes ne sont pas pour autant exemptes de sites, à l'exception peut-être de la partie montagneuse de l'île où la densité de population devait être moins importante que sur la bande littorale. Ni le plateau bonifacien, ni la plaine orientale, ni le Cap Corse ne représentaient des zones sous-peuplées à la fin du Néolithique. L'absence de sépultures mégalithiques en ces lieux ne peut être imputable à une quelconque désertion de la population.

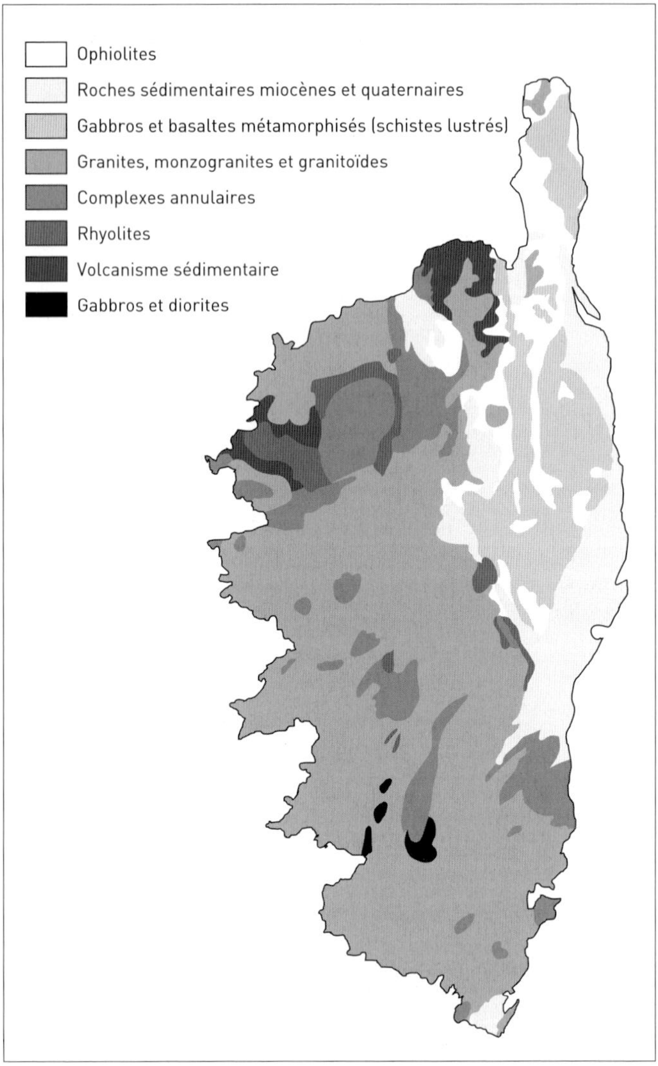

Carte géologique simplifiée de la Corse.

Force est de constater que la répartition différentielle des mégalithes correspond bien à une réalité archéologique, mais ne reflète pas pour autant la densité du peuplement des différentes régions de l'île. Faut-il alors considérer ces disparités comme le témoignage de l'existence de croyances divergentes entre les communautés de tel secteur ou de telle vallée ?

Compte tenu des relations avérées entre les différents groupes de Corse à la fin du Néolithique, qui produisaient tous des biens similaires et échangeaient de nombreux produits, croire à l'existence de pratiques funéraires très dissemblables d'une vallée à l'autre ne semble pas l'hypothèse la plus plausible. En revanche, si l'on observe la carte géologique de l'île, on constate que les zones dépourvues de mégalithes correspondent également aux secteurs où les formations granitiques sont rares ou inexistantes. Dès lors, il est possible de supposer que les populations vivant dans ces régions aient construit leurs sépultures collectives dans d'autres matériaux que le granite, notamment le bois, qui constituait une ressource disponible en grande quantité.

Si l'on examine maintenant la répartition des monuments à l'intérieur de chaque ensemble géographique, vallée ou plateau, on remarque qu'elle n'est absolument pas homogène. Certains lieux connaissent une forte concentration de mégalithes, d'autres n'abritent que des monuments isolés et de nombreuses portions de vallées ou de plateaux en sont totalement dépourvues. Les mêmes constatations établies à l'échelle de la Corse sont valables à une échelle plus microscopique. L'hypothèse de la coexistence de sépultures collectives en granite et de sépultures collectives en matériaux moins résistants, tel le bois, est une explication plausible de la répartition différentielle des monuments connus dans chacun de ces ensembles géographiques.

Dolmen de Bizzicu Rossu (cliché L.J. Costa).

Statue-menhir d'Apricciani à Vico (cliché F. Lontcho).

CHAPITRE VI
La statuaire mégalithique

Il n'aurait pas été possible d'achever un ouvrage traitant de la préhistoire de la Corse sans évoquer ce qu'elle a livré de plus émouvant et original : les statues-menhirs.

On connaît aujourd'hui plus d'une centaine de statues-menhirs inégalement réparties dans presque toutes les régions de l'île, à l'exception de la haute montagne qui en est dépourvue. Ces menhirs anthropomorphes, que la tradition orale nomme "paladins" ou "sentinelles" et qui représentaient, dans l'imaginaire collectif, des êtres pétrifiés pour avoir transgressé les interdits du code moral, ont continué à marquer les populations locales aux époques historiques, qui les respectaient et les craignaient, leurs attribuant des vertus tantôt protectrices, tantôt maléfiques. Ainsi chargées de sens et de croyances populaires, elles ne furent que très rarement l'objet de destructions volontaires et les hommes d'Église préférèrent les "christianiser" en les réutilisant dans la construction des églises (Sagone, Cambia, etc.) plutôt que de les détruire comme le préconisaient les directives épiscopales. Traversant ainsi les âges, les statues-menhirs ont de tout temps joué un rôle dans l'idéologie des populations corses et il n'est guère surprenant qu'elles représentent aujourd'hui un marqueur identitaire fort de la culture corse, au point de figurer fréquemment sur les jaquettes de disques et d'ouvrages traitant du patrimoine culturel insulaire.

Si les menhirs et les statues-menhirs ne sont pas spécifiques à la Corse, se retrouvant aussi bien en Sardaigne que dans le sud de la France, leur grand nombre fait de la Corse la première région méditerranéenne de la statuaire mégalithique. La Corse compte en effet plus de 800 menhirs et possède l'alignement le plus important de Méditerranée : l'alignement de Paddaghju qui regroupe 255 menhirs et 3 statues-menhirs. Tous ces menhirs, contrairement à ceux d'autres régions, ne sont jamais de simples pierres brutes, mais des pierres régularisées aux formes géométriques, et peuvent à ce titre être considérés comme de véritables statues. Toutefois, certains menhirs, dont la forme évoque la silhouette humaine et qui présentent visages, attributs vestimentaires et équi-

Alignement de Paddaghju (cliché L.J. Costa).

pements, s'individualisent nettement et sont nommés "statues-menhirs".

Il a été tentant de voir dans ces dernières le point d'aboutissement d'une évolution des formes allant d'une évocation simple et abstraite (le menhir) à une représentation de plus en plus réaliste (la statue-menhir). R. Grosjean a ainsi établi en 1967 une classification chronologique de la statuaire mégalithique, en six stades, dans laquelle chaque nouvelle phase était marquée par une complexification des formes et l'ajout d'attributs. Selon cette classification, le stade 1 était caractérisé par de petits monolithes travaillés par épannelage, martelage et bouchardage ; le stade 2, par des menhirs évoquant schématiquement la forme humaine et semblables à la projection de l'ombre humaine ; le stade 3, par des statues-menhirs de forme anthropique mais ne comptant aucune gravure ; le stade 4, par des statues-menhirs ornées de gravures ; le stade 5, par des statues-menhirs armées d'épées ou de dagues ; le stade 6, par des statues-menhirs plus fines et plus élancées que les autres. Cette vision évolutive et linéaire du mégalithisme corse était en accord avec les idées de l'époque, où l'on croyait que l'évolution des styles – à l'instar de celle des techniques – s'opérait toujours du plus simple au plus complexe. Aujourd'hui, tout le monde s'accorde à considérer qu'une telle classification correspond à une vision trop réduite et trop mécaniste de l'art mégalithique et que la chronologie de ces différentes manifestations ne peut être établie à partir de la seule analyse des formes. D'une part, parce que l'évolution des styles ne suit *a priori* pas une logique linéaire. D'autre part, parce que toutes les formes de la statuaire mégalithique ne répondent pas forcément à un unique besoin, à une seule et même idéologie. La diversité des manifestations mégalithiques relève sans aucun doute des différentes composantes élémentaires de toutes sociétés que constituent leur histoire, leur vie sociale et leur expression culturelle. En d'autres termes, la chronologie, mais aussi la destination des monuments et des considérations purement esthétiques interviennent nécessairement dans les variations stylistiques observables entre les différents mégalithes de l'île.

Datation de la statuaire mégalithique

La datation des menhirs et des statues-menhirs est, en toute circonstance, une question épineuse car il n'est pas possible de dater directement l'époque où les pierres furent façonnées. Dès lors, les archéologues ne disposent, dans le meilleur des cas, que de datations relatives issues du contexte d'implantation des mégalithes ou, pour certaines statues-menhirs, d'un référentiel chronologique sur quelques-uns des attributs figurés, notamment les armes. Il ne peut donc s'agir que d'hypothèses fondées sur des éléments dont l'identification n'est jamais exempte de problème.

Le contexte d'implantation de ces monuments est souvent difficile à appréhender, car nombre de ces mégalithes ont été déplacés à différentes époques. De nombreux alignements ont ainsi été détruits et les menhirs rassemblés en bordure des champs cultivables ou dans des murs de propriétés, lorsqu'ils ne furent pas tout simplement réemployés dans la construction de certains édifices, comme l'atteste par exemple la présence de fragments de statues-

Alignement de Renaghju (cliché A. Dupree).

Statue-menhir "*Santa Naria*" à Olmeto (cliché F. Lontcho).

menhirs dans le parement du *Castellu* de Filitosa. Ceux qui ont échappé à ces déplacements ont toutefois été découverts couchés et il est souvent impossible de retrouver leur véritable emplacement d'origine. Seuls quelques alignements semblent avoir conservé une configuration assez proche de celle de départ, sans qu'il soit cependant possible d'affirmer qu'ils sont totalement exempts de remaniements. Il n'existe en réalité que bien peu de cas où le véritable contexte d'implantation des mégalithes est suffisamment identifiable pour permettre le développement d'analyses précises, telles les études stratigraphiques par exemple. Dans ces conditions, dater un monument par les vestiges associés n'est jamais une entreprise facile. Comment faire le lien entre une couche d'occupation, un foyer ou une structure architecturale et un menhir ? Si ce n'est en supposant une contemporanéité des vestiges, supposition souvent gratuite et difficilement démontrable. Nombre de menhirs ont en effet été édifiés sur des sols qui n'étaient pas vierges d'occupations antérieures, comme l'ont montré les fouilles de l'alignement de Renaghju, dont la partie enfouie des menhirs traverse plusieurs couches archéologiques datées de différentes époques. Dans ce cas précis, il aurait fallu pouvoir identifier les fosses d'implantation des mégalithes et évaluer la position stratigraphique de leur creusement, mais de telles observations n'ont malheureusement pas pu être établies, en raison de la nature même des sédiments qui ont subi d'importantes perturbations naturelles liées à la présence d'une source et à l'action des végétaux.

En l'état actuel des recherches, seuls les cas où les menhirs sont inclus dans des structures funéraires présentent en réalité des associations fiables, mais la datation de ces dernières demeurant souvent problématique (voir chap. V), celle des menhirs associés n'en est pas plus précise. Ces associations prouvent l'ancienneté des menhirs – peut-être dès la fin du IVe millénaire – sans qu'il soit toutefois possible d'affiner la date de l'apparition de la statuaire mégalithique. Si certains auteurs, à l'instar de F. Leandri (2000), supposent une apparition du mégalithisme dès le Ve millénaire, force est de constater qu'ils ne fondent leurs hypothèses sur aucune démonstration fiable. Il ne s'agit que de suppositions, élaborées à partir des seules datations de charbons trouvés dans les environs des sites et dont le lien avec les mégalithes ne peut être scientifiquement établi.

Statue-menhir "*U Paladinu*" à Serra di Ferro (cliché F. Lontcho).

Pour les statues-menhirs, nous disposons en revanche d'indications chronologiques fondées sur la typologie de certains éléments gravés, en particulier les armes. Il faut toutefois préciser que rien n'indique que les armes figurées sur ces mégalithes soient rigoureusement conformes à celles utilisées par les populations préhistoriques. De plus, les armes portées par les statues-menhirs sont souvent représentées dans leur fourreau, ce qui n'autorise pas vraiment de comparaisons directes avec les objets préhistoriques réels. Enfin, nos classifications chronologiques de l'armement ne dépendent pas seulement de la forme des armes mais aussi du matériau dans lequel elles ont été produites. Or, comment savoir si l'épée ou la dague de telle statue-menhir étudiée représente une arme en bronze ou en fer?

Nous ne disposons en définitive que d'une seule véritable certitude: les statues-menhirs portant des armes métalliques datent forcément d'une période où la métallurgie était connue; ce qui exclut le Néolithique *stricto sensu* et renvoie au Chalcolithique, ou plutôt à l'Âge du Bronze ou du Fer en ce qui concerne les épées. Par ailleurs, de nombreux fragments de statues-menhirs sont réemployés comme éléments de maçonnerie dans le *Castellu* de Filitosa. Ce réemploi date probablement de phases de réfection du monument, plutôt que de sa construction initiale. Cependant, compte tenu des périodes d'occupation du *Castellu*, ces réfections ne devaient pas être postérieures à l'Âge du Fer. En conséquence, il est possible d'affirmer que la majorité des statues-menhirs armées de Corse datent d'une époque comprise entre la fin du Chalcolithique (fin du IIIe millénaire ou début du IIe millénaire) et la fin de l'Âge du Fer (500 av. J.-C.).

La destination des menhirs et des statues-menhirs

Statue-menhir "*Santa Maria*" à Cambia (cliché F. Lontcho).

Actuellement, une cinquantaine d'alignements de menhirs ont été recensés, principalement dans le département de Corse-du-Sud, dans les communes de Sartène, Grossa, Lévie et Porto-Vecchio. Ils se composent d'une ou plusieurs files, le plus souvent parallèles, auxquelles sont parfois intégrées quelques statues-menhirs. Les menhirs esseulés sont rares et l'on peut supposer que leur isolement résulte avant tout du démantèlement d'anciens alignements.

Qu'ils soient aujourd'hui seuls ou inclus dans des alignements, les menhirs sont très souvent associés à des sépultures mégalithiques. Ainsi, nombre de dolmens (Bizzicu Rossu, Fontanaccia, Poghjaredda, Sapara Ventosa, Settiva, etc.) ou de coffres (Paddaghju, Renaghju, Tivolaghju, Vasculaghju, etc.) sont localisés à proximité immédiate d'alignements ou présentent des menhirs placés à l'entrée des chambres mortuaires ou dans les couronnes de pierres qui ceinturent les monuments. Cette situation n'est d'ailleurs pas spécifique à la Corse et se retrouve dans les complexes funéraires sardes de Li Muri ou de Prànu Muttedu di Goni. Il est donc indéniable que la première destination des menhirs est liée au domaine funéraire et l'on peut suggérer qu'ils correspondent en fait à des stèles ou des pierres tombales.

Si les alignements de statues-menhirs sont courants (Apazzu, Cauria, Sagone, Capu Castincu, Piève, etc.), au sud comme au nord de l'île, de très nombreux exemplaires ont été découverts isolés. Dans certains cas, cet isolement est le fruit de la destruction d'alignements, mais il est probable que plusieurs statues-menhirs avaient été érigées seules (la statue "*Nuvallela*" de Santa-Lucia-di-Mercurio, "*Santa Maria*" de Cambia, "*U Scuminucatu*" de Cargèse, celle de Tavera, etc.).

La destination des statues-menhirs demeure problématique, dans la mesure où il ne semble pas exister de relation univoque entre leur contexte d'implantation et un domaine particulier de la vie des sociétés préhistoriques. Si certaines statues-menhirs sont localisées à proximité de tombes, tel l'alignement d'Apazzu situé à une centaine de mètres du dolmen du même nom ou la statue-menhir "*U Paladinu*" (Serra-di-Ferro) découverte à 700 mètres du dolmen "*Tola di u Turmentu*", d'autres sont situées près d'habitats ou sur des points topographiques particuliers. Ainsi, la statue-menhir de Cambia (nommée "*Santa Maria*"), celle de Murato ("*E Collule*"), ou encore l'alignement d'Olmeto (alignement détruit qui comprenait notamment la statue "*Santa Naria*"), étaient situés à proximité d'habitats fortifiés de l'Âge du Bronze. La statue-menhir de L'Inzecca, qui appartenait probablement à un alignement détruit, a été découverte à l'entrée du défilé de L'Inzecca, une des voies permettant de relier la plaine orientale et la côte occidentale de l'île. La statue-menhir de Buccentone a également été trouvée à l'entrée d'un défilé rocheux, menant au col de Tenda. La statue-menhir de Cargèse (nommée "*U Scumunicatu*"), celle de Santa-Lucie-di-Mercurio ("*Nuvallela*"), l'alignement de Barbaghju (dont ne subsiste que la statue-menhir "*U Nativu*") étaient localisés le long de cours d'eau permanents.

Ces quelques exemples montrent qu'il n'est pas possible de dégager une règle unique en matière d'implantation des statues-menhirs. Leur étagement varie de 1 050 m (statue de Buccentone) à un niveau proche de celui de la mer et les secteurs géographiques concernés peuvent s'apparenter à des collines, des plateaux, des vallées, des cols ou des dépressions littorales. Si certaines statues-menhirs avaient probablement une destination funéraire, d'autres semblaient davantage liées au monde des vivants, pouvant matérialiser des limites territoriales, des voies de passage ou des lieux d'activités particulières.

Une des statues-menhirs de l'alignement de Cauria, *"I Stantari"* (cliché F. Lontcho).

Les variations stylistiques

Réalisés en grande majorité en granite, mais aussi en arkose, en calcaire et en schiste, les menhirs et les statues-menhirs de Corse présentent une grande homogénéité stylistique, qui illustre une codification iconographique commune à l'ensemble des groupes humains de l'île. Toutefois, certains détails font de chaque monolithe un exemplaire unique.

Ainsi, les menhirs peuvent être élancés et effilés ou, au contraire, présenter la forme d'une borne; leur extrémité est plus ou moins arrondie, parfois presque aplatie, et leur section, ovale, ronde ou rectangulaire. Ces différences sont souvent observables à l'intérieur d'un même alignement.

De même, les statues-menhirs ont des formes variables, certaines étant élancées et d'autres plutôt massives. Quelques-unes ont une tête nettement séparée du tronc par un cou bien dégagé, alors que d'autres épousent la forme d'une borne. On observe parfois la présence d'oreilles, mais la majorité des statues est plutôt ornée de coiffes ou de casques en forme de bol. Les bras sont rarement représentés et les jambes toujours absentes. Plusieurs exemplaires présentent des motifs assimilés à des attributs vestimentaires, le plus souvent des cuirasses. La statue-menhir de Castaldu, dans la haute vallée du Taravo, possède des seins saillants et fut parfois interprétée comme une figuration féminine, malgré la présence d'une épée. Il est toutefois plus plausible de considérer qu'il s'agit de la représentation d'une cuirasse, dont les pectoraux seraient renforcés. En effet, d'autres statues-menhirs, telle celle de Cargèse ("*U Scumunicatu*"), présentent également des pectoraux nettement marqués. Les cuirasses ne sont pas les seuls attributs guerriers des statues-menhirs, nombre d'entre elles portent des épées, souvent verticales, suspendues à un baudrier scapulaire, parfois transversales, ainsi que des poignards transversaux à hauteur de ceinture. La forme des visages est variable, fréquemment ovale, quelques fois nettement allongée, mais les traits sont presque toujours représentés de la même manière : yeux en creux, nez allongé et bouche ouverte.

Statue-menhir "*U Nativu*" à Patrimonio (cliché F. Lontcho).

Si les statues septentrionales sont dans l'ensemble moins massives que les statues méridionales, si les statues du nord ne semblent pas porter d'armes, les études stylistiques ne permettent pas pour autant d'individualiser des groupes régionaux. Comme pour les menhirs, les statues-menhirs d'une même région, voire du même alignement, ne sont pas identiques et certaines, géographiquement éloignées, présentent une silhouette et un rendu très similaires, comme les exemplaires de Bucentone et de Tavera, pourtant espacés de plus d'une centaine de kilomètres. Toutes ces statues-menhirs relèvent bien d'un même modèle et les variations observables correspondent probablement à une certaine souplesse stylistique dans l'interprétation de ce modèle. Si la figuration de certains traits a peut-être connu une évolution chronologique, il n'est actuellement pas possible d'en préciser les modalités, ni même d'évaluer les éléments qui, dans ce cas, procéderaient d'un renouvellement stylistique, de ceux qui dépendraient de critères fonctionnels ou tout simplement d'un choix esthétique.

Une dernière caractéristique de ces variations stylistiques pouvait être la couleur. En effet, la découverte d'un godet imprégné d'hématite au pied de la statue-menhir "*Cauria VII*" a été mise en relation avec la coloration de plusieurs mégalithes de Filitosa et de Cauria. Il est donc probable que nombre de ces mégalithes étaient jadis colorés. Il n'est malheureusement pas possible de connaître la fréquence et les modalités de ces colorations, ni même d'évaluer la part des ajouts et attributs externes que le temps n'a pas conservés. Il est en effet probable que les menhirs et les statues-menhirs que l'on découvre aujourd'hui ne soient que le reliquat d'une statuaire beaucoup plus riche et complexe que ne le supposent les seuls éléments sculptés. En d'autres termes, rien ne nous permet d'affirmer que l'habillage des mégalithes ne constituait pas une donnée plus significative, aux yeux des préhistoriques, que la sculpture des pierres en elle-même. En poussant plus loin ce raisonnement, force est de constater que rien n'indique, en définitive, que certains monolithes ne représentent pas le simple squelette de statues élaborées, que certains mégalithes n'aient pas été armés d'épées factices ou réelles, ou ornés de masques.

Ces réflexions montrent une fois de plus toutes les limites inhérentes à l'archéologie, une science fondée sur l'étude de vestiges qui, dans tous les cas, ne sont que la partie conservée des objets du passé.

Une des statues-menhirs de Filitosa, vue de face et de dos (cliché F. Lontcho).

Une des deux statues-menhirs de l'alignement d'Apazzu (cliché F. Leandri).

CHAPITRE VII
Description des sites et monuments mentionnés dans l'ouvrage

L'abri Albertini (Albertacce) : Il est situé près d'un ruisseau dans une zone de replat à près de 900 mètres d'altitude. En grande partie vidé de son contenu par des "chercheurs de trésors", il a fait l'objet d'une fouille de sauvetage dirigée par M.-C. Weiss entre 1973 et 1974. Il a livré plusieurs couches remaniées regroupant des vestiges datant du Néolithique et de l'Âge du Fer, au total 217 pièces lithiques et une cinquantaine de fragments céramiques.

Un sondage d'un m^2, implanté en 1973 à l'entrée de l'abri, a permis la mise au jour d'une couche archéologique (c. 4) contenant du mobilier néolithique ancien cardial, en particulier deux tessons décorés d'impressions de *Cardium*, une armature tranchante trapézoïdale et quelques fragments de lames en silex.

En 1974, L. Acquaviva et R. Ercole ont récupéré environ 700 pièces lithiques et 180 tessons céramiques dans les déblais des fouilles clandestines. Certains de ces vestiges proviennent sans nul doute d'occupations du Néolithique ancien, en particulier 25 armatures tranchantes de forme trapézoïdale ou rectangulaire, deux tessons décorés d'impressions cardiales et deux autres de lignes poinçonnées. La majorité du mobilier est malheureusement dispersée et seules quelques pièces entreposées dans le musée d'Albertacce sont actuellement visibles.

Bibliographie : Acquaviva 1976 ; Weiss 1976.

Abri du Goulet (Bonifaccio) : Découvert par F. de Lanfranchi à la suite de travaux qui entraînèrent la destruction totale de l'abri, le site se résume aujourd'hui à un fragment de vase décoré d'impressions cardiales, trouvé dans les déblais.

Bibliographie : Lanfranchi 1976.

A Mutola (Belgodère) : Le site occupe une butte imposante (261 m d'altitude) dans la plaine du fleuve *Reginu*. Connu depuis le XIXe siècle par les collectionneurs et mentionné en 1911 par l'abbé Letteron, il a livré d'importantes quantités de pointes de flèche et de tessons céramiques, datés du IIIe millénaire, dont un inventaire fut dressé en 1984 par S. Goedert.

Bibliographie : Goedert 1984.

Apazzu (Sartène) : Il s'agit d'un regroupement de 25 monolithes, aujourd'hui inorganisés, comprenant 2 statues-menhirs. Il est localisé dans la basse vallée de l'Avena au pied d'un massif granitique. Sur les pentes de ce dernier, à quelques dizaines de mètres des menhirs, se trouve un dolmen effondré, composé de 4 grandes dalles de granite très bien polies, dont une dalle de couverture. Un *Castellu* de l'Âge du Bronze a également été recensé sur la partie sommitale du massif. Les 2 statues-menhirs et plusieurs menhirs ont été redressés en 1968 par R. Grosjean, qui avait découvert le site 10 ans plus tôt.

Bibliographie : Grosjean 1968.

A Petra (Île-Rousse) : Localisé sur la petite presqu'île d'Île-Rousse au nord de la Corse, le site occupe une petite terrasse en bordure de mer à l'abri des vents d'ouest, parfois très violents. Cette position est très littorale et très sensible aux tempêtes hivernales. Fouillé sur 26 m^2 par M.-C. Weiss entre 1983 et 1988, le site a livré quatre couches archéologiques (couches II.a, II.b, II.c, II.d), possédant chacune des restes de structures et montrant une longue occupation du lieu. Il est cependant fort probable, compte tenu de la situation très littorale du site, que les niveaux archéologiques résultent d'une succession d'occupations saisonnières.

M.-C. Weiss puis H. Paolini ont mis en évidence la présence de deux styles céramiques différents, le Cardial et le Poinçonné. Toutefois, M.-C. Weiss signale que le passage de l'un à l'autre n'est pas nettement marqué mais s'effectue progressivement tout au long de la stratigraphie. Il note ainsi une diminution progressive de la céramique cardiale au profit de la poinçonnée, la proportion de décors d'impressions cardiales passant de 97 % à 47 % entre la couche II.d et II.a. Cette association entre céramiques de styles différents suggère des remaniements dans les niveaux supérieurs de la stratigraphie. En revanche, tous les vestiges retrouvés appartiennent à des productions du VIe millénaire.

Les fouilles ont également permis la découverte d'une structure ovalaire d'environ 6 m^2, constituée d'un empierrement bordé de blocs rocheux et de calages de piquets. Cette structure a été interprétée comme les restes d'une hutte. Enfin, ce site est le seul de la période à avoir fait l'objet d'une analyse pollinique. Effectuée par Bui-Thi-Maï en 1988, dans la couche II.c, cette analyse a livré l'image d'un paysage découvert où dominent les espèces accompagnatrices des cultures et les plantes rudérales. Cette image suggère la mise en culture des sols à proximité de la côte, entraînant « *un appauvrissement des espèces végétales dans le voisinage au profit des espèces commensales de l'homme (plantes messicoles compagnes et rudérales)* » (Bui-Thi-Maï 1988, p. 103).

Bibliographie : Weiss 1986, 1995 ; Bui-Thi-Maï 1988 ; Paolini 2000.

Araghju (San-Gavino-di-Carbini) : Il s'agit d'une véritable forteresse, dont les murs d'enceinte sont conservés à certains endroits sur près de 4 m de haut et plus de 2 m de large. Fouillé à la fin des années 1960 par R. Grosjean, ce complexe militaire est édifié sur un piton rocheux, à 245 m d'altitude, et domine tout le golfe de Porto-Vecchio. Il se compose d'une large enceinte, de 2 bastions encadrant l'entrée principale et d'une *Torre* partiellement conservée. L'entrée principale est prolongée par un couloir étroit d'une dizaine de mètres de long, qui débouche sur

Entrée du *Castellu* d'Araghju (cliché C. Costa).

une petite pièce à l'intérieur de l'enceinte, probablement une salle de garde. Au milieu du couloir, une sorte de guérite en contrôlait l'accès. Au-dessus, un chemin de ronde permettait de faire le tour du rempart. À l'opposé de l'entrée, une *Torre* s'élevait de plusieurs mètres au-dessus du chemin de ronde. À l'intérieur, se trouvent une pièce de 15 m² et deux diverticules, qui devaient permettre de gagner les étages supérieurs, aujourd'hui disparus. Au centre de la forteresse, une cour intérieure avoisine 450 m². Elle devait servir de refuge pour des populations et leurs cheptels en cas d'agressions. Des casemates, construites dans la muraille près de l'entrée du site, sont également visibles. Leurs fouilles ont livré des vestiges d'activités quotidiennes, des outils de meunerie, des foyers et des éléments de stockage de denrées, suggérant la présence régulière d'une garnison.

Bibliographie: Grosjean 1967b.

A Tonnara (Bonifacio): En 1998, P. Tramoni signalait l'existence de mobilier "terrinien" (IIIᵉ millénaire) découvert en surface dans l'anse de *A Tonnara* par A. Pasquet.

Bibliographie: Tramoni 1998.

Araguina-Sennola (Bonifacio): Il s'agit d'un abri s'ouvrant dans des falaises calcaires à l'extrémité sud de la Corse, à environ 200 mètres du rivage actuel. Découvert en 1966, il a été fouillé entre 1969 et 1972, puis en 1975 et 1976 par F. de Lanfranchi et M.-C. Weiss. Les fouilles n'ont concerné qu'une petite partie de l'abri, le reste ayant été détruit par des travaux de terrassement, qui furent d'ailleurs à l'origine de la découverte du site. L'effritement des parois calcaires de l'abri a permis l'ensevelissement rapide des dépôts et leur conservation, conduisant à la formation d'un remplissage de plus de six mètres d'épaisseur.

Les fouilles du niveau "mésolithique" (couche XVIII) ont concerné une surface de 4 m², dont 2 étaient occupés par une sépulture. Le mobilier découvert est constitué de 140 pièces lithiques, de nombreux restes de coquilles marines, notamment des patelles, 219 restes de poissons, 8 d'oiseaux, 88 de rongeurs et 6552 de *Prolagus*. Selon J.-D. Vigne, si certains restes de *Prolagus* sont en partie brûlés, la grande majorité n'a pas été introduite dans l'abri par l'homme et suggère une occupation de l'abri intermittente. La couche XVIII est séparée de la suivante par une épaisseur de sédiment supérieure à 30 centimètres, ce qui minimise au maximum les risques de "pollution". Lors de notre étude, nous n'avons pas repéré d'éléments intrusifs.

La couche XVII, datée du VIᵉ millénaire, a été subdivisée en cinq strates (a, b, c, d, e). Elle est encadrée par deux couches de sédiment pratiquement stériles (couches XVI et strate XVII.e) qui l'isolent des autres niveaux archéologiques. Les fouilles n'ont concerné qu'une surface de 4 m², dont une partie était occupée par les restes d'une sépulture (en XVII.c). Les vestiges mis au jour ne semblent pas liés à cette sépulture, mais résultent vraisemblablement d'activités réalisées dans l'abri par des groupes de passage. La découverte de quatre foyers de faible épaisseur pratiquement superposés (strates XVII.a, b, c et d) suggère des occupations assez brèves et répétées. L'abondance de la micro-faune introduite dans l'abri sous forme de pelotes de rejection de rapaces montre également que l'occupation a été lacunaire. L'ensemble des données indique donc des occupations ponctuelles et des phases d'abandon suffisamment longues pour permettre la fréquentation de l'abri par des rapaces. Plusieurs remontages céramiques et osseux attestent de la présence de remaniements entre les cinq strates identifiées. L'installation de la sépulture a sans nul doute largement contribué à perturber ces différentes strates. Les vestiges archéologiques constituent donc un ensemble indivisible, datant de la fin du VIᵉ millénaire. La céra-

L'abri d'Araguina-Sennola (cliché J.-D. Vigne).

mique appartient au style poinçonné, à l'exception de trois tessons décorés d'impressions cardiales qui ne sont d'ailleurs peut-être pas contemporains du reste. La couche XVII a livré dans son ensemble 325 pièces lithiques, un peu plus de 1 000 tessons céramiques très fragmentés, près de 1 500 restes de petits poissons (daurades et rougets), des ossements de grands mammifères (*Ovis sp.* et *Caprini* ind. : NR = 206 ; NMI = 11 ; *Sus scrofa ssp.* : NR = 94 ; NMI = 8), de très nombreux restes de *Prolagus sardus* (NR = 21 856, NMI = 789), une centaine de restes d'oiseaux et de très nombreuses coquilles marines.

Surmontant la couche XVII et la couche XVI pratiquement stérile, les couches XV et XIV ont livré des vestiges céramiques et lithiques datant du IVe millénaire. Présentant un mobilier archéologique très homogène, elles ont vraisemblablement été formées par plusieurs occupations assez brèves, comme en témoigne la présence de trois petites strates stériles intercalées. Lors de l'étude des vestiges fauniques, J.-D. Vigne avait remarqué l'existence de quelques remontages avec la couche XIII. Nous n'avons pas observé de remaniements significatifs, d'autant que la couche XIII n'a livré que cinq pièces lithiques et une vingtaine de tessons céramiques. Les vestiges fauniques sont nombreux et témoignent de l'exploitation des ressources littorales et marines (91 restes de poissons et 460 restes de coquillages, notamment des bivalves), d'une alimentation carnée principalement fondée sur l'élevage (caprinés : NR = 479 ; *Sus scrofa ssp.* : NR = 175 ; *Bos taurus* : NR = 191) et de la persistance de la consommation de gibier (*Prolagus* : NR = 1513). En revanche, les vestiges céramiques et lithiques sont relativement rares, au regard de la surface fouillée (20 m^2) et de l'épaisseur des couches (plus de 80 cm au total).

Les niveaux attribués au IVe millénaire (C.XV, XIV et XIII) sont scellés par une accumulation de très fines couches pratiquement stériles sur près d'un mètre d'épaisseur. Au-dessus, un ensemble de dix petites strates numérotées de "VI.a" à "VI.j" a livré de modiques assemblages résultant d'une succession d'occupations sporadiques. Au total, ces strates forment une couche de 10 à 40 cm d'épaisseur. Une vingtaine de foyers plus ou moins superposés ont été identifiés, ainsi que des structures en pierre et des trous de poteau. La strate VI.j fut datée du IIIe millénaire, la strate VI.f de la fin du IIIe ou du début du IIe millénaire, les strates VI.d et VI.a de l'Âge du Bronze (IIe millénaire). Les sept strates supérieures (VI.a à VI.g) contenaient surtout des restes fauniques et céramiques, les vestiges lithiques n'étant représentés que par trois molettes et un fragment de lame en obsidienne. En revanche, les trois strates sous-jacentes (VI.h, VI.i et VI.j) regroupaient 21 pièces lithiques, dont 4 pierres ponces, une molette, un percuteur et 15 éclats ou nucléus en roches diverses, associés à des restes osseux, essentiellement d'ovins, quelques dizaines de tessons dont un muni de perforations en ligne sous le bord et quelques coquilles marines.

Bibliographie: Lanfranchi et Weiss 1972, 1977; Duday 1975; Lanfranchi 1979; Vigne 1988.

A Revellata (Calvi): Situé sur une presqu'île à quelques dizaines de mètres d'une petite anse bien abritée, le site a été fouillé sur 36 m² par P. Neuville entre 1989 et 1993. Il contient plusieurs structures superposées (couches II et III), composées d'une ligne de pierres formant presque un cercle et renfermant un empierrement d'éléments de petit calibre. Ces structures ont été interprétées comme les restes de huttes, faites de matières périssables, à l'instar de celles du site de A Petra. Les couches identifiées lors de la fouille ont livré un mobilier très homogène, suggérant une durée totale d'occupation relativement brève. La couche III a été datée de la fin du VIe millénaire. La céramique mise au jour est si érodée qu'elle ne peut être rapportée à aucun style céramique connu pour la période. En revanche, l'assemblage lithique possède toutes les caractéristiques des productions du Néolithique ancien poinçonné de Corse.

En raison de la rareté du mobilier, notamment céramique (au total 325 petits tessons), de la nature des structures et de l'emplacement du site, l'auteur des fouilles suggère une utilisation saisonnière du lieu, en relation avec l'exploitation du littoral et la pêche.

Bibliographie: Neuville 1992, 1995.

Basi (Serra di Ferro): Le site occupe une petite terrasse sur une butte à près de 6 km du rivage actuel, dans la vallée du Taravo, légèrement en retrait de la plaine formée par l'ancien delta du fleuve et aujourd'hui drainée. Le site a été découvert lors de la mise en carrière d'un vaste chaos granitique présentant plusieurs cavités. Fortement endommagé par le travail des carriers, il a été fouillé entre 1969 et 1971 par G. Bailloud sur environ 13 m² dans la zone la plus menacée, au sud de la carrière. Sept niveaux ont été reconnus, représentant une succession d'occupations depuis le Néolithique ancien jusqu'à l'Âge du Bronze.

Le niveau daté du Néolithique ancien (C.7) a été trouvé à près de 3 m de profondeur, en partie scellé sous une épaisse couche humifère stérile. Il correspond en réalité à une accumulation de vestiges céramiques, lithiques et osseux, dans une anfractuosité entre des blocs rocheux. Il ne s'agit donc pas d'un sol d'habitat mais d'une zone de rejets. Cette interprétation a été largement confirmée par les études menées sur les restes fauniques, qui ont mis en évidence la très grande fragmentation des os. De plus, il s'agit « *d'os carbonisés, mais non calcinés* [ce qui laisse penser] *qu'ils devaient être mêlés à des matières organiques inflammables (herbes sèches?) comme pourrait en témoigner l'importante basification du PH du sédiment (PH = 6,7) par rapport aux moyennes qu'on trouve en chaos granitique (PH compris entre 5 et 5,5)* » (Vigne 1988a, p. 48). Nous avons également remarqué lors de l'étude du matériel lithique que de nombreuses pièces présentaient des concrétions cendreuses, mais que peu étaient réellement brûlées (rareté des cupules thermiques). La couche du Néolithique ancien (C.7), fouillée sur 7 m² seulement, a ainsi livré 617 pièces lithiques, un outil de percussion lancée en pierre polie, deux meules, quelques molettes, plus de 1 500 tessons céramiques et quelques restes de clayonnage en terre cuite qui suggèrent l'existence d'habitations construites. Les tessons appartiennent en grande majorité au style "B-F-P", mais certains proviennent également de céramiques se rapportant à d'autres productions – notamment des céramiques poinçonnées – et suggèrent l'existence d'au moins deux phases chronologiques distinctes. Les études menées sur les 5 136 restes fauniques (Vigne 1988a) ont montré que l'alimentation carnée était essentiellement basée sur l'exploitation d'animaux domestiques (*Ovis sp.* et *Caprini* ind. : NR = 812, NMI = 25 ; *Sus scrofa ssp.* : NR = 304, NMI = 7 ; *Prolagus sardus* : NR = 1). Il faut toutefois garder à l'esprit que les ossements retrouvés ont été conservés de manière accidentelle et ne représentent vraisemblablement qu'une partie des animaux consommés sur le site.

La couche 6 correspondait à un mélange de vestiges provenant des couches 7 (Néolithique ancien) et 5 (Néolithique moyen).

La couche 5, fouillée sur 13 m², a livré un important assemblage de vestiges datés du IVᵉ millénaire. Elle atteignait à certains endroits près d'un mètre d'épaisseur. Elle avait été initialement subdivisée en cinq sous-couches (5.a, 5.b, etc.), puis de nouveau subdivisée en huit strates (5.b.1, 5.b.2, etc.), mais de nombreux indices de remaniements entre les différentes sous-couches et avec les autres couches de la stratigraphie (c.7, c.6 et c.4) ont rendu caduque cette subdivision. Si les "mélanges" entre les sous-couches sont probablement importants, les remaniements avec les couches voisines (c.6 et c.4) semblent toutefois assez limités. Au total, la couche 5 a livré 2 888 pièces lithiques, plusieurs milliers de tessons céramiques, du matériel de meunerie, cinq outils de percussion lancée en pierre polie et quelques rares fragments osseux.

La couche 4 contenait des vestiges datant du IIIᵉ millénaire, mélangés à d'autres datant du IVᵉ millénaire. Les couches supérieures rassemblaient des éléments datés de l'Âge du Bronze et des vestiges remontés des niveaux sous-jacents. Sur la partie sommitale, les restes d'un *Castellu* de l'Âge du Bronze, aujourd'hui totalement disparu, avaient été identifiés.

Bibliographie : Bailloud 1969a, 1969b, 1972 ; Vigne 1988.

Bizzicu Rossu (Grossa) : Ce dolmen est situé sur une petite butte qui domine la plaine de Vaccil-Vecchio. Signalé en 1893 par A. de Mortillet, il se compose actuellement de deux orthostates et d'une dalle de couverture en granite. L'absence de dalle de chevet est probablement le résultat d'une dégradation du monument original. Sa hauteur avoisine 1,60 m et sa chambre, un peu moins de 2 m². À quelques mètres de la chambre, se trouve un grand menhir.

Bibliographie : Mortillet 1893 ; Giraux 1910 ; Lanfranchi 1986.

Bufua III (Figari) : Il s'agit d'un tout petit abri situé au cœur d'un chaos granitique en bordure d'un marais d'eau salée, à une centaine de mètres du rivage. Fouillé par A. Pasquet en 1990, l'abri a livré trois couches archéologiques (couches II, III et IV) renfermant deux sépultures (couches II et IV). Les couches II et III contenaient de nombreux vestiges datant de l'Âge du Fer, notamment près de 900 tessons céramiques. Fortement remaniée par la présence de la seconde sépulture (non datée),

Dolmen de Bizzicu Rossu, vue de profil (cliché L.J. Costa).

la couche IV a livré un assemblage de vestiges datant de différentes époques préhistoriques, dont trois tessons décorés d'impressions de *Cardium* et quelques pièces lithiques rappelant les productions du VIe millénaire, « *bien qu'aucune couche du Néolithique ancien n'ait été reconnue à la fouille* » (Pasquet et Tramoni, *in* BSSRA 1992, p. 25).

Bibliographie: *BSSRA* 1992.

Capu Braggaghju (Lumio): Egalement nommé Porte Vecchie-Corsu, le site est localisé près de Lumio (Haute-Corse). P. Neuville y a découvert en surface huit armatures tranchantes pouvant appartenir à des productions du Néolithique ancien.

Bibliographie: Neuville 1984.

Capu di Buono (Bisinchi): Aux limites nord de la Castagniccia, près du village de Bisinchi, deux coffres anciennement connus ont été fouillés au début des années 1990 par J. Magdeleine. Ces coffres, constitués de longues dalles de schiste, avaient été anciennement pillés et devaient à l'origine se trouver sous des tertres de pierres plates empilées. Leurs fouilles ont livré du mobilier romain datant du Ier siècle apr. J.-C., dont une belle intaille en cornaline représentant la déesse Fortuna.

Bibliographie: Magdeleine 1994.

Capu Castincu (Santo-Pietro-di-Tenda): Ce plateau, sur les premiers contreforts du massif de Tenda, était connu au XIXe siècle pour abriter une dizaine de statues-menhirs. Il ne subsiste aujourd'hui qu'une seule statue, assez érodée. Quelques fragments de monolithes sont également visibles, dispersés dans le maquis.

Bibliographie: Leandri 2000.

Alignement de Cauria, "*I Stantari*" (cliché C. Costa).

Carcu (Cateri) : Le site occupe une colline (430 m d'altitude) au nord-ouest de l'île, près du col Saint Césaire. Anciennement connu et mentionné par Ambroisi en 1937, il a été fouillé sur 23 m² par M.-C. Weiss au début des années 1980 et a livré, dans des couches remaniées, trois tessons de céramique cardiale et de très nombreux tessons appartenant à des céramiques noires et lustrées datant vraisemblablement du IVᵉ millénaire, ou à des céramiques caractéristiques des productions du IIIᵉ millénaire. Le mobilier lithique, sommairement décrit par R.-P. Pisella, regroupe 5 037 fragments de quartz, 831 fragments de rhyolite, 11 pièces en silex et 239 fragments d'obsidienne.

Bibliographie : Weiss 1988 ; Pisella 1993.

Cardiccia (Sartène) : Connu dès le début du XXᵉ siècle et situé sur le plateau de Cauria, à plus de 6 km du rivage, le site se compose d'un dolmen très endommagé et de quatre coffres mégalithiques. Le dolmen, dont il ne reste que 2 montants et un fragment de dalle de couverture, fut fouillé par P. Nebbia et J.-C. Ottaviani en 1981. Deux secteurs furent excavés : à l'intérieur de la chambre et à l'extérieur, le long des orthostates. Une importante quantité de vestiges lithiques fut mise au jour, au niveau de la chambre (371 pièces) et à l'extérieur (419 pièces). L'étude du mobilier ne montre aucune différence entre les pièces provenant de l'intérieur ou de l'extérieur du monument, tant au niveau des matières premières exploitées qu'au niveau des modalités de production. Il s'agit de restes de taille et d'outils abandonnés après usage, provenant d'une couche archéologique dilatée, présente depuis la surface jusqu'à l'arène granitique à 80 cm de profondeur et fortement bouleversée par l'implantation du dolmen. Cette couche, présente sur tout le secteur, est sans nul doute antérieure à la construction du mégalithe. Le mobilier découvert est très homogène et possède les caractéristiques des productions du IVᵉ millénaire.

Bibliographie : Giraux 1911 ; Costa 2000.

Cauria (Sartène) : Le plateau de Cauria abrite de nombreux sites mégalithiques : le site de Cardiccia, le dolmen de Fontanaccia, le site de Renaghju et un alignement de mégalithes nommé *I Stantari*. Ce dernier se compose actuellement d'une trentaine de monolithes dont 7 statues-menhirs, organisés en deux files parallèles.

Bibliographie : Grosjean 1964.

Cauria XX-XXI (Sartène) : Il s'agit de deux petits abris sous roche, localisés au pied de la *Punta di* U Grecu qui domine le plateau de Cauria. Les abris de Cauria XX et XXI ont été fouillés par P. Nebbia et J.-C. Ottaviani en 1986 et 1987. Chaque abri a livré les restes de sépultures et une importante quantité de vestiges céramiques et lithiques caractéristiques des productions du IIIᵉ millénaire. Les vestiges se trouvaient pêle-mêle, montrant une réutilisation successive des abris comme sépulture. De nombreux tessons furent également recueillis entre ces deux abris, distants de 4 m seulement. De toute évidence, le mobilier archéologique correspond aux rejets de l'habitat de U Grecu (voir présentation du site), situé sur la terrasse qui surplombe les abris. Au total, près de 4 500 vestiges céramiques, 616 fragments lithiques, 17 molettes, un outil de percussion lancée en pierre polie et une centaine de restes de faune (porcins, bovins et caprins) ont été récoltés.

Bibliographie : Nebbia et Ottaviani 1994.

Ceccia (Porto-Vecchio) : Cette *Torre* se trouve sur un piton rocheux qui domine la plaine au sud de Porto-Vecchio. La partie conservée est un cylindre irrégulier dans la masse duquel se trouve une salle circulaire de 2 m de diamètre à voûte en faux encorbellement, en partie conservée. La chambre se

Couloir d'accès du monument de Ceccia (cliché L.J. Costa).

poursuit vers l'est par un diverticule qui arrive jusqu'au parement du monument. On accède à cette chambre par une rampe partant de la plate-forme supérieure, qui supportait à l'origine d'autres structures dont il ne reste que quelques vestiges de murs. Ce monument, qui n'est en réalité conservé que dans sa partie basse, a connu d'importants remaniements à l'époque génoise.

Bibliographie: Grosjean 1975a.

Ciutulaghja (Appietto): Ce monument est localisé près du sommet du Monte Sant'Angelu, qui domine le golfe de Lava. Partiellement conservé, ce mégalithe était à l'origine un coffre ou un dolmen à demi enterré, ceinturé d'une aire empierrée de 10 m de diamètre. Depuis la chambre, une sorte de couloir traverse en partie l'aire empierrée, sans toutefois en atteindre le bord. Il s'agit soit des restes d'un couloir d'accès, soit des reliefs d'anciens pillages. Les fouilles de la chambre, menées par F. de Lanfranchi au début des années 1970, ont livré des vestiges datant de l'Âge du Bronze et de l'Âge du Fer. Autour du monument, plusieurs dizaines de fragments d'obsidienne ont également été trouvées, suggérant une occupation du lieu au cours du Néolithique.

Bibliographie: Lanfranchi 1986.

Curacchiaghju (Lévie): Situé dans une vallée intérieure, à 850 mètres d'altitude, cet abri sous auvent fut entièrement vidé de son contenu sédimentaire par le propriétaire du terrain en 1966. Les fouilles menées par F. de Lanfranchi entre 1967 et 1975 ont concerné la zone située devant l'abri, sur quelques mètres carrés. Les résultats de ces fouilles ont fait l'objet de nombreuses critiques (Lewthwaite 1983; Camps 1988) en raison de "mélanges" entre les couches archéologiques distinguées et de problèmes de correspondance entre différents secteurs de fouille. Nous avons repris avec F. de Lanfranchi l'étude du matériel archéologique et constaté que les remaniements n'étaient pas aussi importants que ce qui avait été supposé. Ainsi, trois ensembles de vestiges s'individualisent assez nettement au niveau des matières premières et des modalités de production observées.

Le premier ensemble (couche 7) regroupe des vestiges en roches strictement locales et correspond sans doute à des occupations mésolithiques. Deux datations, obtenues sur des charbons de bois, indiquent le VIIIe millénaire. Au niveau de cette couche, nous n'avons observé que peu d'éléments intrusifs (1 esquille en silex, 4 fragments en rhyolite et peut-être quelques pièces en quartz?).

Succédant à la couche 7, la couche 6 a livré de nombreux tessons de céramiques poinçonnées et trois tessons décorés d'impressions cardiales. Les deux datations obtenues sur des charbons trouvés dans cette couche sont beaucoup trop anciennes au vu du mobilier et attestent plutôt de mélanges avec le niveau sous-jacent. La présence de pièces similaires à celles livrées par la couche 7, représentant entre 10 et 20 % des effectifs, confirme l'existence de remaniements. De même, la rupture avec le niveau suivant (couche 5) est peu marquée et une certaine quantité de matériel, difficilement identifiable, provient vraisemblablement des occupations postérieures.

Surmontant la couche du Néolithique ancien, les couches 5 et 4 ont livré de nombreux vestiges céramiques, 690 pièces lithiques et 634 restes fauniques très fragmentés (caprinés: NR = 8; *Sus scroffa ssp.*: NR = 15; *Bos taurus*: NR = 4). La couche 5 est datée du IVe millénaire. La couche 4 n'a pas été datée, mais le mobilier qu'elle contient est très similaire à celui de la couche 5. De plus, de nombreux remontages céramiques entre ces deux niveaux attestent de leur remaniement. Il convient donc d'étudier ces deux couches ensemble. Enfin, certains mélanges avec les couches subjacentes (c. 6 et 3) sont également probables.

Bibliographie: Lanfranchi 1967, 1974, 1977, 1987.

Figa la Sarra (Olmeto): Il s'agit d'un dolmen, situé sur la crête qui prolonge en direction de la mer le massif du Monte Barbattu. Découvert lors de l'ouverture d'une route au début des années 1980, ce mégalithe fut fouillé par J. Cesari qui découvrit quelques vestiges, notamment des perles, datant de l'Âge du Fer. Le dolmen se compose actuellement de trois dalles en granite plantées verticalement et délimitant une chambre presque carrée, d'environ 1,5 m de côté. La dalle de couverture a été brisée lors de la découverte du monument et les fragments ont été rejetés dans le ravin.

Bibliographie: Cesari 2001.

Filitosa (Sollacaro): Le site se trouve dans la vallée du Taravo, à 2 km de Basi et à près de 8 km du rivage. Il se compose d'un *Castellu* de l'Âge du Bronze, fouillé par R. Grosjean à la fin des années 1950, et de fragments de statues-menhirs réemployés comme éléments de maçonnerie dans les remparts du *Castellu*. Dans un champ voisin, plusieurs statues-menhirs, collectées dans les environs, ont été érigées par le propriétaire du site, qui a fait du lieu un parc d'attractions ouvert au public.

À proximité du *Castellu*, un modeste abri fouillé dans les années 1960 par E. Atzeni a livré du mobilier attribuable aux productions du Néolithique ancien cardial et poinçonné. Ce mobilier est exposé dans le musée du site.

Bibliographie: Grosjean 1960, 1961, 1975b, etc.; Atzeni 1966.

Foce (Lecci): Entre 1975 et 1985 A. Pasquet a réalisé d'importants ramassages de surface autour de la baie de San Ciprianu. L'un des principaux points de ramassage était une ancienne vigne située dans une plaine au lieu-dit: Foce. La majorité des vestiges céramiques et lithiques récoltés dans cette vigne appartient sans doute à des productions du IVe millénaire, mais plusieurs pièces font référence à des périodes plus anciennes. Nous avons étudié 2720 pièces lithiques. Si certaines nous ont rappelé les productions du VIe millénaire (notamment deux armatures trapézoïdales en silex et une en rhyolite), voire celles du Ve millénaire, la majorité correspondait sans aucun doute à des productions du IVe et du IIIe millénaire. Il ne nous a toutefois pas été possible d'attribuer une quelconque part des vestiges à une production particulière.

Bibliographie: Pasquet 1979.

Statue-menhir de Filitosa (cliché C. Costa).

Foce (Argiusta-Moriccio) : Il ne reste que la partie basse de cette *Torre*, dont le diamètre avoisine 18 m. Elle comprenait une entrée, au sud, deux couloirs latéraux, dont un permettait de gagner les niveaux supérieurs, et une salle centrale, de plan circulaire, probablement voûtée en faux encorbellement. Cette salle débouchait, au nord, à l'est et à l'ouest, sur trois petites niches construites dans l'épaisseur du mur.

Bibliographie : Grosjean 1958.

Foce di Termini (Porto-Vecchio) : Localisé en bordure d'une plaine littorale, au pied d'une petite colline (Punta di Carpalona), le site a fait l'objet en 1998 de dix sondages d'une superficie totale de 30 m^2. Ces travaux archéologiques, dirigés par P. Tramoni, ont permis la mise au jour de plusieurs épandages diffus de vestiges céramiques et lithiques de petite taille (sondages A, B, E, G et H). Au total, 513 pièces lithiques de dimensions inférieures à 3 cm et près de 400 tessons céramiques très fortement érodés et fragmentés ont été découverts, dans une couche d'épaisseur variable (20 à 40 cm) et située à environ 50 cm de la surface actuelle du sol. La présence de plusieurs états de patine sur de nombreuses pièces en obsidienne témoigne de la longue durée d'occupation du site et des remaniements que la couche archéologique a subis. La rareté des décors céramiques liée à une forte dégradation des tessons ne permet pas d'évaluer cette durée avec précision. Si quelques pièces céramiques suggèrent la fin du Ve millénaire, la très grande majorité des vestiges lithiques correspond à des productions du IVe millénaire, tant au niveau des matières premières exploitées, que des modalités et de la finalité des débitages. Les deux datations obtenues (Ly 1324 OxA : 5980 ± 60 BP, soit 4996-4720 cal. BC et Ly 1323 OxA 6415 ± 60, soit 5479-5298 cal. BC) sont beaucoup trop anciennes au vu des caractéristiques du mobilier.

Bibliographie : Tramoni 2000.

Dolmen de Fontanaccia (cliché L.J. Costa).

Fontanaccia (Sartène) : Implanté sur le plateau de Cauria, ce dolmen représente actuellement l'un des plus beaux monuments mégalithiques de l'île. Il est particulièrement bien conservé, malgré la fissuration de ses orthostates et de sa dalle de couverture. Les dalles de granite, régularisées et polies, délimitent une chambre d'environ 4 m^2. Celle-ci était probablement scellée par une dalle, dont ne subsiste aujourd'hui qu'un fragment.

Bibliographie : Mortillet 1893 ; Giraux 1911 ; Grosjean 1964 ; Lanfranchi 1986.

Gritulu (Luri) : La grotte de Gritulu s'ouvre au bas d'une falaise calcaire, à 150 mètres d'altitude. Elle est située à l'entrée de la vallée de Luri, à près de 2,5 km du rivage actuel. Il s'agit d'un couloir s'étendant sur plus de 10 mètres de long et 2 ou 3 mètres de large. Les fouilles menées entre 1993 et 1998 par J. Magdeleine et J.-D. Vigne ont mis au jour une longue séquence stratigraphique s'étendant depuis l'Alleröd jusqu'au Subboréal. Malheureusement, la remise en fonction du réseau karstique, vraisemblablement durant le Moyen Âge, a vidangé une grande partie du sédiment de la grotte. Les couches mésolithiques et néolithiques n'ont été conservées que sous la forme de placages sédimentaires bréchifiés, scellés sous une fontaine stalagmitique. Les fouilles de ces placages ont été conduites sur moins d'un mètre carré. Elles ont néanmoins permis de reconnaître une succession d'unités stratigraphiques et d'extraire des vestiges archéologiques (os, charbons, tessons céramiques et pièces lithiques). L'analyse et la datation de ces vestiges ont montré une succession de couches depuis le Mésolithique jusqu'au Néolithique moyen.

Bibliographie : *BSSRA* 1997, 1998.

Grotta Scrita (Poggio d'Oletta) : Située à proximité du site de Strette, cette grotte, aujourd'hui totalement détruite, est parfois mentionnée dans la littérature comme ayant contenu du mobilier du Néolithique ancien. Cette information n'a toutefois jamais été vérifiée, les vestiges découverts en 1971 par R. Grosjean n'ayant pas été conservés.

Bibliographie : Camps 1988 ; Lanfranchi et Weiss 1997.

I Calanchi / Sapar'Alta (Sollacaro) : I Calanchi occupe une petite colline dominant la plaine du Taravo, à environ 4 km du rivage.

La grotte de Gritulu (cliché J.-D. Vigne).

S'étendant sur une superficie de 7 ha, le site a été compartimenté en plusieurs zones dont les principales correspondent à la partie sommitale ouest (Âge du Bronze), la terrasse nord et l'abri de Sapar'Alta (IIIe millénaire). Ces deux dernières zones sont situées côte à côte sur la partie nord de la colline et regroupent plusieurs *taffoni* funéraires et des structures d'habitats, datés du IIIe millénaire. Le secteur de la terrasse nord est fouillé par J. Cesari depuis le début des années 1980 et l'abri de Sapar'Alta par G. Tanda depuis 1991.

La **partie sommitale** abrite un habitat fortifié de l'Âge du Bronze, présentant les restes d'un *Castellu* très arasé. Ce monument comprenait à l'origine une large enceinte de près de 150 m de long, au moins deux bastions et une *Torre*, qui, située dans la muraille opposée aux bastions, assurait le contrôle de la basse vallée du Taravo jusqu'à l'embouchure du fleuve.

La **terrasse nord** a livré les arases de larges murs disposés entre des masses rocheuses, formant trois rectangles emboîtés. Ils représentent les restes d'une habitation dont la superficie a été plusieurs fois réduite, passant de plus 60 m^2 à moins de 30 m^2. Ces réductions de surface ont été principalement obtenues par une diminution de la largeur du bâtiment, en faisant varier le mur sud. Ces arases ont été recouvertes par des alluvionnements riches en matériels archéologiques, provenant de terrasses situées juste au-dessus et contenant elles aussi des structures archéologiques. Les vestiges collectés proviennent de ces alluvionnements et d'une partie de la couche située au niveau des arases et correspondant au niveau de destruction de l'habitat. Tout le mobilier étudié est très homogène et date de la fin du IIIe ou du début du IIe millénaire. Il regroupe plusieurs centaines de milliers de tessons céramiques, 3 811 pièces lithiques, de très nombreux fragments de meules et de molettes, sept outils de percussion lancée en pierre polie, quelques perles en céramique et en roche tendre, quatre fragments de creusets, quelques petits fragments de métal, une sorte de grosse aiguille en cuivre et plus d'une centaine de restes osseux très fragmentés. Une autre structure récemment découverte au sud de la terrasse est en cours de fouilles. Il pourrait s'agir d'une autre habitation.

L'abri de **Sapar'Alta** est une structure d'habitation, construite dans un chaos granitique englobant un vaste *taffonu*. Elle s'étend sur près de 100 m^2. Les fouilles ont mis au jour une longue stratigraphie, dans laquelle les niveaux "terriniens" se superposent sur plus d'un mètre d'épaisseur. Toutefois, ces niveaux sont moins riches en matériel que les couches de la terrasse nord, car ils correspondent à des sols entretenus contenant de nombreux tessons céramiques très fragmentés (piétinement) et peu d'éléments lithiques, uniquement des vestiges de très petites dimensions. Seul le fond de l'abri, ayant probablement servi de zone de rejets, a livré des pièces plus volumineuses. La relative pauvreté des couches et la grande fragmentation de la céramique ne permettent pas d'appréhender l'évolution chronologique des productions "terriniennes". Les mêmes matières premières, les mêmes techniques de production, les mêmes produits finis se retrouvent indifféremment à tous les niveaux de la stratigraphie. Au total, ces niveaux ont livré près de 1 500 pièces céramiques, 1 198 fragments lithiques dont la plupart sont des esquilles, quelques déchets métalliques, un creuset et de nombreuses esquilles osseuses.

Bibliographie: Cesari 1987a, 1987b, 1988 ; Tanda 1999.

La Figue (Sartène) est un abri localisé au sud-ouest de la Corse, dans un chaos rocheux de la pointe de Murtuli, à une centaine de mètres du rivage. Il fit l'objet d'une fouille de sauvetage menée par A. Pasquet en 1987. Il s'agit d'une petite cavité d'environ 8 m^2 présentant un remplissage d'environ 50 cm

Vue sur la plaine du Taravo depuis le *castellu* d'I Calanchi (cliché L.J. Costa).

Vue d'un des bastions du *castellu* d'I Calanchi (cliché L.J. Costa).

d'épaisseur subdivisé en trois couches distinctes. La première, attribuée à l'Âge du Bronze, présente de nombreux témoignages de bouleversements liés à l'érosion naturelle et à des perturbations anthropiques. La seconde est totalement stérile et scelle la couche 3 sur toute la surface de l'abri. La troisième a livré de nombreux vestiges répandus autour d'un foyer : 707 pièces lithiques, 160 tessons céramiques, quatre outils en os (1 poinçon, 2 pointes sur canine de suidé et 1 hameçon), 5 214 restes d'invertébrés dont 4 346 restes de coquilles marines (principalement *Patella* et *Monodonta*), 1 561 restes de vertébrés dont 689 restes de poissons, 769 ossements d'animaux domestiques (caprinés : NR = 21, NMI = 3 ; *Bos taurus* : NR = 9, NMI = 2 ; *Sus scrofa ssp.* : NR = 5, NMI = 1), 100 ossements d'espèces sauvages (*Prolagus*, quelques rongeurs, 4 os de renards et 3 d'oiseaux) et trois os humains. D'après l'auteur des fouilles, cette couche aurait été formée lors de brèves occupations rapprochées dans le temps.

Bibliographie : Serrand 1996 ; Pasquet et Tramoni 1997.

Longone (Bonifacio) : À quelques centaines de mètres de l'abri d'Araguina-Sennola, à proximité d'une source, les fouilles conduites par F. de Lanfranchi, de 1986 à 1988, ont mis au jour une longue séquence stratigraphique, à la base de laquelle une surface empierrée destinée au nivellement du sol, et contenant quelques ossements de *Prolagus* munis de brûlures distales, a été attribuée au "Mésolithique", principalement en raison de sa position stratigraphique. Le sondage, mené en 1988 par F. de Lanfranchi, a permis la mise au jour de plusieurs niveaux archéologiques, dont deux datant du Néolithique ancien cardial et poinçonné. La couche 4.a.2 a livré une vingtaine de fragments céramiques dont quatre décorés d'impressions de *Cardium*, 40 pièces lithiques, les restes d'un foyer et une structure empierrée. La couche 4.a.1 contenait 17 tessons céramiques dont deux poinçonnés et deux décorés d'impressions cardiales, 34 fragments lithiques, une sorte de muret et les restes de trois foyers. Ces deux couches ne sont pas exemptes de remaniements, entre elles et avec les niveaux susjacents, en particulier la couche 3.b.3 qui contenait également quelques tessons de céramique poinçonnée associés à de la céramique rappelant davantage les productions du Ve et du IVe millénaire.

Bibliographie : Lanfranchi 1995a.

Lumaca (Centuri) : Le site est localisé à l'extrémité nord du Cap Corse, à proximité d'un col de faible altitude (450 m), à près de 2 km à vol d'oiseau du rivage. Le site est constitué de deux terrasses contiguës limitées par des chaos rocheux. Les sondages menés par F. Lorenzi depuis 1995 ont permis la découverte de nombreux vestiges appartenant à différentes périodes du Néolithique, mais associés dans une même couche archéologique. Certains sont attribuables au Néolithique ancien, notamment 4 tessons décorés d'impressions cardiales et 3 armatures tranchantes de forme trapézoïdale. Les autres (céramiques fines, noires et lustrées, lamelles d'obsidienne, etc.) renvoient aux productions du Néolithique moyen (V[e] et IVe millénaire).

Bibliographie : Lorenzi 1998, 2000.

Monte Grosso (Biguglia) : Fouillé entre 1968 et 1976 par J. Magdeleine, le site du Monte Grosso occupe une petite butte située en bordure de l'étang de Biguglia, à l'entrée du défilé de Lancone. Plusieurs sondages réalisés sur les différentes terrasses formant le site ont livré des structures d'habitat et d'importantes quantités de vestiges céramiques et lithiques comprenant du matériel de meunerie et des outils de percussion lancée en pierre polie. La céramique provenant des couches III, IV et V possède les caractéristiques générales des productions du IVe millénaire et plus particulièrement de nettes similitudes avec la céramique "basienne" dans la forme de certains pots, la texture de la pâte, les traitements de surface et quelques décors. De même, le matériel lithique, composé pour l'essentiel de produits laminaires en obsidienne, est similaire à celui des autres sites du IVe millénaire, notamment à celui de Basi.

Les couches I et II contenaient en faible proportion des éléments présentant des caractéristiques communes avec les industries de la fin du IIIe millénaire ou du début du IIe millénaire.

Bibliographie: Magdeleine 1973, 1979.

Monte Lazzu (Tiuccia): Le site occupe une colline basse (100 m d'altitude) en bordure du Golfe de Sagone. Une série de petits sondages (surface totale: 7 m^2) a permis la découverte de nombreux vestiges datant du IIIe millénaire. Lors du sondage E (1 m^2), une couche (C.4) contenant du mobilier se rapportant à la fois aux productions du IVe millénaire (céramique fine, noire et lustrée) et à celles du IIIe millénaire (céramique "terrinienne") fut découverte, au contact de l'arène granitique. Le site a également livré de très nombreuses meules et des cuvettes creusées sur rochers.

Bibliographie: Weiss et Desneige 1971; Weiss 1984.

Monte Leone (Bonifacio): Découvert en 1991 par F. de Lanfranchi et J.-D. Vigne, ce site a été fouillé en 1995, par J.-D. Vigne, sur une surface de 19 m^2. Il s'agit d'un vaste abri actuellement situé à environ 1 km de la mer, s'ouvrant au pied d'une petite falaise calcaire à 56 mètres d'altitude. Sous une importante quantité de remblais provenant de l'effondrement d'une partie de l'abri, les fouilleurs ont mis au jour une succession de couches mésolithiques formant une stratigraphie atteignant près d'un mètre d'épaisseur à une des extrémités de la zone fouillée. Le site a livré les restes de deux structures de combustion, près de 1 200 vestiges lithiques et une quantité considérable de restes fauniques.

Nombre de restes de rongeurs portent de nettes marques de digestion, montrant qu'ils proviennent de pelotes de rejection. Le site a donc également abrité des rapaces, ce qui prouve qu'il a été abandonné durant des périodes suffisamment longues pour que ces oiseaux s'y établissent.

L'importance quantitative et qualitative des vestiges collectés et l'étendue de la zone fouillée font de l'abri du Monte Leone le site mésolithique le mieux documenté de tout le bloc corso-sarde.

Bibliographie: Vigne et Desse-Berset 1995; Cuisin et Vigne 1998; Vigne *et al.* 1998; Vigne 1999.

Monte Revincu (Santo Pietro di Tenda): Découvert à la fin du XIXe siècle par A. de Mortillet, le site est localisé à l'entrée des *Agriate*, sur une petite crête, dans une plaine littorale située à environ 2 km du golfe de Saint Florent. Fouillé depuis 1996 par F. Leandri, le site a livré plus de 30 structures en pierres, dont plusieurs monuments funéraires mégalithiques (deux dolmens et au moins six coffres) et 29 structures rectangulaires de grande dimension (de 20 à 50 m^2) composées de dalles plantées de chant et interprétées comme les restes d'habitats. Les fouilles de ces structures ont mis au jour une unique couche archéologique, peu épaisse et assez pauvre en vestiges, s'étendant sur plus de 10 000 m^2 entre les affleurements rocheux. L'érosion de la crête est très importante et le remplissage sédimentologique n'excède pas 40 cm d'épaisseur.

Le lien entre les vestiges et les monuments n'a pas encore pu être établi en raison d'une très mauvaise préservation des sédiments. Néanmoins, l'analyse du mobilier a montré une grande homogénéité des productions lithiques et céramiques, confirmée par la

Dolmen "*Casa di l'Orca*" du Monte Revincu (cliché C. Costa).

cohérence des datations obtenues sur des charbons prélevés à différents endroits du site, à l'intérieur comme à l'extérieur des structures. Les vestiges lithiques représentent les restes d'activités de production (chaînes opératoires de débitage complètes) et de consommation (rejets d'outils usés et fragmentés) et sont indiscutablement assimilables à des rejets d'activités domestiques; ce qui renforce considérablement l'hypothèse d'un habitat présent sur toute la crête.

Les deux dolmens ont subi d'importantes modifications, liées notamment à leur utilisation comme bergerie. Leurs fouilles ont toutefois montré qu'ils avaient été édifiés au centre d'aires empierrées circulaires, d'une dizaine de mètres de diamètre. Plusieurs coffres ont également été découverts au centre d'aires similaires. D'autres ne présentent pas de structure annexe. Parmi ces derniers, les coffres A et B ont montré lors des fouilles une structuration interne, suggérant un compartimentage de leur chambre funéraire.

Bibliographie: Leandri 1998; Leandri et coll. 2000.

Murtuli (Sartène): Entre 1979 et 1985, A. Pasquet a réalisé plusieurs sondages et ramassages de surface dans le secteur de la Punta di Murtoli. Dans un petit abri nommé "Abri du Sanglier", les fouilles ont livré une sépulture, un squelette entier de sanglier daté du IIIe millénaire (Ly 2980 : 4020 ± 140 BP, soit 2962-2138 cal. BC) et des vestiges osseux, lithiques et céramiques qui proviennent vraisemblablement d'activités et de repas antérieurs au dépôt funéraire. Parmi ces vestiges se trouvaient trois tessons décorés de deux lignes poinçonnées, semblables à ceux des sites de Curacchiaghju ou d'Araguina-Sennola. À 1,5 km de l'abri, dans la plaine littorale de Murtuli, un autre sondage a livré des vestiges en quartz, une armature tranchante de forme rectangulaire en rhyolite et quelques tessons décorés d'impressions diverses, de ponctuations circulaires ou triangulaires et de quelques cordons lisses.

Bibliographie: Camps 1988; Vigne 1988.

Musuleu (Porto-Vecchio): Localisé en bordure du golfe de Porto-Vecchio, dans la plaine littorale, ce site fut sondé en 1998 par

L'abri de La Figue, dans le chaos rocheux de la pointe de Murtuli (cliché C. Costa).

P. Tramoni, qui y découvrit une couche archéologique diffuse, contenant des vestiges céramiques et lithiques renvoyant aux productions du IIIe millénaire.

Bibliographie: Tramoni 2000.

Nulacciu (Porto-Vecchio): Découvert par A. Pasquet, le site occupe la partie sommitale d'une butte dominant la petite vallée de Bala. Il se compose des restes d'un habitat fortifié, comprenant au moins une *Torre*, d'une succession de petites terrasses aménagées et d'un abri ayant contenu des inhumations (2 adultes et 1 enfant), datées de l'Âge du Fer. Les ramassages de surface ont permis la collecte de vestiges datant de l'Âge du Bronze et du Chalcolithique, notamment des tessons à perforations en ligne sous le bord.

Bibliographie: Pasquet 1979.

Paddaghju (Sartène): Le site occupe le centre d'une vaste cuvette cernée de chaos granitiques, qui abritent notamment plusieurs habitats fortifiés de l'Âge du Bronze. Il se compose de plusieurs alignements de menhirs et d'un coffre mégalithique. Avec ses 258 monolithes dont 3 statues-menhirs, organisés en 7 files distinctes, Paddaghju représente la plus forte concentration de menhirs du bassin méditerranéen. Le coffre se trouve à l'extrémité de l'alignement le plus long. Fouillé au milieu des années 1960 par G. Peretti, il se compose de 4 dalles en granite, régularisées et polies. Il a livré du mobilier datant du début de l'Âge du Bronze, dont un anneau en or.

Bibliographie: Peretti 1966; Grosjean 1972a.

Poghjaredda (Sotta): Le site est localisé sur la partie sommitale du Monte Rotondu, une colline située à 7 km du rivage et dominant une vaste plaine entre Sotta et Porto-Vecchio. Les fouilles conduites par F. de Lanfranchi entre 1986 et 1987 ont été motivées par la présence d'un petit dolmen. Celui-ci se trouve au centre d'une aire empierrée circulaire d'une dizaine de mètres de diamètre. Il se compose de 3 dalles de granite fines et polies et d'une dalle de couverture, aujourd'hui renversée à l'extérieur du monument. À la suite de la découverte de plusieurs structures à proximité du monument, les fouilles

Alignement de Paddaghju (cliché C. Costa).

ont été étendues sur une surface de 400 m^2 ; ce qui a permis la mise au jour de 992 pièces lithiques et près de 500 tessons céramiques. Ces vestiges provenaient d'une couche archéologique peu épaisse, présente sur toute la surface du site à une vingtaine de centimètres de la surface actuelle du sol. L'analyse des vestiges lithiques a montré que le mobilier était constitué de déchets de taille, d'éléments de meunerie et d'outillages lithiques abandonnés après usage et correspondait sans nul doute aux rejets d'activités domestiques. À quelques mètres du dolmen, une structure rectangulaire d'environ 30 m^2, délimitée par des murets en pierre et contenant de nombreux fragments de meules et de molettes, fut interprétée comme les restes d'une habitation. Les vestiges céramiques et lithiques sont très homogènes et possèdent les caractéristiques des productions du IVe millénaire.

Bibliographie : Lanfranchi 1985 ; Lanfranchi et Costa 2000.

Presa-Tusiu (Altagène) : il s'agit d'un vaste habitat de plein air, localisé sur un plateau en bordure d'une haute vallée à 750 m d'altitude et à plus de 12 km du rivage le plus proche. Récemment fouillé par F. de Lanfranchi, le site s'étend sur plusieurs petites terrasses et comprend les restes d'un petit *Castellu* de l'Âge du Bronze et de nombreuses structures rectangulaires formées de murets en pierres sèches et de quelques dalles plantées de chant. Les datations obtenues témoignent d'une occupation, probablement discontinue, s'étalant entre le Ve et le Ier millénaire av. J.-C.

Bibliographie : *BSSRA* de 1991 à 1998.

Punta Campana (Sotta) : Dominant le village de Sotta et la plaine de Figari, le site occupe la partie sommitale d'une butte où se concentrent de vastes chaos granitiques présentant de nombreux abris sous roche. Il a livré, en surface, un très grand nombre de

L'abri de Scaffa Piana (cliché J. Magdeleine).

archéologiques par un niveau totalement stérile (c.XIX).

La couche XVIII a livré des vestiges datés de la fin du IVe millénaire. Leur modicité suggère une fréquentation passagère de l'abri, mais les fouilles n'ayant été menées que sur 12 m^2, il est difficile de statuer sur la réelle ampleur de cette occupation. La couche XVIII contenait 253 restes fauniques (caprinés : NR = 45 ; *Sus Scroffa ssp.* : NR = 23 ; *Bos taurus* : NR = 6 et *Prolagus* : NR = 3), 57 pièces lithiques et près de 200 tessons céramiques. Si certains d'entre eux sont épais et peu soignés, la grande majorité correspond à des céramiques fines dont les formes et les décors rappellent les récipients des sites de Monte Grosso, Carcu et Araguina-Sennola, datés de la même période.

Bibliographie : Magdeleine et Ottaviani 1983.

Settiva (Petreto-Bicchisano) : Ce dolmen est localisé sur les pentes d'une petite colline, qui domine la vallée de l'Orgonu. Il fut fouillé en 1970 par R. Grosjean qui découvrit, outre les restes d'inhumations médiévales, une vingtaine de tasses datant de l'Âge du Bronze. Très bien conservé, ce dolmen en granite se compose de trois orthostates, d'une dalle de couverture et de deux petites dalles fermant partiellement l'entrée. Il est ceinturé à mi-hauteur par un imposant tertre de terre maintenu par une couronne de grosses pierres. Ce tertre, de forme hémisphérique, n'englobe pas l'entrée de la chambre. Celle-ci a une forme rectangulaire et s'étend sur environ 5 m^2. Deux menhirs, dont un brisé, sont plantés à un mètre de l'ouverture.

Bibliographie : Grosjean 1972b.

Southwell (Vivario) : La grotte Southwell se situe dans la zone montagneuse de l'île, à

Dolmen de Settiva, vue de dos (cliché L.J. Costa).

Grotte de Southwell (cliché L.J. Costa).

930 mètres d'altitude, au pied du massif du Monte d'Oro, dans un secteur de faible pente en bordure d'un petit ruisseau. Cette grotte renferme un espace de petite dimension (moins de 20 m^2), mais il est possible que des structures légères lui aient été adjointes pour former un ensemble habitable plus vaste. Elle fut vidée de son contenu à la fin du XIXe siècle par Forsyth-Major et les pièces archéologiques récoltées ont été dispersées. Une cinquantaine de tessons entreposés au musée ethnographique de Florence a fait l'objet d'une étude publiée (Cocco et Usai 1989). 4 d'entre eux sont décorés d'impressions de *Cardium*, 6 d'impressions diverses rappelant également les productions du Cardial et 4 de lignes poinçonnées. Les autres tessons décorés possèdent les caractéristiques des productions du IIIe millénaire. Une autre étude sous forme d'un rapport d'inventaire, effectuée sur les collections entreposées à Rome, témoigne également de l'existence de vestiges céramiques et lithiques datant du IIIe millénaire (Rostan 1981). Au vu de ces deux inventaires, nous pouvons déduire que l'abri avait été occupé durant deux périodes néolithiques distinctes et distantes dans le temps, au VIe millénaire et au IIIe millénaire.

Le musée de préhistoire de Sartène détient également quelques pièces lithiques issues des ramassages effectués par le père Doazan dans les déblais des fouilles de Forsyth-Major. Ce mobilier comprend 27 pointes de flèche datant sans nul doute de la fin du Néolithique, 28 fragments de lames débitées par percussion indirecte et 98 armatures tranchantes tout à fait caractéristiques du Néolithique ancien cardial et poinçonné.

Bibliographie: Cocco et Usai 1989; Costa *et al.* 2002b.

Statue-menhirs de Buccentone, Murtula et Murellu, exposées sur la place du village de Piève (cliché F. Lontcho).

Statue-menhir de Buccentone (Piève) : Cette statue-menhir, en schiste, fut découverte en 1956 à l'entrée d'un petit défilé rocheux montant au col de Tenda, à près de 1 000 m d'altitude. Elle est très érodée et les attributs de son visage ne sont aujourd'hui plus visibles. Elle se trouve actuellement exposée sur la place du village de Piève, avec 2 autres exemplaires trouvés dans la région (la statue-menhir de Murtula et celle de Murellu).

Bibliographie : Grosjean 1956.

Statue-menhir de Castaldu (Ciamannacce) : Découverte par G. Peretti en 1981, dans la haute vallée du Taravo, cette statue de granite, dont ne subsiste que le buste, appartenait vraisemblablement à un alignement aujourd'hui disparu et dont il ne reste que quelques fragments de monolithes réemployés dans des murets voisins. Elle fut souvent interprétée comme une figuration féminine, en raison de la présence de pectoraux en relief de forme circulaire. Il est toutefois plus prudent de considérer cet attribut comme la représentation d'une armure dont les pectoraux seraient saillants, d'autant que la statue est également armée d'une épée.

Bibliographie : Peretti 1986.

Statue-menhir *E Collule* (Murato) : Il s'agit du fragment supérieur d'une statue en schiste, découvert en 1985 sur un petit plateau du massif de Tenda. La roche utilisée étant très friable, aucun attribut n'a été conservé. Cette statue est aujourd'hui entreposée au village de Piève.

Bibliographie: Leandri 2000.

Statue-menhir de l'Inzecca (Pietroso): Actuellement conservée au musée d'Aléria, cette statue fut découverte dans la plaine orientale, au débouché du défilé de l'Inzecca, une des principales voies qui permet de traverser la Corse, d'est en ouest. Il est probable que cette statue appartenait jadis à un alignement. Elle est très érodée et ses attributs sont peu visibles.

Bibliographie: Grosjean 1955.

Statue-menhir *Nuvallela* (Santa-Lucia-di-Mercuro): Découverte en 1995 à la suite de travaux agricoles, cette statue en schiste est la seule connue dans la dépression de Corté, au centre de la Corse. Elle fut découverte isolée, dans une plaine, en bordure de la rivière Tavignanu. Bien que très érodée, elle présente encore un long nez en relief et 2 oreilles nettement dégagées. Aucun attribut vestimentaire n'est toutefois observable.

Bibliographie: Weiss 1998.

Statue-menhir *Santa Maria* (Cambia): Connue dès le XIXe siècle, cette statue-menhir en schiste se dresse au cœur de la Castagniccia, près de la chapelle romane de Santa Maria à Cambia. Très dégradée, elle présente une silhouette particulièrement longiligne. Sur le fût, plusieurs dizaines de petites cupules et une croix gravées sont visibles.

Bibliographie: Grosjean 1955.

Statue-menhir *Santa Naria* (Olmeto): Cette statue en granite d'une longueur de 3,74 m est la plus grande de Corse. Elle fut étudiée par R. Grosjean en 1974 qui supposa qu'elle devait appartenir à un alignement détruit, situé sur un petit col, quelques mètres au-dessus de son emplacement actuel, non loin de l'habitat fortifié de Turricciola. Elle est casquée et armée d'une épée suspendue à un baudrier scapulaire.

Bibliographie: Grosjean 1974.

Statue-menhir de Tavera (Tavera): Elle fut découverte en 1961, à près de 1 000 m d'altitude, sur les pentes du massif qui domine la vallée de la Gravona. Aujourd'hui redressée, elle se trouve à quelques mètres du lieu de sa découverte, en contrebas du site médiéval *Castellu*.

Bibliographie: Lamotte 1961; Grosjean 1963.

Statue-menhir *U Nativu* (Barbaghju): Cette statue en calcaire fut découverte en 1965 lors de travaux agricoles. L'endroit fut fouillé par J. Magdeleine et J.-C. Ottaviani, qui mirent en évidence l'existence d'un alignement aujourd'hui disparu. Elle présente des pectoraux carrés, en relief, qui évoquent le port d'une armure. Cette statue est aujourd'hui restaurée et exposée sur la place du village de Patrimonio.

Bibliographie: Grosjean 1968.

Statue-menhir *U Paladinu* (Serra-di-Ferro): Découverte à 750 m du dolmen *Tola di U Turmentu*, cette statue de granite, aujourd'hui très érodée, était connue dès le début du XXe siècle. Elle fut redressée en 1962, à proximité du lieu de sa découverte, sur un petit mamelon dominant le fleuve Taravo.

Bibliographie: Grosjean 1955.

Statue-menhir *U scuminacatu* (Cargèse): Cette statue en granite fut découverte en 1993 dans la petite vallée de Bulbia, à proximité d'un cours d'eau. Ses pectoraux sont habillés de 2 plaques rectangulaires en relief, évoquant le port d'une armure.

Bibliographie: Cesari et Leandri 1994.

Strappazzola (Zonza) : À proximité du site de Tozze Bianca, plusieurs ramassages de surface, sur les pentes d'une petite butte littorale, ont permis à A. Pasquet de récolter plusieurs centaines de vestiges lithiques et céramiques appartenant à différentes phases du Néolithique. Cinq tessons décorés de lignes poinçonnées et un tesson cardial ont ainsi été découverts, témoignant d'une fréquentation du lieu dès le Néolithique ancien. Les autres vestiges renvoient aux productions des Ve, IVe et IIIe millénaires.

Bibliographie: Pasquet 1979.

Strette (Barbaghju) : L'abri de Strette, localisé sur une falaise de molasses miocènes, s'ouvre en bordure du fleuve "A Strutta", dans un petit défilé reliant le golfe de Saint-Florent à la plaine de Poggio-d'Oletta. Le site est proche de la côte, à la limite de la terre ferme et du rivage où s'étendait au siècle dernier la zone de delta du fleuve. Cet abri sous auvent, de modestes dimensions, a été creusé par les crues et le vent. Il n'est absolument pas protégé en cas de montée des eaux et est susceptible d'être inondé lors des fortes pluies automnales ou hivernales. Il n'est donc pas propice à une occupation durable toute l'année. L'exiguïté du lieu est également peu compatible avec l'installation de grandes communautés villageoises. En revanche, l'endroit semble très favorable à l'établissement de haltes temporaires ou de campements saisonniers.

Au début des années 1980, J. Magdeleine et J.-C. Ottaviani y ont mené des fouilles de sauvetage, une pelleteuse ayant détruit en partie les niveaux archéologiques. Ces opérations archéologiques ont été conduites selon deux chantiers disjoints (Strette 1 et Strette 2), situés de part et d'autre de la zone détruite. Seul le chantier Strette 2 a livré des niveaux datés du Mésolithique (couches XXIV et XXII), sur une surface à peine supérieure à 2 m^2. Ces deux couches sont séparées par un dépôt stérile, formé par l'effritement des parois de l'abri. L'existence de ce dernier prouve la discontinuité de l'occupation de l'abri, au cours du Mésolithique.

Chacun des secteurs a livré les vestiges d'une importante occupation datée du Néolithique ancien cardial (couches XIV et XX). Aucune différence significative n'a été observée dans le contenu archéologique des zones fouillées. Elles rassemblent 1 118 tessons céramiques (couche XIV : 654 tessons ; couche XX : 464), dont les fragments de quatre à six grands récipients d'un diamètre supérieur à 50 cm. Ils étaient situés côte à côte à demi enterrés dans un coin de l'abri et devaient vraisemblablement servir au stockage de denrées. Plusieurs de ces fragments portent des trous de réparation qui témoignent d'une certaine durée d'utilisation. Les autres vestiges récoltés se composent de près de 80 kg de coquilles, principalement des huîtres, de fragments osseux (c. XIV : *Caprini* ind. : NR = 3, NMI = 1 ; *Sus scrofa* ssp. : NR = 1 ; *Prolagus sardus* : NR = 215, NMI = 11), de deux meules portatives et de 1 036 pièces lithiques. L'analyse des formes et des décors céramiques a montré de nettes convergences avec le site de Basi, mais également une plus grande diversité des décors avec des cordons imprimés de ponctuations et des impressions de coups d'ongle, de coquilles de moule et de poinçons de sections diverses. La diversité des thèmes décoratifs témoigne de différences chronologiques. La couche archéologique, épaisse d'environ 20 cm, représente donc un palimpseste et résulte de plusieurs occupations discontinues, s'étalant vraisemblablement sur plusieurs siècles.

La couche XIII surmonte la couche XIV dans la partie du site nommée Strette 1. Elle a été fouillée en 1979 par J. Magdeleine et J.-C. Ottaviani sur environ 6 m^2 et a livré 458 tessons céramiques, 603 pièces lithiques, des restes d'animaux domestiques (*Bos sp.* : NR = 9, NMI = 1 ; *Caprini* ind. : NR = 8, NMI = 2 ; *Sus scrofa ssp.* : NR = 2, NMI = 2), de

Prolagus sardus (NR = 2, NMI = 1) et près de 400 coquilles appartenant à des espèces marines très diversifiées telles qu'huître, cardium, patelle, palourde, praire, moule, troque et murex. Le mobilier étudié est dans l'ensemble homogène et aucun remaniement n'a été remarqué à ce niveau de la stratigraphie.

Les couches suivantes (c. XII de Strette 1 et c. XIV, XV et XVI de Strette 2) contenaient de faibles quantités de vestiges datant du IVe millénaire. Leur étude a montré que les occupations correspondaient à de brefs passages de petits groupes d'individus.

Surmontant les couches du IVe millénaire, la couche XIII de Strette 2 a livré des vestiges attribuables à la fin du Néolithique ou au début de l'Âge du Bronze, en particulier des restes fauniques, 18 pièces lithiques dont une pointe de flèche pédonculée à ailerons, des tessons céramiques dont deux anses en ruban, deux fonds plats et deux fragments de panse décorés de cordons imprimés. Cette couche n'est toutefois pas exempte de remaniements avec les niveaux supérieurs datés de l'Âge du Bronze et de l'Âge du Fer, mais elle présente quelques éléments céramiques et lithiques caractéristiques du IIIe ou du début du IIe millénaire (anses en ruban, fonds plats, cordons imprimés, pointe de flèche), inconnus des couches sus-jacentes.

Bibliographie: Magdeleine 1984; Magdeleine et Ottaviani 1986; Costa *et al.* 2002a; Costa *et al.* sous presse.

Tappa (Porto-Vecchio): Installé sur une petite butte d'accès relativement facile, cet

Vue du rempart du *Castellu* de Tappa (cliché C. Costa).

édifice devait être l'un des plus importants de Corse. Un réseau d'importantes murailles, aujourd'hui très arasées, protégeait le village qui s'étendait au pied du *Castellu*. On accédait à ce dernier par un escalier étroit, aujourd'hui disparu, aménagé dans l'épaisseur des murs. Le monument a toutefois conservé une partie de son enceinte et une *Torre*, sur les 2 ou 3 qu'il comptait à l'origine. Cette *Torre* présente un plan assez complexe en raison de la multiplicité des couloirs secondaires, dont 2 conduisent à des sorties dérobées. Elle possède encore les premières marches de l'escalier en colimaçon qui permettait de gagner le niveau supérieur.

Bibliographie: Grosjean 1962.

Terrina I (Aléria): À proximité des ruines de la ville antique d'Aléria et de sa nécropole, des sondages effectués par J. Jehasse, G. Congès et A. Roth dans les années 1970 ont permis la découverte de plusieurs indices de sites attribuables au Néolithique ancien, notamment une vingtaine de tessons de céramique cardiale et deux petits foyers, dont un fut daté de la seconde moitié du VIe millénaire. Ces sondages ont été réalisés à quelques centaines de mètres les uns des autres, sur de petites buttes situées en bordure des étangs *del Sale* et *Urbinu*, à une centaine de mètres du bord de mer.

Bibliographie: Camps 1979.

Terrina IV (Aléria): Il s'agit d'une fosse-dépotoir, implantée sur une butte localisée à proximité de l'étang d'eau salée de Diane, à moins de 2 km du rivage actuel. Fouillée sur une quinzaine de m^2 par G. Camps entre 1975 et 1981, la fosse a été subdivisée en quatre couches contenant des vestiges très homogènes et fournissant des datations très rapprochées; ce qui suggère un comblement très rapide. La fosse était recouverte d'une nappe de sédiment riche en vestiges archéologiques, s'étendant « *largement en auréole autour d'elle* » (Camps (dir.) 1988, p. 54). La disposition de cette nappe et la topographie du secteur suggèrent que l'habitat était situé sur un petit replat, au-dessus de la fosse. Celle-ci a visiblement servi de dépotoir dans lequel toutes sortes de déchets ont été jetés. Les vestiges témoignent d'activités variées comprenant l'élevage, l'agriculture (meules, matériel de broyage, outils de percussion lancée en pierre polie), la métallurgie (creusets, scories), la confection de textiles (fusaïoles), la collecte d'huîtres et la pêche printanière d'espèces lagunaires de faibles profondeurs. L'analyse des 1850 restes fauniques a montré une « *amélioration zootechnique de la race porcine locale, probablement par l'introduction de souches continentales plus évoluées, la possible castration (tardive) de béliers, la bonne maîtrise de la gestion démographique des troupeaux, [...] la faible part de la prédation* » (Vigne 1988, p. 233-234). En revanche, J.-D. Vigne a décelé des anomalies de croissance notamment chez les ovins et suggère l'existence de périodes de l'année où l'alimentation était insuffisante, impliquant l'absence de transhumance, voire de réserves de nourriture pour les troupeaux. Enfin, cette analyse a mis en lumière l'utilisation d'outils métalliques pour la découpe bouchère.

Bibliographie: Camps 1988; Camps (dir.) 1988.

Tivolaghju (Porto-Vecchio): Localisé dans la plaine en bordure du fleuve *Stabacciu* et fouillé dans les années 1960 par R. Grosjean et J. Liegeois, le site se composait de deux coffres mégalithiques, chacun inséré dans un cercle de pierres comprenant plusieurs menhirs. Un seul de ces coffres subsiste aujourd'hui, sur une petite butte au milieu d'un champ. Régulièrement labouré, ce champ a livré d'importantes quantités d'obsidienne renvoyant aux productions du IVe millénaire et témoignant de la présence d'un habitat vraisemblablement antérieur à l'édification des mégalithes.

Bibliographie: Grosjean et Liegeois 1964; Costa 2000.

Tola di U Turmentu (Serra-di-Ferro): Situé sur une petite colline surplombant le fleuve *Taravo*, ce petit dolmen se compose de blocs de granite à peine dégrossis et d'une dalle de couverture. Un gros bloc, dans le prolongement de l'entrée, et plusieurs autres épars autour du mégalithe, pourraient suggérer que le monument actuel n'est que le vestige d'un ensemble plus vaste, comprenant notamment un couloir d'accès.

Bibliographie: Grosjean 1957; Lanfranchi 1986.

Torre (Porto-Vecchio): Ce monument coiffe le sommet d'une butte littorale qui domine le hameau de Torre. Il s'agit d'une construction semi-circulaire, accolée à un énorme rocher. Elle ne possède pas de chambre, dans sa partie conservée, mais un couloir et deux diverticules. Au fond du couloir, un conduit d'aération, encore visible, permettait d'évacuer la fumée. De grandes dalles couvrent le couloir et les diverticules. La partie supérieure du monument, auquel on devait accéder par un escalier extérieur, n'a pas été conservée.

Bibliographie: Grosjean 1959.

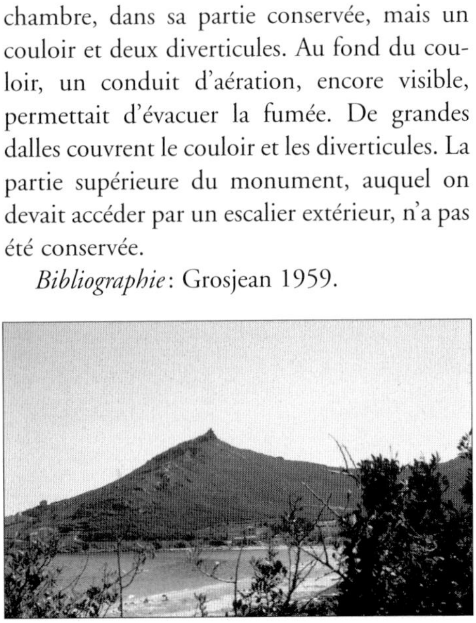

L'abri de Torre d'Aquila sur la crête rocheuse qui domine la baie de Pietracorbara (cliché J. Magdeleine).

Torre d'Aquila (Pietracorbara): Il s'agit d'un petit abri situé sur une colline, à l'embouchure d'une vallée étroite, en bordure du rivage. Fouillé par J. Magdeleine en 1986 et 1987, ce site a livré plusieurs couches archéologiques, dont un niveau (couches 7 et 8) daté du début du VIIe millénaire. Il s'étendait sur près de 5 m^2 et contenait des vestiges lithiques, des coquilles marines, 3918 ossements de *Prolagus* et une sépulture, en partie remaniée par les occupations néolithiques. Ces remaniements n'ont affecté qu'une petite partie du site, le long de la paroi de l'abri, les autres secteurs fouillés n'ayant montré aucun creusement ni mélange de mobilier.

Surmontant ce niveau mésolithique, la couche 6 a livré des vestiges de la fin du VIe millénaire, notamment des tessons de céramiques poinçonnées. Elle semble nettement séparée du niveau sous-jacent, à l'exception de la zone en contact avec la sépulture mésolithique. En revanche, la séparation avec le niveau sus-jacent (couche 5) semble moins nette et des mélanges ont été décelés, sans pour autant atteindre des proportions importantes. J. Magdeleine a ainsi signalé la présence dans la couche 5 de quelques tessons pouvant provenir de la couche 6. De même, une incisive lactéale de veau, découverte dans la couche 6, pourrait provenir de la couche 5 qui contenait également un reste de jeune bovin. Quoi qu'il en soit, le mobilier trouvé dans la couche 6 est plutôt homogène. Il se compose de 72 tessons céramiques d'une dimension supérieure à 2 cm, de 401 pièces lithiques, de 624 ossements (*Caprini* ind.: NR = 33, NMI = 4; *Sus scrofa* ssp.: NR = 5, NMI = 2; *Bos* sp.: NR = 1; *Prolagus sardus*: NR = 74, NMI = 12), et de près de 3000 coquilles, principalement des Patelles.

La couche 5 surmonte directement le niveau du Néolithique ancien poinçonné et est isolée de la sépulture de l'Âge du Bronze (couche 2) par deux niveaux stériles (couches 3 et 4). La couche 5 a été fouillée sur environ

11 m^2. Elle contenait 160 pièces lithiques, 257 tessons céramiques, trois fragments d'os appointés, 200 restes d'invertébrés (142 de Patelles) et 583 restes de vertébrés dont 116 déterminés (poissons : NR = 2 ; oiseaux : NR = 1 ; *Prolagus* : NR = 11, NMI = 1 ; *Rhagamys* (mulot géant) : NR = 2, NMI = 1 ; caprinés : NR = 69, NMI = 4 ; *Sus scrofa ssp* : NR = 30, NMI = 5 ; *Bos taurus* : NR = 1). Tous ces vestiges étaient répandus autour d'une zone comprenant les restes de trois foyers superposés et une petite accumulation de pierres plates.

Bibliographie : Magdeleine 1995 ; Vigne 1995a.

Tozze Bianca (Zonza) : Sur un petit mamelon situé à 1,5 km de la baie de San Ciprianu, les sondages réalisés par A. Pasquet ont livré du mobilier datant de différentes périodes néolithiques, dans des couches fortement remaniées. Parmi les vestiges mis au jour se trouvaient deux tessons céramiques décorés d'impressions cardiales. D'autres sondages réalisés en 1993 n'ont pas permis de retrouver d'autres éléments attribuables au Néolithique ancien.

Bibliographie : Pasquet 1979.

Tremeca (Casaglione) : Signalé en 1966 par R. Grosjean, ce dolmen est l'un des plus grossiers de Corse. Bâti sur un affleurement rocheux, il se compose de gros blocs de granite à peine dégrossis. Il mesure près de 3 m de long et 2 de large. La dalle de couverture ne recouvre que l'arrière du monument, qui s'apparente ainsi à un dolmen à couloir. Il est toutefois possible qu'une autre dalle, aujourd'hui détruite, complétait jadis la couverture.

Bibliographie : Grosjean 1966 ; Lanfranchi 1986.

U Grecu (Sartène) : Localisé sur une terrasse suspendue de la *Punta di* U Grecu, à une dizaine de mètres des abris Cauria XX-XXI et

Dolmen de Tremeca (cliché L.J. Costa).

à moins d'un kilomètre de Renaghju, le site a fait l'objet d'une campagne de sondages dirigée par P. Tramoni et R. Chesa, en juillet 1998. Les fouilles ont permis la mise au jour d'une succession de couches datant de l'Âge du Fer et du Chalcolithique. Le niveau chalcolithique (IIIe millénaire) représentait plus de 40 cm d'épaisseur sur toute la zone sondée, soit 19 m^2. Il a livré une quantité de vestiges très importante (plus de 2000 tessons et 1 311 pièces lithiques), suggérant la présence d'un habitat à proximité.

Lors d'un sondage de 3 m^2, à près d'un mètre de profondeur et au contact de l'arène granitique, une couche contenant du mobilier néolithique mélangé à des vestiges datant vraisemblablement du Néolithique ancien fut découverte. Les tessons céramiques étaient très érodés et n'ont pas livré de décors identifiables. En revanche, parmi les 320 pièces lithiques collectées, se trouvaient plusieurs éléments caractéristiques du Néolithique ancien, en particulier quatre armatures tranchantes de forme trapézoïdale en silex (dont 2 trapèzes) et trois fragments de lames en silex, débitées par percussion indirecte.

Bibliographie: *BSSRA* 1999.

Vasculaghju (Sotta) : Le site est localisé sur une des buttes en contrebas du village de Sotta. Il regroupe huit coffres mégalithiques et plusieurs menhirs, tous fortement endommagés par des travaux récents. Les coffres furent fouillés dans les années 1960 par R. Grosjean et J. Liegeois. Les travaux de terrassement et le creusement d'une route à travers le site ont mis au jour une couche archéologique, riche en obsidienne, s'étendant sur toute la butte de Vasculaghju et correspondant probablement aux rejets d'un habitat néolithique.

Bibliographie: Grosjean et Liegeois 1964 ; Costa 2000.

Une des statues-menhirs du site de Filitosa (cliché J. Cesari).

Références bibliographiques

ACQUAVIVA L., 1976, *La Préhistoire du Niolo.* Société archéologique du Centre Corse, Albertacce.

ANDERSON-GERFAUD P., INIZAN M.-L., LECHEVALLIER M., PELEGRIN J. et PERNOT M., 1989, « Des lames de silex dans un atelier de potier harappéen : interaction de domaines techniques » *Compte rendu de l'Académie des Sciences* 308, Série II, p. 443-449.

ANNA A. (d'), MARCHESI H. et TRAMONI P., 2001, (avec la collaboration de F. Demouche et C. Gilabert) « Renaghju (Sartène, Corse-du-Sud), un habitat de plein-air néolithique ancien en Corse », *Bulletin de la Société Préhistorique Française* 98, 3, p. 431-444.

ARCA M.F., MARTINI F., PITZALIS G., TUVIERI C. et ULZEGA A., 1982, « Il deposito quaternario con industrie del Paleolithico inferiore di Sa Pedrose-Pantallinu (Sassari) », *Rivista di Sienze Preistoriche* 37, 1-2, p. 31-53.

ATZENI E., 1966, « L'abri sous roche D' du village préhistorique de Filitosa », *Actes du Congrès Préhistorique de France* (Ajaccio 1966), compte rendu de la XVIIIème session, Paris, p. 169-192.

BAGOLINI B., 1971, Considerazione preliminari sull'industria litica dei livelli neolitici di Romagno (Trento), *Preistoria Alpina* 7, p. 107-133.

BAILLOUD G., 1969a, « Fouilles de Basi (Serra-di-Ferro, Corse). Campagne de 1968 », *Corse Historique* IX, 33, p. 49-64.

BAILLOUD G., 1969b, « Fouille d'un habitat néolithique et torréen à Basi », *Bulletin de la Société Préhistorique Française* 66, p. 367-383.

BAILLOUD G., 1971, *Rapport de fouilles, Basi.* Service Régional de l'Archéologie, inédit, Ajaccio.

BAILLOUD G., 1972, « Datations C14 pour le site de Basi », *Bulletin de la Société Préhistorique Française* 69, 3, p. 71-72.

BAILLOUD G. et MIEG DE BOOFZHEIM P., 1955, *Les civilisations néolithiques de la France dans leur contexte européen.* A. et J. Picard, Paris.

BAKELS C., 1982, « Zum wirtschaftlichen Nutzungsraum einer bandkeramischen Sieldlung ». *In J. Pavuk (ed.) Sieldlungen der Kultur mit Linearbandkeramik in Europa.* Archäologisches Institut der Slowakischen Akademie der Wissenschaften, Nitra, p. 9-16.

BARBAZA M., GUILAINE J. et VAQUER J., 1984, « Fondements chrono-culturels du Mésolithique en Languedoc occidental », *L'Anthropologie,* 88, 3, p. 345-365.

BARKER G., 1975, « Cultural and economic change in the Prehistory of Central Italy », *in C. Renfrew (ed.) The explanation of culture change,* Duckworth, Londres, p. 111-175.

BEECHING A., 1995, « Nouveau regard sur le Néolithique ancien et moyen du bassin rhodanien », *in J.-L. Woruz (ed.) Chronologies néolithiques : de 6000 à 2000 ans avant notre ère dans le Bassin rhodanien.* Colloque d'Ambérieu-en-Bugey (19-20 sept. 1992), Société préhistorique rhodanienne, Document du Département d'anthropologie et d'écologie de l'Université, 20, p. 93-111.

BEECHING A., 1999, « Les premières étapes de circulation et de peuplement dans les Alpes françaises au Néolithique. Apport de la Céramique », *in A. Beeching (dir.) Circulations et identités culturelles alpines à la fin de la Préhistoire. Matériaux pour une étude (prog. CIRCALP 1997-1998),* Travaux du Centre d'Archéologie Préhistorique de Valence, 2, p. 427-479.

BINDER D., 1984, « Systèmes de débitage laminaire par pression : exemples chasséens provençaux », *Préhistoire de la pierre taillée, 2 : économie du débitage laminaire,* IIIe table ronde de technologie lithique Meudon-Bellevue (octobre 1982), Cercle de recherches et d'Etudes préhistoriques, Paris, p. 71-94.

BINDER D., 1987, *Le Néolithique ancien provençal : technologie et typologie des outillages lithiques,* Supplément à Gallia-Préhistoire 24, Editions du CNRS, Paris.

BINDER D., 1989, « Aspects de la néolithisation dans les aires padane, provençale et ligure », *in O. Aurenche et J. Cauvin (dir.) Néolithisation*, British Archaeological Reports International Series 516, Oxford, p. 199-226.

BINDER D. (dir.), 1991, *Une économie de chasse au Néolithique ancien. La grotte Lombard à Saint-Vallier-de-Thiey (Alpes-Maritimes)*, Monographie du CRA, 5, Editions du CNRS, Paris.

BINDER D., 1995, « Eléments pour la chronologie du Néolithique ancien à céramique imprimée dans le Midi », *in J.-L. Woruz (ed.) Chronologies néolithiques: de 6000 à 2000 ans avant notre ère dans le Bassin rhodanien.* Colloque d'Ambérieu-en-Bugey (19-20 sept. 1992), Société préhistorique rhodanienne, Document du Département d'anthropologie et d'écologie de l'Université, 20, p. 50-65.

BINDER D. et GASSIN B., 1988, « Le débitage laminaire chasséen après chauffe: technologie et traces d'utilisation », *in S. Beyries (ed.) Industries lithiques: tracéologie et technologie*, British Archaeological Reports International series 411, 1, p. 93-125.

BINDER D. et PERLÈS C., 1990, (avec la collaboration de M.-L. Inizan et M. Lechevallier), « Stratégies de gestion des outillages lithiques au Néolithique », *Paléo* 2, p. 257-283.

BINFORD L.R., 1979, « Organization and Formation Processes: Looking at Curated Technologies », *Journal of Anthropological Research* 35, 3, p. 255-273.

BINFORD L.R., 1980, « Willow Smoke and Dogs'Tails: Hunter-Gatherer Settlement Systems and Archeological Site Formation », *American Antiquity* 45, 1, p. 4-20.

BINTLIFF J.L., 1977, *Natural environment and human settlement in Prehistoric Greece*, British Archaeological reports Supplementary Series 28, Oxford.

BINTZ P., 1989, « Passage des prédateurs aux producteurs dans les Alpes et les régions voisines », *in J.-P. Mohen (ed.) Le temps de la préhistoire, 1*, (Société préhistorique française), Archeologia, Dijon, p. 359-361.

BISI F., BROGLIO A., DALMERI G., LANZINGER M. et TARTORELLI A., 1987, « Les bases mésolithiques du Néolithique ancien du sud des Alpes », *in J.K. Kozlowski (ed.) Chipped stone of the Early Farming Cultures in Europe.* (Actes du colloque de Cracovie 1985), Warsaw University and Jagiellonian University, (Archaeologia Interregionalis), Cracovie, p. 381-422.

BLEED P., 1986, « The optimal design of hunting weapons: Maintainability or reliability », *American Antiquity* 51, 4, p. 737-747.

BONIFAY E., GAUTHIER A., WEISS M.-C., CAMPS G., CESARI J. et LANFRANCHI F. (de), 1990, *Préhistoire de la Corse*, Centre Régional de Documentation Pédagogique, Circonscription des Antiquités Préhistoriques de Corse, Ajaccio.

BONIFAY E., BASSIAKOS Y., BONIFAY M.-F., LOUCHART A., MOURER-CHAUVIRÉ C., PEREIRA E., QUINIF Y. et SALOTTI M., 1998, « La grotte de La Coscia (Rogliano, Macinaggio): étude préliminaire d'un nouveau site du Pléistocène supérieur de Corse », *Paléo* 10, p. 17-41.

BONNEMAISON J., 1991, « Vivre dans l'île, une approche de l'îléité », *L'espace géographique* 2, p. 119-125.

BOSTYN F., 1994, *Caractérisation des productions et de la diffusion des industries lithiques du groupe néolithique du Villeneuve-Saint-Germain.* Thèse de Doctorat, Université Paris X, Nanterre.

BOSTYN F., 1995, « Variabilité de l'économie des matières premières lithiques dans le groupe de Villeneuve-Saint-Germain », *Revue archéologique de l'Ouest*, suppl.17, p. 31-41.

BUI THI MAÏ, 1988, « Quelques aspects de la flore néolithique révélés par l'analyse pollinique de deux sites archéologiques de la Balagne (A Petra et Carcu) », *in M.-C. Weiss (dir.) Les temps anciens du peuplement de la Corse, la Balagne*, tome I, Université de Corse, Nice, p. 99-103.

CALVI REZIA G., 1980, « La ceramica impressa di Pienza (Toscana) e quella di Basi (Corsica) », *Rivista di scienze preistoriche* 35, 1-2, p. 323-334.

CAMPS G., 1978, « Aperçu sur la Préhistoire corse et ses problèmes », *Société d'Etudes et de recherches préhistoriques* 28, Les Eyzies, p. 1-22.

CAMPS G., 1979, « La préhistoire dans la région d'Aléria », *Archeologia corsa*, Mémoires et Etudes 4, p. 5-22.

CAMPS G., 1988, *Préhistoire d'une île*, Editions Errance, Paris.

CAMPS G. (dir.), 1988, *Terrina et le Terrinien: Recherches sur le Chalcolithique de la Corse*, Ecole française de Rome.

CARDINI L., 1980, « La necropoli mesolitica delle Arene Candide (Liguria) », *Memorie dell'Istituto Italiano di Paleontologia Umana* III, p. 9-31.

CASSEN S. et L'HELGOUACH J., 1992, « Du symbole à la crosse: chronologie, répartition et interprétation », *Revue archéologique de l'Ouest*, suppl. 5, p. 223-235.

CAUVIN J., 1968, « Les outillages néolithiques de Byblos et du littoral libanais », *Fouilles de Byblos IV.* A. Maisonneuve, Paris.

CAUVIN J., 1994, *Naissance des divinités. Naissance de l'agriculture. La Révolution des symboles au Néolithique*, Empreintes, Editions du CNRS, Paris.

CAUVIN M.-C., 1983, « Les faucilles préhistoriques du Proche-Orient. Données morphologiques et fonctionnelles », *Paléorient* 9, 1, p. 63-78.

CESARI J., 1986, « Nouveaux monuments préhistoriques de la vallée du Taravo (Corse-du-Sud) », *Bulletin de la Société des Sciences Historiques et Naturelles de la Corse* 651, 1, p. 91-125.

CESARI J., 1987a, « Le Néolithique et le Chalcolithique du gisement des Calanchi (Sollacaro, Corse-du-Sud). Note de présentation », *Bulletin de la Société des Sciences Historiques et Naturelles de la Corse* 652, 3, (Actes du colloque de Bastia, mai 1987), p. 319-358.

CESARI J., 1987b, « Résultats archéologiques sur deux gisements de la Corse du Sud : I Calanchi-Sapara Alta (Sollacaro) et Calzola-Castellucciu (Pila-Canale) », *Atti del 2° Convegno di studi : Un millennio di relazioni fra la Sardegna e i Paesi del Mediterraneo*, Selargius-Calgari (1986), STEF-SPA, Cagliari, p. 465-477.

CESARI J. 1988, « Le Terrinien du site des Calanchi (Sollacaro - Corse du Sud) », *in G. Camps (dir.) Terrina et le Terrinien : Recherches sur le Chalcolithique de la Corse*, Ecole française de Rome, p. 294-312.

CESARI J., 1992, « New contributions to the study of the Megalithic in Corsica », *in R.H. Tykot et T.K. Andrews (eds) A foot print in the sea*, Sheffield Academic Press, Oxford, p. 105-117.

CESARI J., 1995, « Le mégalithisme de la Corse, nouveaux éléments », *in R. Chenorkian (dir.) L'Homme méditerranéen. Mélanges offerts à Gabriel Camps*, LAPMO, Aix-en-Provence, p. 335-349.

CESARI J., 2001, « Le dolmen de *Figa alla Sarra* (Olmeto, Corse-du-Sud) dans son contexte archéologique », *Architettura arte e artigianato nel Mediterraneo dalla Preistoria all'Alto Medievo*, (actes de la table ronde de Cagliari, 1999), Editrice S'Alvure, Oristano, p. 9-45.

CESARI J. et LEANDRI F., 1994, « La statue-menhir d'U Scumunicatu (Cargèse, Corse-du-Sud) et le groupe des statues-menhirs de Sagogna », *Préhistoire Anthropologie méditerranéenne* 3, p. 151-161.

CESARI J. et MAGDELEINE J., 1998, « Le Néolithique et le Chalcolithique de la Corse : acquis et problèmes », *Le Néolithique du Nord-Ouest méditerranéen*, (Actes du XXIe Congrès Préhistorique de France, Carcassonne 1994), p. 111-118.

CHADELLE J.-P., GENESTE J.-M., PLISSON H., 1991, « Processus fonctionnels de formation des assemblages technologiques dans les sites du Paléolithique supérieur. Les pointes de projectiles lithiques du Solutréen de la grotte de Combe Saunière (Dordogne, France) », *25 ans d'Etudes technologiques en préhistoire : bilan et perspective*, (Actes des rencontres de Juan-les-Pins, octobre 1990), Editions APDCA, p. 275-287.

CHAFFENET G., CORDIER F., 1999, « L'abri des Corréardes à Lus-La-Croix-Haute (Drôme), un site de chasse du Néolithique ancien dans la haute vallée du Buëch », *in A. Beeching (dir.) Circulations et identités culturelles alpines à la fin de la Préhistoire. Matériaux pour une étude (prog. CIRCALP 1997-1998)*, Travaux du Centre d'Archéologie Préhistorique de Valence, 2, p. 359-371.

COCCO D. et USAI L., 1989, « Documenti di Preistoria e Protostoria corsa nelle collezioni di CH.I. Forsyth Major », *Studi sardi*, vol. XXVIII (1988-1989), Edition Gallizzi, Università degli studi di Cagliari, p. 264-332.

COSTA L.J., 2000, « Espaces et sépultures mégalithiques en Corse », *Ateliers* 20, Des comportements techniques dans la préhistoire (table ronde du Laboratoire de Préhistoire et Technologie, mars 1999), p. 239-258.

COSTA L.J., 2001, *Espaces et productions lithiques taillées en Corse (IXe - IIe millénaire cal. BC)*, Thèse de Doctorat, Université Paris X, Nanterre.

COSTA L.J., 2004a, « Nouvelles données sur le Mésolithique des îles tyrrhéniennes (Corse, Sardaigne) : peut-on parler d'un Mésolithique insulaire ? » *Gallia Préhistoire* 46.

COSTA L.J., 2004b, « Corse, Sardaigne : premiers peuplements préhistoriques », *Universalia 2004*, Encyclopædia Universalis.

COSTA L.J. et SICURANI J., 2000, « Les armatures tranchantes dans les productions du Néolithique Ancien de la Corse », *in C. Tozzi et M.-C. Weiss (eds) Il primo popolamento olocenico dell'area corso-toscana (Les premiers peuplements holocènes de l'aire Corso-toscane)*, Università di Pisa / Université de Corse, Interreg II : Toscana - Corsica, Cultura Uomo Società, Edizioni ETS, p. 189-199.

COSTA L.J., PAOLINI-SAEZ H., OTTAVIANI-SPELLA M.-M., MAGDELEINE J., OTTAVIANI J.-C. et BERLINGHI A., 2002a, « Analyses de provenance des matériaux exploités à Strette (Barbaghju, Haute-Corse) : approche du fonctionnement du site au Néolithique ancien », *Bulletin de la Société Préhistorique Française* 99, 4, p. 765-774.

COSTA L. J., OTTAVIANI-SPELLA M.-M., MAGDELEINE J., NICOLLE F. et BERLINGHI A., 2002b, « Contribution à l'étude des modalités d'exploitation des rhyolites en Corse : l'exemple des filons du Monte d'Oro (Vivario, Haute-Corse) », *Bulletin de la Société Préhistorique Française* 99, 4, p. 785-791.

COSTA L.J., VIGNE J.-D., BOCHERENS H., DESSE-BERSET N., HEINZ C., LANFRANCHI F. (de), MAGDELEINE J., RUAS M.-P., THIÉBAULT S. et TOZZI C., 2003, « Early settlement on Tyrrhenian islands (8th millennium cal. BC) : Mesolithic adaptation to local resources in Corsica and Northern Sardinia » *in H. Krindgen, K. Knutsson, L. Larsson, D. Loeffler et A. Akerlund (eds.) Mesolithic on the Move (Colloque International UISPP : Meso2000,* Stockholm, septembre 2000), Oxbow Monographs, Oxford, p. 3-10.

COSTA L.J., MAGDELEINE J., OTTAVIANI J.-C. et VIGNE J.-D., (sous presse), « Les fréquentations de l'abri de Strette : pérennité, marginalité ou nomadisme ? », *25e Colloque Préhistorique de France,* (Nanterre, novembre 2000), Mémoire de la Société Préhistorique Française.

COURTIN J., 1974, *Le Néolithique de la Provence,* Mémoire de la Société Préhistorique Française, 11, Editions Klincksieck, Paris.

CRISCI G.M., et al. 1994, « Nouvelles méthodes d'analyse et provenance de l'ensemble des obsidiennes néolithiques du midi de la France », *Gallia Préhistoire* 36, p. 298-309.

CUISIN J. et VIGNE J.-D., 1998, « Présence de la grande outarde (*Ottis tarda*) au Boréal, dans la région de Bonifacio (Corse-du-Sud, France, 8ème millénaire av. J.-C.) » *Geobios* 31, 6, p. 831-837.

DEPALMAS A., 1995, « L'industria litica del Neolitico antico in Sardegna », *Interreg Préhistoire Corse-Sardaigne 2,* Université de Corse, p. 3-10.

DUDAY H., 1975, *Le squelette du sujet feminin de la sépulture prénéolithique de Bonifacio (Corse). Etude anthropologique, essai d'interprétation palethnographique,* Cahiers d'Anthropologie, Paris.

ELLIS C. J., 1997, « Factors Influencing the Use of Stone Projectile Tips. An Ethnographic Perspective », *in H. Knecht (ed.) Projectile Technology,* Plenum Press, New York University, New York, p. 37-73.

ESCALON DE FONTON M., 1967, « Origine et développement des civilisations néolithiques méditerranéennes en Europe occidentale », *Palaeohistoria* 12, p. 209-248.

FENU P., MARTINI F. et PITZALIS G., 2000, « Gli scavi nella grotta Su Coluru (Sassari) : primi risultati prospettive di ricerca », *Rivista di Scienze Preistoriche* L (1999-2000), p. 165-187.

FISCHER A., VEMMING HANSEN P. et RASMUSSEN P., 1984, « Macro- and microwear traces on lithic projectile points : experimental results and prehistoric examples », *Journal of Danish Archaeology* 3, p. 19-46.

GALLAY A., 1989, « La place des Alpes dans la néolithisation de l'Europe », *in O. Aurenche et J. Cauvin (eds) Néolithisations : Proche et Moyen Orient, Méditerranée orientale, Nord de l'Afrique, Europe méridionale, Chine, Amérique du Sud.* British Archaeological Reports International series 516, 5, p. 227-254.

GAMBLE C., 1978, « Resource exploitation and the spatial patterning of hunter-gatherers : a case study », *in G. Sieveking et al. (eds) In problems in social and economic archeology.* Duckworth, London.

GIRAUX L., 1901, « Les monuments mégalithiques de Capo-di-Luogo », *L'Homme Préhistorique,* p. 263-269.

GIRAUX L., 1903, « Les monuments mégalithiques du S-O de la Corse », *Bulletin de la Société d'Excursion Scientifiques,* tome H, p. 1-6.

GIRAUX L., 1910, « Les monuments mégalithiques de la commune de Grossa », *Comptes rendus de l'Association Française pour l'Avancement des Sciences* (AFAS), pp 294-301.

GIRAUX L., 1911, « Les monuments mégalithiques de la commune de Guincheto », *Congrès préhistorique de Tours,* p. 688-695.

GIRAUX L., 1914, « Les monuments mégalithiques de la région de Sartène », *Comptes rendus de l'Association Française pour l'Avancement des Sciences,* Congrès du Havre.

GOEDERT S., 1984, *Inventaire du matériel archéologique des collections privées et étude de sondage sur le site de la Mutola en Balagne (Haute Corse).* Mémoire de Maîtrise, Université Paris I-Sorbonne.

GREGG S.A., 1988, *Foragers and farmers. Population interaction and agricultural expansion in prehistoric Europe.* The University of Chicago Press, Chicago et Londres.

GRIFONI-CREMONESI R., TOZZI C. et WEISS M.-C., 2000, « Il Neolitico antico dell'area corso-toscana », *in C. Tozzi et M.-C. Weiss (eds) Il primo popolamento olocenico dell'area corso-toscana (Les premiers peuplements holocènes de l'aire Corso-toscane),* Università di Pisa / Université de Corse, Interreg II : Toscana - Corsica, Cultura Uomo Società, Edizioni ETS, p. 259-271.

GROSJEAN R., 1955, « Les statues-menhirs de la Corse. I » *Etudes Corses* 7-8, p. 5-36.

GROSJEAN R., 1956, « Les statues-menhirs de la Corse. II » *Etudes Corses* 12, p. 5-19.

GROSJEAN R., 1957, « Deux monuments de la vallée du Taravo », *Bulletin de la Société Préhistorique Française* 54, 11-12, p. 694-697.

GROSJEAN R., 1958, « Balestra et Foce, monuments circulaires mégalithiques de la moyenne vallée du Taravo », *Gallia Préhistoire* 1, p. 1-38.

GROSJEAN R., 1959, « Torre (Corse), monument mégalithique du Bronze Moyen », *Revue Archéologique* II, p. 15-40.

GROSJEAN R., 1960, « Filitosa », *Arts et Livres de France* 43, II, p. 17-23.

GROSJEAN R., 1961, *Filitosa et son contexte archéologique.* Monuments et Mémoires Piot, tome 52, 1.

GROSJEAN R., 1962, « Le gisement fortifié de Tappa (Porto-Vecchio, Corse) », *Bulletin de la Société Préhistorique Française* 59, p. 206-217.

GROSJEAN R., 1963, « La statue-menhir de Tavera », *Bulletin de la Société Préhistorique Française* 60, 7-8, p. 418-423

GROSJEAN R., 1964, « Découverte d'un alignement de statues-menhirs à Cauria (Sartène) », *Comptes rendus des séances de l'Académie des inscriptions et belles-lettres* 1964, p. 327-342.

GROSJEAN R., 1966, *La Corse avant l'Histoire I. Civilisation mégalithique et sa culture artistique terminale*, Editions Klincksieck, Paris.

GROSJEAN R., 1967a, « Classification descriptive du Mégalithisme corse. Classification typologique et morphologique des menhirs et statues-menhirs de l'île », *Bulletin de la Société Préhistorique Française* 64, 3, p. 707-742.

GROSJEAN R., 1967b, « Le complexe monumental fortifié du Castello d'Araggio (commune de San-Gavino-di-Carbini, Corse) », *Bulletin de la Société Préhistorique Française* 64, p. 266-267.

GROSJEAN R., 1968, « Nouvelles stèles-statues découvertes en Corse », *Bulletin de la Société Préhistorique Française* 65, 8, p. 195-198.

GROSJEAN R., 1972a, « Les alignements de Pagliaiu (Sartène, Corse), » *Bulletin de la Société Préhistorique Française* 69, 2, p. 607-617.

GROSJEAN R., 1972b, « Le complexe mégalithique de Settiva (Petreto-Bicchisiano, Corse) », *Bulletin de la Société Préhistorique Française* 69, 6, p. 164.

GROSJEAN R., 1974, « La statue-menhir de Santa Naria (Olmeto, Corse) », *Bulletin de la Société Préhistorique Française* 71, 2, p. 53-57.

GROSJEAN R., 1975a, *Torre et Torréens. Age du Bronze de l'île de Corse*, Collections promenades archéologiques 3 (publication du Centre de préhistoire corse).

GROSJEAN R., 1975b, *Filitosa, haut lieu de la Corse préhistorique*, Collections promenades archéologiques 2 (publication du Centre de préhistoire corse).

GROSJEAN R. et LIEGEOIS L., 1964, « Les coffres mégalithiques de la région de Porto-Vecchio », *L'Anthropologie* 68, 5-6, p. 527-548.

GUILAINE J., 1976, *Premiers bergers et paysans de l'Occident méditerranéen.* Mouton, Paris.

GUILAINE J., 1987, « Expressions culturelles dans le Néolithique ancien méditerranéen », *in J. Guilaine, J. Courtin, J.-L. Roudil et J.-L. Vernet (eds) Premières communautés paysannes en Méditerranée occidentale*, (Colloque International du CNRS, Montpellier 1983), Editions du CNRS, Paris, p. 749-752.

GUILAINE J., 2003, *De la vague à la tombe. La conquête néolithique de la Méditerranée*, Editions du Seuil, Paris.

GUILAINE J., COURTIN J., ROUDIL J.-L. et VERNET J.-L. (eds.), 1987, *Premières communautés paysannes en Méditerranée occidentale.* Colloque international du CNRS (Montpellier, avril 1983), Editions du CNRS, Paris.

GYSELS J., CAHEN D., 1982, « Le lustre des faucilles et les autres traces d'usage des outils en silex », *Bulletin de la Société Préhistorique Française* 79, 7, p. 221-224.

HALLAM B.R., WARREN S.E. et RENFREW C., 1976, « Obsidian in the Western Mediterranean: Characterisation by Neutron Activation Analysis and Optical Emission Spectroscopy », *Proceedings of the Prehistoric society* 42, p. 85-110.

HEFFLEY S., 1981, « The Relationship between Northern Athapaskan Settlement Patterns and Resource Distribution: An Application of Horn'Model », *in B. Winterhalder and E. Alden Smith (eds) Hunter-Gatherer Foraging Strategies. Ethnographic and Archeological Analyses.* The University of Chicago Press, Chicago et Londres, p. 126-147.

INIZAN M.-L., 1986, « Technologie et préhistoire récente en Mésopotamie: l'exemple du débitage par pression et de l'économie de l'obsidienne », *Préhistoire de la Mésopotamie*, Editions du CNRS, Paris, p. 305-315.

JAUBERT J., 1990, « Les industries lithiques: étude conventionnelle », *in J. Jaubert, M. Lorblanchet, H. Laville, R. Slott-Moller, A. Turq et J.-P. Brugal, Les chasseurs d'Aurochs de La Borde, un site du Paléolithique moyen (Livernon, Lot)*, Dossier d'Archéologie Française 27, Editions MSH, Paris, p. 69-102.

JEHASSE J., 1976, « Informations archéologiques. Circonscription de la Corse. », *Gallia Préhistoire* 19, 2, p. 605.

JULIEN M., 1982, *Les harpons magdaléniens*. Editions du CNRS, Paris.

KELLY R.L., 1988, « The Three Sides of a Biface », *American Antiquity*, 53, 4, p. 717-734.

LABOREL-DEGUEN F. et LABOREL J., 1990a, « Nouvelles données sur la Patelle géante *Patella ferruginea Gmelin* en Méditerranée: statue, répartition et étude des populations », *Haliotis* 10, p. 41-54.

LABOREL-DEGUEN F. et LABOREL J., 1990b, « Nouvelles données sur la Patelle géante *Patella ferruginea Gmelin* en Méditerranée: écologie, biologie et reproduction », *Haliotis* 10, p. 55-62.

LAMOTTE P., 1961, « Une nouvelle statue-menhir découverte sur le territoire de Tavera », *Revue d'études corses* 2, p. 23-25.

LANFRANCHI F. (de), 1967, « La grotte sépulcrale de Curacchiaghju (Levie, Corse) », *Bulletin de la Société Préhistorique Française* 64, 4, p. 587-612.

LANFRANCHI F. (de), 1974, « Le Néolithique ancien méditerranéen, faciès Curacchiaghju à Levie », *Cahiers Corsica*, p. 39-48.

LANFRANCHI F. (de), 1976, « Destruction d'un site cardial à Bonifacio (Corse) », *Bulletin de la Société Préhistorique Française* 73, 2, p. 273-275.

LANFRANCHI F. (de), 1977, « Le Néolithique de Curacchiaghju (Levie, Corse) », *Preistoria Alpina* 13, p. 201-205.

LANFRANCHI F. (de), 1979, « La sépulture du Néolithique ancien méditerranéen de l'abri d'Araguina-Sennola (Bonifacio, Corse) », *Revue d'études corses* 7, p. 53-57.

LANFRANCHI F. (de), 1980, « L'obsidienne préhistorique corso-sarde: les échanges et les axes de circulation », *Bulletin de la Société Préhistorique Française* 77, 4, p. 115-122.

LANFRANCHI F. (de), 1985, « La nécropole mégalithique de Monte Rotondu », *Nuovo Bulletino Archeologico Sardo*, 2, p. 77-86.

LANFRANCHI F. (de), 1986, *Inventaire des monuments dolméniques de la Corse*, Thèse de Doctorat, Ecole des Hautes Etudes en Science Sociales, Toulouse.

LANFRANCHI F. (de), 1987, « Le Néolithique de Curacchiaghju. Position chronologique et culture matérielle. Son importance dans l'ensemble Corso-Sarde », *in J. Guilaine, J. Courtin, J.-L. Roudil et J.-L. Vernet (eds) Premières communautés paysannes en Méditerranée occidentale*, (Colloque international du CNRS, Montpellier 1983), Paris, Editions du CNRS, p. 433-442.

LANFRANCHI F. (de), 1995a, « Un habitat de plein air du Néolithique ancien à Longone (Bonifacio, Corse-du-Sud) », *Interreg Préhistoire Corse-Sardaigne 2*, Université de Corse, p. 30-46.

LANFRANCHI F. (de), 1995b, « Sepoltura a inhumazione a Monteleone (Bonifacio) », *Sardegna Antica* 7, p. 24-29.

LANFRANCHI F. (de), 1998, « Prénéolithique ou Mésolithique insulaire? » *Bulletin de la Société Préhistorique Française* 95, 4, p. 537-545.

LANFRANCHI F. (de) et MILLELIRI J., 1972, « Les meules de Punta Campana », *Bulletin de la Société des Sciences Historiques et Naturelles de la Corse* 603, p. 61-71.

LANFRANCHI F. (de) et WEISS M.-C., 1972, « Le Néolithique Ancien de l'abri d'Araguina-Sennola », *Bulletin de la Société Préhistorique Française* 69, 1, p. 376-388.

LANFRANCHI F. (de) et WEISS M.-C., 1973, *La civilisation des corses. Les origines*. Ajaccio, Edition Cyrnos et Méditerranée.

LANFRANCHI F. (de) et WEISS M-C, 1977, *Araguina-Sennola: 10 années de fouilles préhistoriques à Bonifacio*, Archeologia corsa 2, Ajaccio.

LANFRANCHI F. (de) et WEISS M-C, 1994, *Arts et croyances*, Centre Régional de Documentation Pédagogique, Circonscription des Antiquités Préhistoriques de Corse, Ajaccio.

LANFRANCHI F. (de) et WEISS M.-C., 1997, *L'aventure humaine préhistorique en Corse*. Editions Albiana, Ajaccio.

LANFRANCHI F. (de), VIGNE J.-D. et WEISS M.-C., 1999, « Le premier peuplement holocène de la Corse », *in A. Thévenin (ed.) et P. Bintz (dir.) L'Europe des derniers chasseurs. Peuplement et paléoenvironnement de l'Epipaléolithique et du Mésolithique* (5e Colloque international UISPP, sept. 1995), Paris, Editions CTHS, p. 635-643.

LANFRANCHI F. (de) et COSTA L.J., 2000, « Nouvelles données et hypothèses relatives à la connaissance du Mégalithisme de Corse (l'exemple de Poghjaredda) », *L'Anthropologie* 104, p. 549-567.

LEANDRI F., 1998, « Premiers travaux sur le site mégalithique du Monte Revincu (Santo-Pietro-di-Tenda, Haute-Corse) », *in A. d'Anna et D. Binder (eds): Production et identité culturelle*, (Actes du colloque d'Antibes, novembre 1996), Editions APDCA, p. 279-292.

LEANDRI F., 2000, *Les Mégalithes de Corse*, Editions Jean-Paul Gisserot, Luçon.

LEANDRI F., 2000, (avec la collaboration de F. Demouche, L.J. Costa et C. Gilabert), « Note sur la fouille du Monte Revincu et les prospections dans le Nebbio et les Agriates », *in A. d'Anna (dir.) Aspects du mégalithisme de la Corse, recherches en cours et perspectives*, (Actes de la table ronde de Casta, septembre 1999), Préhistoire et Anthropologie méditerranéennes.

LECHEVALLIER M., 1978, « L'industrie lithique de Mehrgarh (Pakistan) », *Paléorient* 4, p. 307-318.

LEWTHWAITE J., 1983, « Ambiguous first impressions: a survey of recent work on the early Neolithic of the West Mediterranean », *Journal of Mediterranean Anthropology and Archaeology* 1, p. 292-307.

LEWTHWAITE J., 1984, « The Neolitic of Corsica », *in C. Scarre (ed.) Ancient France 6000-2000 BC*, Edinburgh University Press, Edimbourg, p. 146-183.

LICHARDUS J. et LICHARDUS-ITTEN M., 1985, *La protohistoire de l'Europe. Le Néolithique et le Chalcolithique entre la Méditerranée et la mer Baltique*, Presses Universitaires de France, Vendôme.

LIEGEOIS J. et PERETTI G., 1976, « Sites mégalithiques découverts par Roger Grosjean », *in J. Jehasse et R. Grosjean (eds) Sites préhistoriques et protohistoriques de l'île de Corse*, Paris, p. 101-114.

LILLIU G., 1982, *La cilivitá nuragica*, Delfino, Sassari.

LORENZI F., 1998, « Première découverte d'implantations néolithiques (Néolithique ancien et récent) dans le nord du Cap Corse », *in A. d'Anna et D. Binder (eds) Production et identité culturelle*, (Actes du colloque d'Antibes, novembre 1996), Editions APDCA, p. 261-263.

LORENZI F., 2000, « Lumaca: un exemple de néolithisation au nord du Cap Corse », *in C. Tozzi et M.-C. Weiss (eds) Il primo popolamento olocenico dell'area corso-toscana (Les premiers peuplements holocènes de l'aire Corso-toscane)*, Università di Pisa / Université de Corse, Interreg II: Toscana - Corsica, Cultura Uomo Società, Edizioni ETS, p. 133-138.

MAGDELEINE J., 1973, « Le gisement préhistorique du Monte Grosso à Biguglia (résultat des premiers sondages) », *Bulletin de la Société des Sciences Historiques et Naturelles de la Corse* 606, p. 9-26.

MAGDELEINE J., 1979, « L'occupation préhistorique du Monte Grosso I et Monte Grosso II. Commune de Biguglia, Haute Corse », *Archeologia corsa*, Etudes et mémoires 4, p. 23-42.

MAGDELEINE J., 1984, « Les premières occupations humaines de l'abri de Strette » *Archeologia corsa*, Etudes et mémoires 8-9 (1983-1984), p. 30-50.

MAGDELEINE J., 1994, « Perduration du mode de sépulture en coffre en Castagniccia à l'Âge du Fer », *Bulletin de la Société des Sciences Historiques et Naturelles de la Corse* 668-669, p. 115-138.

MAGDELEINE J., 1995, « Préhistoire du Cap Corse: les abris de Torre d'Aquila, Pietracorbara (Haute-Corse) », *Bulletin de la Société Préhistorique Française* 92, 3, p. 363-377.

MAGDELEINE J. et OTTAVIANI J.-C., 1983, « Découverte de vanneries datées du Néolithique moyen dans un abri près de Saint-Florent en Corse », *Bulletin de la Société Préhistorique Française* 80, 1, p. 24-31.

MAGDELEINE J. et OTTAVIANI J.-C., 1986, « L'abri préhistorique de Strette » *Bulletin de la Société des Sciences Historiques et Naturelles de la Corse* 650, p. 61-90.

MANEN C., 2000 - *Le Néolithique ancien entre Rhône et Ebre: analyse des céramiques décorées*. Thèse de Doctorat de l'Ecole des Hautes Etudes en Science Sociales, Toulouse.

MARTINI F., 1993, « Grotta della Serratura a Marina di Camerota », *in F. Martini (ed.) Culture e ambienti dei complessi olocenici*. Garletti e Razzai, Florence.

MERIMEE P., *Notes d'un voyage en Corse*, Paris (réédition Adam Biro, Paris, 1989).

MOLES A., 1982, « Nissonologie ou science des îles », *L'espace géographique* 4, p. 281-289.

MORTILLET A. (de), 1893, « Rapport sur les monuments mégalithiques de la Corse », *Les Nouvelles Archives des Missions Scientifiques et Littéraires*, tome III, p. 1-35.

MOURRE V., 1996, « Les industries en quartz au Paléolithique: terminologie, méthodologie et technologie », *Paléo* 8, p. 205-223.

NEBBIA P. et OTTAVIANI J.-C., 1981, *le dolmen de Cardiccia*, Rapport de fouilles, Service Régional de l'Archéologie, inédit, Ajaccio.

NEBBIA P. et OTTAVIANI J-C., 1994, « Le Chalcolithique terrinien de Cauria, abris XX et XXI (Sartène, Corse-du-Sud) », *Bulletin de la Société des Sciences Historiques et Naturelles de la Corse* 664-667 (1993-1994), p. 79-123.

NEUVILLE P., 1984, « Le Néolithique ancien du Capu Braggaghiu », *Archeologia corsa*, Mémoires et Etudes 8-9, p. 26-29.

NEUVILLE P., 1988, *Les éléments de broyage de la Préhistoire et de la Protohistoire de la Corse dans le contexte méditerranéen*. Thèse de Doctorat, Université de Corse, Corte.

NEUVILLE P., 1992, « Une halte de pêche à la Revellata », *Archeologia corsa*, Mémoires et Etudes 16-17, p. 5-17.

NEUVILLE P., 1995, « Une halte de pêche préhistorique en Corse du nord », *Interreg Préhistoire Corse-Sardaigne 2*, Université de Corse, p. 47-58.

NICOLLE F., 2000, « Aspects techniques, économiques et sociaux de la fin du Néolithique en Corse à travers l'étude des pointes de projectile lithique », *Ateliers* 20, Des comportements techniques dans la préhistoire (table ronde du Laboratoire de Préhistoire et Technologie, mars 1999), p. 131-146.

PAOLINI-SAEZ H., 2000, « Approche typo-chronologique de la céramique du Néolithique ancien de la Corse. Premières comparaisons avec la Toscane », *in C. Tozzi et M.-C. Weiss (eds) Il primo popolamento olocenico dell'area corso-toscana (Les premiers peuplements holocènes de l'aire Corso-toscane)*, Università di Pisa / Université de Corse, Interreg II: Toscana - Corsica, Cultura Uomo Società, Edizioni ETS, p. 155-165.

PAOLINI-SAEZ H., 2002, *Marmite, coquillage et grains de quartz... La céramique néolithique de la Corse dans le contexte tyrrhénien. Analyse comparative à partir d'une étude typologique et technologique*, Thèse de Doctorat, Université de Corse, Corte.

PASKOFF R. et SANLAVILLE P., 1985, « Esquisse géomorphologique de la région d'Aléria (Corse orientale) », *Archeologia Corsa,* Mémoires et Etudes 8-9, 1983-1984, p. 3-14.

PASKOFF R. et SANLAVILLE P., 1988, « L'espace côtier des environs d'Aléria (Corse): présentation géomorphologique », *in G. Camps (dir.) Terrina et le Terrinien: Recherches sur le Chalcolithique de la Corse*, Ecole française de Rome, p. 13-19.

PASQUET A., 1979, « Contribution à l'atlas préhistorique de la région de Porto-Vecchio », *Archeologia corsa*, Mémoires et Etudes 4, p. 53-81.

PASQUET A. et TRAMONI P., 1997, « L'occupation d'une zone littorale rocheuse au Néolithique moyen: l'exemple de l'abri de la Figue (Sartène, Corse-du-Sud) », *L'Homme préhistorique et la mer*, 120e Congrès national des sociétés savantes (Aix-en-Provence, octobre 1995), Paris, Editions C.T.H.S., p. 277-295.

PELEGRIN J., 1991, « Les savoir-faire: une très longue histoire », *Terrain* 16, p. 107-113.

PERETTI G., 1966, « Une sépulture campaniforme en rapport avec l'alignement des menhirs de Palaggiu », *Extrait du Congrès Préhistorique de France*, XVIIIe session, (Ajaccio, avril 1966), p. 230-241.

PERETTI G., 1986, « Découverte d'une nouvelle statue-menhir en Corse: Castaldu I (Ciamannacce, Corse-du-Sud) », *Bulletin de la Société Préhistorique Française* 83, 6, p. 164-166.

PERLÈS C., 1990a, *Les industries lithiques taillées de Franchthi (Argolide, Grèce). Tome II: les industries du Mésolithique et du Néolithique initial*, Excavations at Franchthi Cave, Fasc. 5, Indiana University Press, Bloomington / Indianapolis.

PERLÈS C., 1990b, « L'outillage de pierre taillée néolithique en Grèce: approvisionnement et exploitation des matières premières », *Bulletin de correspondance héllénique* 114, p. 1-42.

PERLÈS C., 1991, « Economie des matières premières et économie du débitage: deux conceptions opposées? », *25 ans d'Etudes technologiques en préhistoire: bilan et perspective*, (Actes des rencontres de Juan-les-Pins, octobre 1990), Editions APDCA, p. 35-45.

PERLÈS C., 1992, « In search of lithic strategies: a cognitive approach to prehistoric chipped stone assemblages », *in J.-C. Gardin et C. Peebles (eds) Representation in archaeology*, Indiana University Press, Bloomington / Indianapolis, p. 223-247.

PETREQUIN A.-M., PETREQUIN P., 1990, « Flèches de chasse, flèches de guerre. Le cas des Danis d'Irian Jaya (Indonésie) », *Bulletin de la Société Préhistorique Française* 87, 10-12, p. 484-511.

PIANKA E.R., 1978, *Evolutionary ecology*. Harper and Row, New York.

PISELLA R.P., 1993, *Nature et origine des roches et des minéraux taillés issus de niveaux archéologiques préhistoriques corses (Etudes statistiques sur approche typologique et géologique de documents lithiques en place)*, Thèse de Doctorat, Université de Corse, Corte.

PLISSON H. et GENESTE J.-M., 1989, « Analyse technologique des pointes à cran solutréennes du Placard (Charente), du Fourneau du Diable, du Pech de la Boissière et de Combe Saunière (Dordogne) », *Paléo* 1, p. 65-106.

POKINES J., KRUPA M., 1997, « Self-Barbed Antler Spearpoints and Evidence of Fishing in the Late Upper Paleolithic of Cantabrian Spain », *in H. Knecht (ed.) Projectile Technology*, Plenum Press, New York University, New York, p. 241-262.

POPPER K., 1934, *La logique de la découverte scientifique*. Bibliothèque scientifique, Payot, Lausanne.

RAVIS-GIORDANI G., 1983, *Bergers corses, les communautés villageoises du Niolo*, Edisud, Ajaccio.

REILLE M., 1990, *Leçons de palynologie et d'analyse pollinique*, Editions du CNRS, Paris.

REILLE M., 1992, « New pollen-analytical researches in Corsica: the problem of *Quercus ilex* L. and *Erica arborea* L., the origin of *Pinus halepensis* Miller forests », *New Phytology* 122, p. 359-378.

REILLE M., GAMISANS J., ANDRIEU-PONEL V. et BEAULIEU J.-L. (de), 1999, « The Holocene at Lac de Creno (Corsica, France): a key site for the whole island », *New Phytology* 141, p. 291-307.

REILLE M., inédit, *Analyses et datations AMS de la séquence de Taravo II (Sollacaro, Corse-du-Sud).*

RENFREW C., 1977, « Alternative Models for Exchange and Spatial Distribution », *Exchange Systems in Prehistory*, New York Academic Press, New York, p. 71-89.

ROSTAN E., 1981, « La préhistoire corse au musée préhistorique et ethnographique Luigi Pigorini à Rome », compte rendu d'une mission effectuée en décembre 1979, *Travaux du L.A.P.M.O.*, Aix-en-Provence.

ROUSSOT-LAROQUE J., 1985, « Sauveterre, et après... », *in M. Otte (ed.) La signification culturelle des industries lithiques.* Studa Praehistorica Belgica 4, British Archeological Reports International Series 239, Oxford, p. 170-205.

ROZOY F., 1978, *Les derniers chasseurs. L'Epipaléolithique en France et en Belgique, essai de synthèse.* Bulletin de la Société archéologique champenoise, numéro spécial, Charleville.

SERRAND N., 1996, *La faune d'invertébrés marins du Néolithique moyen de l'abri de La Figue (Punta di Murtuli, Sartène, Corse-du-Sud).* Mémoire de D.E.A. « Environnement et Archéologie », Université Paris I-Sorbonne.

SONDAAR P.Y., 2000, « Early exploration and exploitation of Islands » *Tropics* 10, 1, p. 203-230.

SONDAAR P.Y., ELBURG R., HOFMEIJER G.K., MARTINI F., SANGES M., SPAAN A. et VISSER H. (de), 1995, « The human colonization of Sardinia: a Late Pleistocene human fossil from Corbeddu cave », *Comptes rendus de l'Académie des Sciences* 320, IIa, p. 145-150.

TANDA G., 1995, « Sitti del Neolitico Antico E l'Ambiante Strategie di sussistenza », *Interreg Préhistoire Corse-Sardaigne 2*, Université de Corse, p. 17-29.

TANDA G., 1999, « Gli scavi nell'abri 1 o Sapar'Alta, in località I Calanchi (Sollacaro, Corse du Sud). Campagne 1991-96 » *Antichità Sarde,* studi e ricerche 5, Università degli Studi di Sassari, p. 183-222.

TORRENCE R., 1983, « Time-budgeting and Hunter-gatherer Economy in Prehistory », *in G.N. Bailet (ed.) Hunter-gatherer Economy in Prehistory*, Cambridge University Press, Cambridge, p. 11-23.

TORRENCE R., 1986, *Production and Exchange of Stone Tools*, Cambridge University Press, Cambridge.

TORRENCE R. (ed.), 1989, *Time, Energy and Stone Tools*, Cambridge University Press, New York.

TOZZI C., 1996, « L'abri prénéolithique de Porto Leccio (Sardaigne septentrionale) », *Actes des 3e journées universitaires corses de Nice* (19-20 mai 1995), Université de Nice, p. 11-16.

TRAMONI P., 1998, « Les productions céramiques terriniennes, nouvelle approche de la fin du Néolithique en Corse », *in A. d'Anna et D. Binder (eds) Production et identité culturelle,* (Actes du colloque d'Antibes, novembre 1996), Editions APDCA, p. 163-186.

TRAMONI P., 2000, « Recherches récentes sur les habitats néolithiques de plein air en Corse: l'exemple de la région de Porto-Vecchio », *Rencontres Méridionales de Préhistoire récente,* (3e session, Toulouse 1998), Editions Archives d'Ecologie Préhistorique, p. 109-118.

TRESSET A., 1996, *Le rôle des relations Homme / Animal dans l'évolution économique et culturelle des sociétés des Ve - IVe millénaires en Bassin Parisien,* Thèse de Doctorat, Université Paris I-Sorbonne.

TYKOT R.H., 1996, « Obsidian Procurement and Distribution in the Central and Western Mediterranean », *Journal of Mediterranean Archéology* 9.1, p. 39-72.

van ANDEL T.H., 1989, « Late quaternary sea-level changes and archaeology », *Antiquity* 63, p. 733-745.

van ANDEL T.H., 1990 « Addendum to 'Late quaternary sea-level changes and archaeology' », *Antiquity* 64, p. 151-152.

VAQUER J., 1990, *Le Néolithique en Languedoc occidental,* Editions du CNRS, Paris.

VAUGHAN P., 1987, « Positive and negative evidence for hafting on flint tools from various periods (Magdalenian through Bronze Age) », *in D. Stordeur, La main et l'outil, manche et emmanchements préhistoriques,* Travaux de la Maison de l'Orient 15, p. 135-144.

VIGNE J.-D., 1988, *Les mammifères post-glaciaires de Corse, Etudes archéozoologiques,* Supplément à Gallia-Préhistoire 26, Editions du CNRS, Paris.

VIGNE J.-D., 1991, « The MOW Method and the relative Proportion of Ovicaprines in some North-Western Mediterranean Meat Diets », *Revista di Studi Liguri,* A, 57, p. 21-47.

VIGNE J.-D., 1995a, « Préhistoire du Cap Corse: les abris de Torre d'Aquila, Pietracorbara (Haute-Corse)

- la faune », *Bulletin de la Société Préhistorique Française* 92, 3, p. 381-389.

VIGNE J.-D., 1995b, « Faunes sauvages et sociétés humaines sur les îles méditerranéennes: exemples corses », *Anthropologica* 21, p. 41-53.

VIGNE J.-D., 1995c, « La faune du Néolithique moyen de l'abri de « la Figue » (Punta di Murtuli, Sartène, Corse-du-Sud) », *rapport inédit*, SRA Ajaccio.

VIGNE J.-D., 1998, « Faciès culturels et sous-systèmes techniques de l'acquisition des ressources animales », *in A. d'Anna et D. Binder (eds) Production et identité culturelle*, (Actes du colloque d'Antibes, novembre 1996), Editions APDCA, p. 27-45.

VIGNE J.-D., 1999, « L'abri du Monte Leone (Bonifacio, Corse du Sud) : vaste site pré-néolithique en contexte insulaire », *in A. Thévenin (ed.) et P. Bintz (dir.) L'Europe des derniers chasseurs. Peuplement et paléoenvironnement de l'Epipaléolithique et du Mésolithique*, (5e Colloque International UISPP, septembre 1995), CTHS, Paris, p. 645-650.

VIGNE J.-D. et DESSE-BERSET N., 1995, « The exploitation of animal resources in the Mediterranean Islands during the Preneolithic: the example of Corsica », *in* A. *Fisher (ed.) Man and Sea in the Mesolithic*, Oxbow books, (*Oxbow Monograph* 53), Oxford, p. 309-318.

VIGNE J.-D., BOURDILLAT V., ANDRÉ J., BROCHIER J.-E., BUI THI MAI, CUISIN J., DAVID H., DESSE-BERSET N., HEINZ C., LANFRANCHI F. (de), RUAS M.-P., THIÉBAULT S. et TOZZI C., 1998, « Nouvelles données sur le Prénéolithique corse: premiers résultats de la fouille de l'abri du Monte Leone (Bonifacio, Corse-du-Sud) », *in A. d'Anna et D. Binder (eds) Production et identité culturelle*, (Actes du colloque d'Antibes, novembre 1996), Editions APDCA, p. 251-260.

WEISS M.-C., 1976, « Contribution à l'étude du Niolo préhistorique. L'abri Albertini à Albertacce », *Archeologia corsa*, Mémoires et Etudes 1, p. 75-95.

WEISS M.-C., 1984, *Monte Lazzu, un site préhistorique et protohistorique de la Corse occidentale*, British Archaeological Reports International Series 222, Oxford.

WEISS M.-C., 1986, « Recherches préhistoriques en Balagne: les fouilles de la Pietra, premières conclusions », *Bulletin de la Société des Sciences Historiques et Naturelles de la Corse* 650, p. 191-198.

WEISS M.-C. (dir.), 1988, *Les temps anciens du peuplement de la Corse, la Balagne*, Université de Corse, 2 volumes, Nice.

WEISS M.-C., 1995, « A Petra: les apports essentiels d'un site de plein air du Néolithique ancien », *Interreg Préhistoire Corse-Sardaigne 2*, Université de Corse, p. 60-74.

WEISS M.-C., 1998, « Contribution à l'étude du mégalithisme de Haute-Corse: la sépulture de l'Anghjata (Calenzana) et la statue-menhir de Nuvalella (Santa-Lucia-di-Mercurio) », *in A. d'Anna et D. Binder (eds) Production et identité culturelle*, (Actes du colloque d'Antibes, novembre 1996), Editions APDCA, p. 293-300.

WEISS M.-C. et DESNEIGES G., 1971, « Le gisement du Monte Lazzu à Tiuccia », *Bulletin de la Société Préhistorique Française* 68, 3, p. 407-429.

WINTERHALDER B. et ALDEN SMITH E., (eds.), 1981, *Hunter-Gatherer Foraging Strategies. Ethnographic and Archeological Analyses.* The University of Chicago Press, Chicago et Londres.

YESNER D.R., 1980, « Maritime Hunter-Gatherers: Ecology and Prehistory », *Current Anthropology* 21, p. 33-50.

YESNER D.R., 1981, « Archeological Applications of Optimal Foraging Theory: Harvest Strategies of Aleut Hunter-Gatherers », *in B. Winterhalder and E. Alden Smith (eds) Hunter-Gatherer Foraging Strategies. Ethnographic and Archeological Analyses*, The University of Chicago Press, Chicago et Londres, p. 148-170.

Bilan scientifique du Service Régional de l'Archéologie (BSSRA), Corse, (1991-1999), Direction Régionale des Affaires Culturelles, Ministère de la Culture, Ajaccio.

Collectif PRéFACTH, sous presse, « Premières manifestations de l'homme moderne en Corse », *in A. Truffreau (ed.) Les hominidés et leur environnement*, (Actes du colloque PeH, Poitiers, janvier 2001).

Dumas-Titoulet Imprimeurs
Dépôt légal : fevrier 2004
N° d'impression : 40185
Imprimé en France